INSPIRED

인스파
이어드

인스파이어드(개정증보판)

1쇄 발행 2018년 12월 28일
7쇄 발행 2024년 09월 20일

지은이 마티 케이건
옮긴이 황진수
펴낸이 장성두
펴낸곳 주식회사 제이펍

출판신고 2009년 11월 10일 제406-2009-000087호
주소 경기도 파주시 회동길 159 3층 / **전화** 070-8201-9010 / **팩스** 02-6280-0405
홈페이지 www.jpub.kr / **투고** submit@jpub.kr / **독자문의** help@jpub.kr / **교재문의** textbook@jpub.kr

소통기획부 김정준, 이상복, 안수정, 박재인, 송영화, 김은미, 배인혜, 권유라, 나준섭
소통지원부 민지환, 이승환, 김정미, 서세원 / **디자인부** 이민숙, 최병찬

진행 이종무 / **교정·교열** 배규호 / **표지 디자인** 미디어픽스
용지 타라유통 / **인쇄** 해외정판사 / **제본** 일진제책사

ISBN 979-11-88621-48-4 (03320)
책값은 뒤표지에 있습니다.

※ 이 책은 저작권법에 따라 보호를 받는 저작물이므로 무단 전재와 무단 복제를 금지하며,
　 이 책 내용의 전부 또는 일부를 이용하려면 반드시 저작권자와 제이펍의 서면 동의를 받아야 합니다.
※ 잘못된 책은 구입하신 서점에서 바꾸어드립니다.

제이펍은 여러분의 아이디어와 원고를 기다리고 있습니다. 책으로 펴내고자 하는 아이디어나 원고가 있는 분께서는
책의 간단한 개요와 차례, 구성과 지은이/옮긴이 약력 등을 메일(submit@jpub.kr)로 보내주세요.

INSP
IRED

인스파
이어드

마티 케이건 지음 / 황진수 옮김

제이펍

SPVG(Silicon Valley Product Group)가 펴낸 제품 도서 시리즈

인스파이어드(개정증보판)

ISBN: 979-11-88621-48-4

왜 어떤 제품은 '대박'을 터트리고 어떤 제품은 그러지 못할까

트랜스폼드

ISBN: 979-11-93926-54-3

제품 모델로 전환하려는 회사에 신뢰할 수 있는 리소스

러브드

ISBN: 979-11-92987-30-9

고객을 팬으로 만드는 글로벌 기업의 마케팅

임파워드

ISBN 979-11-91600-37-7

세계 최고의 기업에서 배우는 제품팀의 리더십

차 례

 PART I **최고의 기술 기업에서 배운 것** ·········· 1

 PART II **사람** ···························· 37

PART III   제품 · 129

옮긴이 머리말

지금으로부터 약 6년 전인 2012년 여름, 《인스파이어드》 초판을 처음 읽었습니다. 프로젝트 관리, UX 직무로 경력을 쌓아 가던 중 제품 관리자(product manager)라는 역할을 알게 되었습니다. 흥미로우면서도 도전해 보고 싶은 직무라는 판단이 들었습니다. 관련 정보를 찾던 중 우연히 발견한 웹사이트가 마티 케이건이 설립한 'SVPG(실리콘밸리 제품 그룹)'이었고, 그때 《인스파이어드》라는 책을 알게 되었습니다. 번역본이 없던 때라 어렵사리 원서를 읽었음에도 제가 알고 싶었던 내용들을 명확하게 이해할 수 있었습니다. 저의 미래와 목표가 생생하게 눈앞에 펼쳐지는 느낌이 들었습니다. 몇 년이 지난 지금까지도 《인스파이어드》는 참고서처럼 수시로 꺼내 보게 되는, 제품 관리자로서 배우고 성장하는 데 도움을 준 가장 기본적인 안내서입니다.

2018년 7월, 《인스파이어드》 개정판이 출간되었다는 소식을 듣고 즉시 책을 구매하여 읽어 보았습니다. 그리고 단순하게 최신 내용으로 업데이트된 것이 아니라 완전히 새로운 책이 출간된 것이라고 생각했습니다. 초판보다 몇 배는 더 업그레이드된, 훌륭한 구성이라고 느꼈습니다. 내용이 훨씬 풍성해졌으면서도 초점이 분명했습니다. 초판 이후 10년간 축적된 저자의 경험과 실리콘밸리의 성공 사례를 바탕으로 한 확신이 더욱 또렷하게 다가왔습니다.

이번 개정판은 크게 세 가지 특징으로 요약할 수 있습니다.

첫째, 실행 단계보다는 아이디어를 검증하는 제품 발견 단계에 집중합니다. 목표를 달성하기 위한 아이디어를 신속하고, 효과적으로 검증하는 방법에 집중합니다. 그리고 독자들이 직접 적용해 볼 수 있는, 훌륭한 기법들을 자세히 설명합니다.

둘째, 애자일, 린, OKR 등 최근 몇 년간 전 세계 수많은 기업이 활용했던 방법들을 포괄합니다. 중요한 원칙과 한계점을 진단하며, 최고의 기업들이 고객을 지향하고 성과를 창출하는 데 본질적으로 중요하게 생각하는 것들을 설명합니다.

셋째, 스타트업/고성장기업/대기업 등 각 기업의 성장 단계별로 직면하는 조직, 프로세스, 문화 등과 관련된 도전 과제들을 구분하고 이를 헤쳐 나갈 수 있는 현실적인 방법을 제시합니다. 또한, 구글, 애플, 넷플릭스, 어도비 등 실리콘밸리 최고 기업들의 생생한 사례들을 통해 더욱 생동감 있는 실천 방법을 학습할 수 있습니다.

이 책은 제품 관리자 및 제품팀에 초점을 맞추고 있습니다. 아이디어를 발견하고, 의사를 결정하고, 제품으로 만드는 데 직접적으로 참여하는 제품 관리자, 제품 디자이너, 엔지니어, 마케팅 매니저를 비롯하여 조직의 리더나 스타트업 창업자들에게 훌륭한 통찰과 구체적인 방법을 안내할 것입니다.

그리고 이 책은 기술 제품, 그중에서도 소프트웨어 및 온라인 서비스를 중심으로 설명하고 있습니다. 하지만 요즘은 온라인 서비스의 경계가 점점 흐려지고 있습니다. 세계 최대의 택시 회사는 우버, 세계 최대의 숙박업소는 에어비앤비, 세계 최대의 미디어 기업은 페이스북이 되었습니다. 거의 모든 제품과 서비스의 고객 인터페이스가 온라인으로 만들어지고 있는 현재 시점에서, 모두에게 유용한 참고 자료가 될 것이라고 생각합니다.

《인스파이어드》 개정판을 처음 읽고 난 후 제품 관리자로서의 지난 경험들을 돌아보게 되었습니다. 고객을 가까이 두지 않고, 비효율적인 방법으로 아이디어를 검증하고 실행했던 일들이 너무 많았습니다. 그래서 《인스파이어드》 개정판이 출간된 것이 저에게는 참으로 다행이라고 생각합니다. 이 책은 앞으로 최소 10년 동안 제가 훌륭한 제품 관리자로 성장하는 데 가장 큰 도움을 줄 것입니다. 그리고 저를 비롯하여 이 시간에도 고객과 시장의 문제 해결을 위해 고군분투하고 있는 많은 분들께 훌륭한 참고 자료가 될 것입니다.

마지막으로, 감사의 인사를 드리고자 합니다. 무모한 제안을 흔쾌히 허락하시어 번역의 기회를 주신 장성두 대표님, 부족한 번역을 멋지게 바꿔 주신 이종무 팀장님 및 출판사 여러분께 감사드립니다. 그리고 지난 10년간 제가 제품 관리자로서 고민하고 성장할 수 있도록 기회를 주시고 응원해 주신 모든 리더 분들과 동료 분들께 감사를 드립니다. 그리고 힘든 번역 작업을 해낼 수 있도록 힘이 되어 준 우리 가족! 상희 씨, 서연이, 서웅이에게도 고맙고 사랑한다는 말을 전합니다.

한국의 독자들께

이베이(eBay)에서 제품&디자인 담당 수석부사장으로 근무하던 2001년에 한국을 처음 방문했다. 당시 이베이는 한국의 성공적인 전자상거래 스타트업이었던 옥션을 인수했다.

그전에 베이징과 도쿄에 있는 제품팀들을 몇 차례 방문하면서 그들의 문화가 실리콘밸리는 물론이고 두 나라 사이에도 상당한 차이가 있음에 적지 않은 충격을 받았다. 그러고 나서 한국의 회사를 처음 방문할 때는 무언가를 쉽사리 예상하기 어려웠다.

나는 곧바로 한국 회사의 기술 리더들과 팀의 모습에 매우 깊은 인상을 받았다. 이후 몇 년간 창업자들이 회사를 훨씬 더 성장시키는 모습과 다른 수많은 회사의 성공을 보는 것은 그리 놀랄 일도 아니었다. 특히 삼성과 같은 기업이 세계 무대에서 활약하는 모습을 확인할 수 있었다.

인터넷 산업의 초기 시절에는 한 회사가 어느 지역에 위치했는지가 그 회사가 일하는 방식에 큰 영향을 미쳤다. 하지만 오늘날은 지역이 큰 의미가 없다. 최고의 회사와 제품팀을 뉴욕, 상파울루, 런던, 스톡홀름, 베를린, 텔아

비브, 방갈로, 멜버른, 상하이, 서울과 같은 세계 각지에서 만나 볼 수 있다.

그럼에도 최고의 기업과 팀이 일하는 방식과 나머지 평범한 기업과 팀이 일하는 방식에는 여전히 큰 차이가 있다. 샌프란시스코와 서울에도 최고의 팀들과 나머지 평범한 팀들이 동시에 존재한다.

이 책은 최고의 제품팀이 어떻게 일하는지를 설명한다. 내가 항상 놀라는 사실은, 이러한 팀들은 일하는 방식에서 확연한 차이가 있다는 점이다. 이 책을 통해 한국의 많은 기업들과 팀들이 세계 최고 수준의 팀처럼 일을 하는 데 도움이 되기를 기대해 본다.

마티 케이건
캘리포니아 샌프란시스코

헌정문

이 책을 나의 아버지 칼 케이건(Carl Cagan)에게 바친다. 아버지는 1969년에 미국에서 처음으로 컴퓨터 공학 박사를 받은 사람이다(그전까지 컴퓨터공학은 전기공학 프로그램의 일부였다). 그리고 아버지는 1973년에 데이터베이스에 관한 첫 책을 집필했다(《Data Management Systems》, John Wiley & Sons).

나에게 훌륭한 아버지였으며, 내가 6살 때 컴퓨터 프로그래밍을 가르쳐 주셨다(프로그래밍이 대중화되기 훨씬 전의 일이다). 그리고 오늘날 우리가 의존하고 있는 수많은 기술을 막 상상하던 시기에 내가 기술에 관한 애정을 가질 수 있도록 해 주셨다.

저자 머리말

내가 《인스파이어드》의 개정판을 준비하기로 처음 마음먹었을 때, 대략 10~20% 정도의 내용을 수정하면 되겠다고 판단했다. 사실 초판에서 변경을 원하는 분량이 그 정도밖에 되지 않았다. 하지만 작업을 본격적으로 시작하면서 개정판은 완전히 새롭게 써야겠다고 판단했다. 기존 내용이 적합하지 않다기보다는 다시 보았을 때 각 주제에 대해 훨씬 더 매끄럽게 설명할 수 있겠다는 확신이 들었기 때문이다.

초판이 이 정도로 성공할 줄은 미처 예상하지 못했다. 책이 여러 언어로 번역되면서 나는 전 세계의 사람들을 알게 되었다. 그리고 출간된 지 10년이나 흘렀지만, 꾸준한 입소문과 후기 덕분에 판매량은 계속 증가하고 있다.

당신이 초판의 독자라면 먼저 고마운 마음을 전하며, 개정판을 더욱 즐겁게 읽기 바란다. 《인스파이어드》가 처음이라면 개정판을 통해 더 효과적으로 원하는 목적을 달성하기 바란다.

내가 초판을 작성했을 때만 해도 기업에서 애자일(agile)이 제대로 정착되기 전이었고, 고객 개발(customer development)이나 린 스타트업(lean startup)과 같은 전문용어도 낯설었다. 지금은 많은 팀이 이러한 방법을 수년 동안 사용하고 있으며, 이제는 린과 애자일을 넘어서는 무언가에 더욱 관심이 있다. 해당 내용은 이 책에서도 함께 다룰 예정이다.

이 책의 기본적인 구조는 초판과 같지만, 내가 설명했던 제품 관리의 기법들은 지난 10년간 상당히 발전했다. 내가 각 주제를 설명하는 방식 및 제품 관리 기법들은 상당히 업데이트되었고, 더불어 개정판에서는 내가 제품의 확장(Product @ Scale)이라고 언급하는 내용에 대해 깊이 있게 다루었다.

초판에서는 스타트업에 더욱 집중했다. 반면 개정판에서는 성장 단계에 있는 기업이 극복해야 하는 도전, 그리고 대기업에서 어떻게 제품을 잘 완성할 수 있는지에 관한 내용을 포함하면서 범위를 확장하였다.

기업은 규모를 확장하면서 새로운 도전 과제들에 직면하게 된다. 개인적으로도 지난 10년간 빠르게 성장하는 기업들을 코치하는 데 많은 시간을 보냈다. 가끔은 빠르게 성장하며 생존한다는 것이 얼마나 어려운지를 표현하면서, 그 생존 그 자체를 '성공'이라고 부른다.

초판의 많은 독자가 좋은 의견들을 전해 주었다. 그중에서도 내가 강조하고 싶은 두 가지 중요한 주제가 있다.

첫째, 제품 관리자가 하는 일에 관한 명확한 설명이 필요하다는 것을 절실히 깨달았다. 초판에서 제품 관리에 대해 많은 이야기를 하였지만, 포괄적인 제품팀의 관점에서 내용을 전달하였다. 현재 제품 디자이너나 엔지니어에 대해서는 괜찮은 자료들이 많이 나와 있지만, **제품 관리자(product manager)**에 관해 구체적으로 설명하는 자료는 드물다. 제품 관리자가 **기술**

제품(technology-powered)을 책임지는 중요한 사람인데도 말이다. 그래서 이번에는 기술 제품 관리자가 하는 일을 집중적으로 다루기로 했다. 기술 제품을 만드는 회사의 제품 관리자 혹은 그 일을 희망하는 분들에게 훌륭한 참고 자료가 되기를 기대한다.

둘째, 많은 사람이 고객이 사랑하는 훌륭한 제품을 만드는 방법에 대한 지침서나 체계와 같은 비법을 원했다. 그러한 바람은 충분히 이해가 되고, 나로서도 구체적인 방법을 다루는 것이 책 판매에는 더 도움이 될 것이다. 하지만 불행하게도 그것만으로는 훌륭한 제품을 만들 수 없다. 제품의 성공을 위해서는 올바른 제품 문화를 만들어야 한다. 또한, 제품 발견(product discovery)과 제품 실행(product delivery)에 이르는 일련의 방법들을 이해해야만 이슈가 발생하는 상황이 되었을 때 올바른 도구들을 선택할 수 있다.* 제품 관리자의 일은 절대 쉽지 않으며, 이 일을 성공적으로 할 수 있도록 애초에 준비된 사람은 없다고 보면 된다.

이 모든 것을 고려해 볼 때 기술 제품 관리자는 오늘날 업계에서 매우 인기가 높은 직종이다. 특히 스타트업의 대표이사가 되거나 혹은 그러한 자질을 시험할 기회가 되기도 한다. 그래서 만일 당신이 제품 관리자가 되기를 희망하고 노력할 의지가 있다면, 그 성공을 돕는 것은 나에게 더없이 기쁜 일이다.

---

* [옮긴이] 제품 실행은 제품 발견 단계 이후부터 실제로 제품을 구현하고 테스트하고 고객에게 전달하는 과정을 모두 포함하는 용어다.

추천사

마티처럼 제품 리더십을 통해 수십 년간 초기 창업가, 고성장 스타트업 그리고 수십억 달러 기업에까지 영향을 준 사람은 매우 드물다. 그의 지식을 책으로 압축한다는 것은 필독서가 된다는 의미다.

― 아비드 라리자데 더건(Avid Larizadeh Duggan), 구글벤처스 파트너

제품 관리에 관한 단 한 가지 책만 허락된다면 바로 이 책을 가져야 한다.

― 채드 디커슨(Chad Dickerson), 전(前) 엣시(Etsy) CEO

이 책은 우리에게 조직을 구성하고 운영하는 방법을 도와준 촉매였다. 마티는 우리가 꾸준하게 나아갈 수 있도록 변화에 대한 설득력 있는 사례, 실행 가능한 단계에 대한 설명, 근본적인 진실을 제공해 주었다.

― 앤 오거(Ann Aauger), 카맥스(CarMax) 제품 총괄

나는 제품 리더일 때 우연한 성공과 영문 모를 실패를 동시에 경험했다. 마티의 글은 제품 관리자와 제품 조직이 어떻게 일해야 하는지 이해하는 데 큰 도움을 주었다. 더 일찍 이 책을 알았더라면...

― 제프 패튼(Jeff Patton), 애자일 제품 리더십 코치

나는 제품 관리에 관하여 마티만큼 폭넓고 깊이 있는 지식과 통찰을 가진 사람을 본 적이 없다. 이 책은 30분 정도 훑어보고 왜 거금을 주고 샀는지 후회하는 전형적인 비즈니스 서적이 아니다. 《인스파이어드》는 공부하고, 토론하고, 가르치고, 경영진에 보여 주고, 커리어와 회사에 변화를 일으키는 데 사용되는 책이다.

— 카이리 로빈슨(Kyrie Robinson), Chegg 사용자 경험 부사장

《인스파이어드》는 나와 헤로쿠(Heroku)팀이 50~150명 규모의 단계로 확장하면서 어려움을 겪던 시기에 매우 유용한 자료였다. 이 책은 제품 리더십 역할을 하는 모든 사람의 책장에 비치되어 있어야 한다.

— 아담 위긴스(dam Wiggins), 헤로쿠 공동 창업자

《인스파이어드》의 초판은 제품 관리자로서 나의 생각을 날카롭게 해주었고, 나는 지금 그 책을 학생들에게 전해 주며, 올바른 일을 올바른 방법으로 진행하도록 한다. 《인스파이어드》는 실리콘밸리에서 가장 똑똑한 제품 관리자처럼 생각하도록 가르침을 준다.

— 크리스티나 워트키(Christina Wodtke), 작가, 교수 및 스타트업 고문

제품 관리는 회사가 존재하게 하는 제품을 만드는 것에 대한 과학이자 예술이다. 그것은 비즈니스의 핵심이다. 디지털 세상에서 마티 케이건은 당신이 제품 관리를 남다르게 이해하고 통달할 수 있게 도와준다. 이 책은 미래에 대비하기 위한 필수 도서다.

— 프러크 말테 펠러(Frerk-Malte Feller), 워크플레이스 by 페이스북

제품이 무엇인지, 기업들이 어떻게 성장을 가속화하는지 누군가 물을 때면 나는 항상 "《인스파이어드》를 먼저 읽으면 우리가 대화를 할 수 있습니다"라고 말한다.

— 사라 버나드(Sarah Berbard), 제트닷컴 제품 부사장

마티가 제품에 대해 말하고 쓰는 것을 보면 그의 지식이 직접적인 경험을 바탕으로 했음을 분명히 느낀다. 그는 '훌륭한 기술'과 '훌륭한 기술을 바탕으로 한 훌륭한 제품'의 차이를 알고 있다.

— 비욘 칼슨(Bjorn Carlson), 구글 클라우드 플랫폼 엔지니어링 팀 리더

《인스파이어드》는 고객이 진정으로 원하는 제품을 만드는 방법에 대한 권위 있는 책이다. 이 책은 제품 관리자 채용에 관한 내용을 담고 있지는 않다. 사용자를 최우선으로 하는 문화를 만들고, 최고의 제품을 만들 수 있도록 고객 가까이에 조직과 팀을 구성하는 것에 관한 내용을 담고 있다. CEO부터 초보 제품 관리자까지 읽어야 할 필수 도서다.

— 어맨다 리처드슨(Amanda Richardson), Hotel Tonight의 최고 데이터 및 전략 책임자

우리는 임모빌리언스카우트(ImmobilienScout)가 성장 단계로 진입했을 때 마티와 처음 일을 하게 되었다. 그는 우리 조직이 빠르게 확장하고 성장하는 데 큰 도움을 주었고, 덕분에 독일에서 가장 크고 성공적인 기술 스타트업이 될 수 있었다. 그는 그 후 몇 년간 회사의 고문이자 좋은 친구로 함께해 주었다. 그의 책 《인스파이어드》는 우리 회사의 모든 사람에게 도움이 되었고, 이번 개정판은 수많은 기업에 도움을 줄 것이라고 확신한다.

— 유르겐 봄(Jürgen Böhm), 임모빌리언스카우트의 공동 창업자

당신이 경험 많은 제품 관리자이건 새로운 제품 관리자이건 상관없이 《인스파이어드》는 당신이 세상에서 최고의 직업을 가지고 있고, 엄청난 영향을 줄 수 있다는 사실을 깨닫게 해줄 것이다. 특히 마티 케이건의 지혜를 따른다면 말이다. 그의 책은 지난 10년간 우리 업계에서 가장 중요한 책이었다. 그리고 이번 개정판은 가장 흥미롭고 수준 높은 제품 사례들을 포함하고 있어서 그 명성을 계속 이어갈 것이 분명하다.

— 타냐 코드레이(Tanya Cordrey),
Guardian News & Media의 전(前) 최고 디지털 책임자

제품/시장 궁합을 달성하는 훌륭한 제품을 만드는 것은 모든 성공한 스타트업의 중요한 첫 관문이다. 하지만 제품과 팀을 구성하고, 확장성/속도/품질을 항상 견고히 하는 것은 연이어 극복해야 하는 또 다른 큰 도전이다. 마티의 통찰력과 교훈은 의존성을 이겨 내는 높은 생산성을 가진 팀을 만들고, 확장성을 가진 문화를 형성하는 데 적용할 수 있다. 당신의 사업이 심각한 궤도 수정의 상황이 필요하건, 상승하는 로켓에 있건 모두 해당이 된다.

— 스콧 사하디(Scott Sahadi), The Experience Engine의 창업자 및 CEO

마티는 제품 관리에 대해 권위적이지 않으면서도 실행 가능한 조언을 제공하고, 그의 지혜를 많은 상황에서 적용할 수 있게 해준다. 그는 풍부한 경험으로부터 얻은 현실 세계의 수십 가지 스토리와 함께 훌륭한 조언들을 표현한다. 사람들이 사랑하는 디지털 제품을 만들고 싶다면, 이 책은 당신을 올바른 방향으로 이끌어 줄 것이다.

— 테레사 토레스(Teresa Torres), 제품 발견 코치

우리의 포트폴리오에 있는 몇 개의 회사를 대상으로 제품을 날카롭게 다듬고 제품 관리 조직을 구축하는 업무를 마티와 긴밀하게 진행했다. 마티의 통찰과 조언은 독보적이고 세계적인 수준이다.

— 해리 넬리스(Harry Nellis), Accel의 파트너

제품 관리자로서 경력 초기에 마티를 만난 것은 정말 행운이었다. 그 후로 그는 나와 우리 팀에 최고의 멘토였다. 나는 몇 개의 회사를 거치면서 마티가 어떻게 제품팀을 변화시키고 지속적인 혁신과 성장을 이끌어 내는지 볼 수 있었다. 마티는 오늘날 기술 산업의 제품 관리를 위한 정말 상징적인 책을 썼다.

— 사라 프리드 로즈(Sarah Fried Rose), 제품 리더 및 COO

나는 운 좋게도 최고의 제품 관리자 및 훌륭한 제품 마인드를 가진 사람들과 일을 해왔다. 마티 케이건은 지금까지도 최고의 제품 관리 마인드를 가지고 있다. 그의 엄청난 경험들을 한 권의 책에 압축했다.

— 마티 애보트(Marty Abbott), CEO, AKF Partners/ebay의 전(前) CTO

훌륭한 제품은 고객을 기쁘게 한다. 마티는 셀 수 없이 많은 제품팀을 이끌고, 그들에게 영감을 주었다. 그리고 《인스파이어드》를 통해 당신은 전략적이면서도 전술적으로 훌륭한 제품을 만드는 방법에 대해 배우게 될 것이다.

— 시리프리야 마헤시(Shripriya Mahesh), Omidyar Network의 파트너

CEO와 CPO(Chief Product Officer), 그리고 훌륭한 제품을 만들고자 하는 누구나 이 책을 반드시 읽어야 한다. 고객들은 훌륭한 제품을 제공하는 당신을 사랑하게 될 것이다.

— 필 테리(Phil Terry), Collaborative Gain의 창업자 및
CEO/Customers Included의 공동필진

베타리더 후기

🦋 김민찬(서울시립대학교)

기업의 관리자급 또는 그것을 희망하는 분들에게 필수적인 책이라고 생각합니다. 사람 관리부터 제품을 기획하고 출시하는 전반적인 과정에서 흔히 실수하는 부분을 바로잡아 주고 조언해 줍니다. 책의 내용은 자세하고 직설적인 설명 덕분에 이해하기 쉬웠고, 중간중간 여러 실제 사례까지 더해져 더 재미있고 읽기 편했습니다.

🦋 김상열(삼성SDS)

스타트업에서부터 대기업 규모까지 제품 중심 조직을 위한 방향과 기법들을 실제 사례를 바탕으로 설명합니다. 자신의 조직과 제품이 정체되어 있다는 느낌이 들거나, 현재에 만족하지 않고 성공에 목말라 하는 분들에게 각 챕터 하나하나가 많은 영감을 불어넣을 수 있으리라 생각합니다. 읽는 내내 경험에 기반한 저자의 중후한 내공을 느낄 수 있었고, 좀 더 넓은 시각에서 내가 담당하는 제품과 조직에 대해 생각해 볼 수 있어 좋았습니다.

🦋 김용현(Microsoft MVP)

이 책은 저자가 프로젝트가 성공하기 위해 필요한 것이 무엇인지 고민하는 이들에게 전달하고자 하는 말을 적었습니다. 프로젝트에 임하는 마음 자세, 역할 분담, 그리고 테스팅, 성공한 프로젝트의 짧은 사례 등 처음부터 끝까지 흥미로웠으며, 다 읽었을 때 컨설팅을 받은 듯한 느낌이었습니다.

🦋 이현수(이멕스)

베타리딩 미션을 진행하는 중에 새로운 사업을 준비 중인 한 스타트업으로부터 영입 제의를 받았습니다. 이 책을 읽으면서 생각하고 배울 점이 많았습니다. 스타트업 대표는 물론 팀장과 팀원들이 꼭 읽어야 할 책이라고 생각합니다.

🦋 정욱재(서울시립대학교)

이 책은 예전부터 주위에서 들었는데, 이번 기회에 베타리딩을 진행하게 되어서 기뻤습니다. 처음에는 회사 경험이 부족한 사람에게는 어려운 책이 될 수도 있겠다는 생각을 했습니다. 하지만 두세 페이지로 짧게 챕터가 나누어져 있고 핵심 부분을 잘 표기해 놓았기 때문에 처음 생각과는 달리 읽기에 좋았습니다. 그리고 어려운 난이도만큼이나 읽고 배워가는 것과 느끼는 것이 많았습니다.

🦋 차준성(서울아산병원)

아이디어 도출부터 이를 구체화하여 고객에게 만족을 주는 하나의 제품을 만들기까지 평소에 생각해 보지 못했던 관점을 배우는 좋은 기회였습니다. 꼭 IT 분야이거나 소프트웨어 개발에 국한되지 않은, 새로운 제품을 생산하는 모든 비즈니스 분야 종사자에게 권하고 싶은 정말 좋은 책입니다.

제이펍은 책에 대한 애정과 기술에 대한 열정이 뜨거운 베타리더의 도움으로
출간되는 모든 IT 전문서에 사전 검증을 시행하고 있습니다.

최고의 기술 기업에서
배운 것

1980년대 중반 나는 HP(Hewlett Packard)에서 주목받고 있던 제품을 만드는 젊은 소프트웨어 엔지니어였다. 그 당시는 처음으로 인공지능(AI, Artificial Intelligence)이 크게 유행했는데, 운이 좋게도 업계 최고 기술의 회사에서 매우 실력이 뛰어난 팀의 일원으로 있었다(실제로 그 팀에 있던 몇몇 분들은 업계의 다른 회사들로 이동해서 큰 성공을 거두었다).

우리는 매우 어려운 프로젝트를 맡았다. 저렴하면서도 범용성을 갖춘, 인공지능이 접목된 워크스테이션 제품을 만드는 일이었다. 당시만 해도 하드웨어와 소프트웨어를 합친 전용 제품이 10만 달러를 넘었으므로 일부 회사만이 감당할 수 있는 금액이었다.

우리는 밤과 주말을 희생해 가며 1년도 넘는 오랜 기간 열심히 일했다. 그와중에 HP의 이름으로 몇 가지 기술 특허를 등록하기도 했다. HP의 까다로운 품질 표준에 정확히 부합하는 소프트웨어를 만들어 냈다. 우리는 국제 표준에 맞는 제품을 만들었고, 몇 개의 언어로 된 지역 제품도 준비했다. 그리고 영업 조직에 대한 교육을 진행했다. 우리의 기술을 소개하는 기자회견도 했고 좋은 평가들을 받았다. 성공을 위한 만반의 준비를 하였다. 마침내 제품을 출시했고 자축했다.

그런데 한 가지 문제가 발생했다. 우리 제품을 구매하는 사람이 아무도 없었다. 시장에서 우리 제품은 완전히 실패했다. 물론 기술적으로 매우 훌륭한 제품이었고 전문가들도 극찬했지만, 결국 사람들이 원하는 제품이 아니었다.

우리 팀은 결과를 보고 매우 참담했다. 하지만 곧 우리는 스스로 중요한 질문을 던졌다. 우리가 만드는 것에 대해 누가 무엇을 정의해야 하는가? 그들은 어떻게 의사결정을 하는가? 우리가 만드는 제품의 사용성이 충분한지를 그들은 어떻게 파악할 수 있을까?

많은 팀이 어려운 과정을 통해 배우게 되는 사실을 우리 팀은 비교적 젊은 나이에 매우 깊이 깨달았다. **만들 만한 가치가 있는 제품이 아니라면 엔지니어 팀이 얼마나 훌륭한지는 아무 의미가 없다는 것이다.**

우리가 겪은 실패의 원인을 추적하면서 배운 것들이 있다. 마케팅 조직에 속해 있는, 우리가 만들 제품을 정의하는 책임을 진 '제품 관리자'라는 사람이 무슨 제품을 만들지에 대한 의사결정을 한다는 것이다. 또한, 나는 HP가

> 나는 최고의 기업들과 다른 대부분의 기업들이 제품을 만드는 방식에서 엄청난 차이가 있음을 발견했다.

제품 관리를 특별히 잘하는 것이 아니라는 것도 알게 되었다. 대부분의 회사가 제품 관리에 서툴고, 지금도 마찬가지라는 것을 나중에서야 깨닫게 되었다.

나는 사용자와 고객이 원하는 제품을 만드는 것이 아닌 경우 다시는 그렇게 열심히 일하지 않겠다고 스스로 다짐했다. 그 후 30년 동안 나는 운 좋게도 매우 성공적인 기술 제품들과 함께했다. 개인용 컴퓨터가 처음 보급되는 시점에 HP에서 처음 일을 했고, 인터넷이 활성화되는 시기에 넷스케이프 (Netscape Communications)에서 플랫폼과 도구 부문 부사장으로 일을 했다. 그리고 전자상거래가 성장하는 시점에 이베이(eBay)에서 제품과 디자인 부문 부사장을 맡았다. 그 후로는 현재 큰 성공을 거둔 많은 스타트업의 고문으로도 일했다.

노력했던 모든 제품이 크게 성공하지는 못했지만, 실패한 제품은 없었다고 자신한다. 그중 일부는 세계적으로 수백만 명 이상의 사람들에게 사랑받는

제품이 되었다.

이베이를 떠나자마자 나는 많은 기업으로부터 그들이 제품을 만드는 방법을 어떻게 개선할 수 있을지 도와달라는 요청을 받기 시작했다. 이러한 회사들과 일을 진행하면서 나는 **최고의** 기업들과 **대부분** 기업이 제품을 만드는 방식에서 큰 차이가 있음을 발견했다. **최신 기술을 잘 아는 것과 실제로 잘 만드는 것은 매우 다르다는 것을 느꼈다.**

대부분 기업은 여전히 오래되고 비효율적인 방법으로 제품을 발견하고 출시한다. 마치 내가 HP에서 경험한 것과 같이 학계나 최고 경영대학의 프로그램, 산업 기관 등 모두 과거의 실패한 모델에 갇혀 있었다.

나는 운 좋게도 업계 최고의 제품 철학을 가진 사람들과 일을 하는 기회를 가졌다. 이 책의 좋은 아이디어들은 그들로부터 많이 얻었다. 감사의 글을 전하는 부분에서 이 사람들을 언급하였다. 그들 모두에게서 배웠고, 한 분한 분께 감사드린다.

나는 사람들에게 진정한 가치와 감동을 제공하는, 고객이 사랑하는 제품을 만들기 원했으므로 이 직업을 선택했다. 대부분의 제품 리더들도 마찬가지로, 감동을 주고 성공하는 제품을 만들고 싶어한다. 하지만 많은 제품이 감동을 주지 못하며, 우리의 삶은 좋은 제품만을 사용하기에도 모자라다.

나는 이 책을 통해 성공한 제품을 만든 기업들의 훌륭한 사례가 널리 공유되었으면 한다. 그래서 사람들이 사랑하는 제품, 진정으로 감동을 주는 제품이 더 많아지기를 기대한다.

훌륭한 제품을
이끄는 사람

이 책을 관통하는, 내가 확신하고 있는 중심적인 개념이 있다. 바로 모든 훌륭한 제품 이면에는 지칠 줄 모르고, 무대 뒤에서 최선을 다하는 누군가가 있다는 것이다. 그 사람은 제품팀을 이끌며, 비즈니스 목표에 맞는 방향으로 기술과 디자인을 통해 고객의 실제 문제를 해결한다.

이런 사람들을 우리는 **제품 관리자**(product manager)라고 부른다. 이들은 스타트업의 공동 창업자나 대표일 수도 있다. 또한, 이미 다른 역할을 가지고 있지만, 필요에 의해 선택된 사람일 수도 있다. 제품 관리자로서 임무를 수행한다는 것은 디자이너, 엔지니어, 마케팅, 프로젝트 매니저의 역할과는 매우 다르다.

이 책은 이러한 제품 관리자들을 위한 것이다. 오늘날 기술 제품을 만드는 팀에서 제품 관리자는 매우 특별하고 도전적인 책임을 지고 일을 한다. 이것은 너무도 어려운 역할이고, 다른 사람이 어떤 이야기를 해준다고 해도 그다지 도움이 되지 않는다. 제품 관리자는 보통 풀타임 업무가 필요한 역할이다. 나는 주어진 업무를 충실하게 수행하면서 주 60시간보다 적게 일하는 제품 관리자를 많이 보지는 못했다.

디자이너나 엔지니어로서 제품 관리자의 역할을 동시에 수행하는 것도 충분히 가능하고, 실제로 몇 가지 장점들도 있다. 하지만 어마어마한 업무량을 소화해야 한다는 것을 곧바로 알게 될 것이다. 만일 당신이 그 상황을 감당할 수 있다면 매우 놀라운 일이다.

이 책을 관통하는, 내가 확신하고 있는 중심적인 개념이 있다. 바로 모든 훌륭한 제품 이면에는 지칠 줄 모르고, 무대 뒤에서 최선을 다하는 누군가가 있다는 것이다. 그 사람은 제품 팀을 이끌며, 비즈니스 목표에 부합하는 방향으로 기술과 디자인을 통해 고객의 실제 문제를 해결한다.

제품팀은 적어도 한 명의 제품 관리자 및 두 명에서 최대 10명의 엔지니어로 구성된다. 사용자 접점에 있는 제품을 만드는 경우라면 아마도 팀에 제품 디자이너도 필요할 것이다.

이 책에서는 다른 장소에서 근무할 때 에이전시 혹은 외주 업체의 엔지니어 및 디자이너를 활용해야만 하는 경우에 대해서도 다룰 예정이다. 팀의 구성이 어떻게 되었든 제품 관리자라는 역할, 그리고 이 책에서는 당신과 함께 일하는 전담팀이 있다는 것을 가정한다. 그 팀은 제품을 설계-구현-출시를 위해 당신과 함께 업무를 하는 팀을 말한다.

기술 중심의 제품과
서비스

세상에는 다양한 종류의 제품이 있지만, 이 책에서는 오로지 **기술 중심의 제품**
에만 집중한다. 이 책에서 다루는 내용 중 일부는 기술 제품이 아니어도 도
움이 되겠지만, 확실히 그렇다고 말할 수는 없다. 솔직히 이야기하면 소비재
제품과 같은 비기술(non-tech) 제품 및 해당 제품의 관리자들을 위한 좋은
자료들은 이미 쉽게 구할 수 있을 정도로 충분하다.

나는 기술 중심의 제품, 서비스, 사용자 경험을 만드는 것과 관련된 고유의
이슈와 도전들을 다루는 데 집중할 것이다. 소비자 서비스 제품들이 이 책
에서 다루고자 하는 제품의 좋은 사례다.

- 전자상거래 사이트 및 중계 서비스: 넷플릭스(Netflix), 에어비앤비
  (Airbnb), 엣시(Etsy)
- 소셜 미디어: 페이스북(Facebook), 링크드인(LinkedIn), 트위터(Twitter)
- 비즈니스 서비스: 세일즈포스(salesforce.com), 워크데이(Workday), 워키
  바(Workiva)
- 소비자 디바이스: 애플(Apple), 소노스(Sonos), 테슬라(Tesla)
- 모바일 애플리케이션: 우버(Uber), 오더블(Audible), 인스타그램(Instagram)

기술 중심의 제품이라고 해서 순수하게 디지털이어야 할 필요는 없다. 요즘은 밤에 차량 및 방을 구하거나, 주택 융자를 받거나, 야간에 물건을 배송하는 등 온라인과 오프라인이 연계된 훌륭한 사례들도 흔히 찾아볼 수 있다.

나는 오늘날 대부분 제품이 **기술 중심의 제품**으로 탈바꿈하고 있다고 생각한다. 그리고 이러한 변화를 깨닫지 못하는 기업은 빠르게 무너질 것이다. 다시 한번 말하지만 나는 기술 중심의 제품과 기업

> 나는 기술 중심의 제품, 서비스, 사용자 경험을 만드는 것과 관련된 고유의 이슈와 도전들을 다루는 데 집중할 것이다.

에 집중할 것이다. 그들은 기술 변화를 빠르게 흡수하고 고객을 위해 끊임없이 혁신해야만 한다고 믿는 기업들이다.

3

스타트업:
제품/시장 궁합 찾기

기술 산업에서는 일반적으로 회사를 스타트업(startups), 성장 단계(growth-stage)의 기업, 대기업(enterprise companies)의 세 가지 단계로 정의한다. 각 단계의 특성과 당신이 마주치게 될 도전들에 대해 간략하게 살펴보자.

나는 **스타트업**이란, '제품/시장 궁합(product/market fit)을 아직 찾지 못한, 새로운 제품을 만드는 회사'라고 간략히 정의한다. 제품/시장 궁합은 너무도 중요한 개념이며, 다른 장에서 자세히 언급할 예정이다. 스타트업이란, '유효한 비즈니스를 창출하는 제품을 찾기 위해 여전히 노력하고 있는 단계의 회사' 정도로 해두자.

스타트업에서 제품 관리자의 역할은 공동 창업자 중 한 명이 대체로 맡게 된다. 일반적으로 25명 미만의 엔지니어와 함께, 한 개 제품팀에서 많게는 4~5개의 제품팀을 담당하게 된다.

스타트업의 현실은 통장의 잔액이 떨어지기 전에 제품/시장 궁합을 어떻게든 달성하기 위해 달리는 경주와 같다. 그래서 스타트업은 제품에 집중할 필요가 있으며, 초기 시장의 니즈(needs)에 부합하는 강력한 제품을 만들어 내야 한다.

스타트업은 대개 초기 자금이 매우 제한적이다. 시장이 필요로 하는 제품을 발견하고 출시할 수 있을지 결정하는 것을 목표로 자금을 사용한다. 통장 잔액이 바닥나는 시점이 가까워질수록 팀과 리더십은 정신없이 달려나가며, 더욱 필사적인 상황을 맞이하게 된다.

스타트업은 시간과 비용이 매우 빠듯하다. 그래서 좋은 스타트업은 실행 속도를 늦추는 불필요한 관료 체계를 최소화한다. 그런데도 아직 기술 스타트업은 실패 확률이 높다. 그중 일부 성공하는 스타트업은 특히 제품 발견에 매우 뛰어나며, 이는 이 책의 중요한 주제다.

제품/시장 궁합을 위해 달려나가야 하는 스타트업에서 일한다는 것은 높은 스트레스, 산더미 같은 업무량, 위험한 상황을 항상 마주해야 한다. 반면에 그것은 놀라

> 초기 시장의 니즈에 부합하는 강력한 제품을 만들어 내야 한다.

운 경험이 될 수도 있다. 특히 상황에 따라 금전적으로 큰 보상을 기대할 수도 있다.

성장 단계의 회사: 성공을 위한 확장

충분한 역량과 운을 바탕으로 마침내 제품/시장 궁합을 달성한 스타트업들은 지금까지만큼이나 어려운 도전 상황을 이겨 낼 준비를 해야 한다. 바로 어떻게 효과적으로 성장하고 확장해 나갈 것인가 하는 문제다.

스타트업이 큰 규모의 성공적인 비즈니스로 성장하고 확장하는 과정에는 여러 중대한 도전들이 있다. 엄청나게 어려운 도전이긴 하지만, 이른바 행복한 고민이다.

많은 사람을 채용하는 동시에 초기 성공을 이어나가기 위해 새롭고 인접한 제품과 서비스를 어떻게 만들어 낼지 고민해야 한다. 동시에 핵심 비즈니스 또한 가능한 한 빠른 속도로 성장시켜야 한다.

성장 단계에서는 보통 25명에서 수백 명의 엔지니어로 구성이 되고, 더불어 이들을 돕는 많은 사람이 함께한다. 이 정도 규모가 되면 곳곳에 조직적인 스트레스의 신호들이 포착된다.

제품팀들은 큰 그림을 이해할 수 없다며 불평하기 시작한다. 그들이 하는 일이 전체 목표에 어떻게 기여하는지 도대체 알 수 없다고 한다. 또한, 권한을 가진 자율성 높은 팀에서 고군분투하며 일을 해나간다.

영업과 마케팅에서는 초기 제품에서 통했던 시
장 진출 전략(go-to-market strategy)이 새로운 제품
에서는 적합하지 않다며 자주 불만을 제기한다.

엄청나게 어려운 도전
이긴 하지만, 이른바
행복한 고민이다.

첫 제품의 요건에 부합했던 기술 인프라도 한 번씩 터질 듯한 상황이 온다.
당신이 이야기 나누는 모든 엔지니어의 입에서 '기술 부채(technical debt)*'라
는 단어가 들리기 시작한다.

리더들은 초기 스타트업 시절에 작동했던 리더십 스타일과 방식이 이제는
잘 통하지 않는 문제들을 겪는다. 리더들은 그들의 역할과 많은 상황에서의
행동이 바뀌어야 한다는 압박을 받는다.

반면 이런 변화를 극복해야만 한다는 동기부여는 매우 강한 상황이다. 회사
는 기업 공개(public offering)나 다른 회사의 핵심 사업으로 피인수되는 기회
를 만들어 나간다. 또한, 세상에 유의미하고 큰 영향을 줄 수 있다는 현실적
인 가능성도 강한 동기부여 요인이 될 수 있다.

---

* 옮긴이 기술 부채는 기술적으로 최선이 아님을 알면서도 비즈니스 성과를 앞당기는 선택을
함으로써 발생하는 기술적인 문제(비용)를 말한다. 자금을 앞당겨서 빌려 쓰면 이자가 발생하는
것과 비슷하다.

대기업:
끊임없는 제품 혁신

규모의 확장에 성공했고 이제 영속하는 비즈니스를 만들기 원하는 기업들도 여전히 힘든 도전이 기다리고 있다.

강한 기술 제품 회사는 끊임없는 제품 혁신이 필요하다는 것을 잘 알고 있다. 현재 고객과 비즈니스를 위해 지속해서 새로운 가치를 제공해야 하는 것을 의미한다. 현재 제품을 단순히 수정하고 최적화하는 것(이런 것을 가치 확보라 한다) 대신에 각 제품이 가진 잠재성을 최대한 끌어내기 위해 개발해야 한다.

많은 대기업은 이미 죽음의 소용돌이로 빠져든 상태다. 몇 년 혹은 심지어 수십 년 전에 만들었던 가치와 브랜드를 이용하는 것에만 의존하고 있다. 큰 기업은 하루아침에 망하는 경우가 드물고 몇 년 동안은 버틸 수 있다. 그렇다고 착각하지 마라. 조직은 가라앉고 있으며, 그 결과는 불 보듯 뻔하다.

물론 의도한 바는 아니지만, 일단 기업이 이 정도 규모가 되면(보통 상장회사가 된다) 회사가 이룩한 것들을 지켜 내고자 하는 수많은 이해 관계자들이 비즈니스 전반에 걸쳐 존재한다. 불행히도 이렇게 되면 비즈니스를 재창조할 수 있는 새로운 시도나 사내 벤처들을 막아 버리게 된다(잠재적으로는 기존 핵심 비즈니스도 위험으로 몰게 된다). 그리고 회사를 새로운 방향으로 도약시킬 수 있도록 소수 사람이 제안한 새로운 아이디어를 방해하는 수많은 장애물이 만들어진다. 이러한 상황이 발생하는 징후는 분명하다. 사기가 저하되고, 혁신이 없어지며, 고객의 손에 새로운 제품을 제공하기까지 엄청나게 오랜 시간이 걸리게 된다.

회사 초기에는 분명하고 멋진 비전이 있었다. 하지만 회사의 규모가 커지면서 회사는 본래의 비전을 어느 정도 달성하였고, 사람들은 이제 다음 모습이 무엇인지 확

> 강한 기술 제품 회사는 끊임없는 제품 혁신이 필요하다는 것을 잘 알고 있다.

신이 없다. 제품팀들은 비전의 부재, 권한 위임의 부재, 너무나 느린 의사결정에 대한 불만을 쏟아 낸다. 또한, 제품을 만드는 일은 점점 사공 많은 배처럼 되어 간다.

리더들도 마찬가지로 제품팀의 혁신 부재로 좌절하기 일쑤다. 다른 회사를 인수하거나 새로운 비즈니스를 보호받는 환경에서 키워 내기 위한 이른바 '혁신 센터(innovation center)'를 만드는 것에 의존하는 상황이 흔히 발생한다. 하지만 이런 방식으로는 그들이 갈망하는 혁신을 가져다주는 경우가 드물다.

그리고 우리는 어도비, 아마존, 애플, 페이스북, 구글, 넷플릭스와 같이 큰 기업들은 도대체 어떻게 이러한 어려움을 극복하는지에 대한 이야기들을 듣게 된다. 조직의 리더들은 도대체 이러한 기업들은 어떻게 해서 같은 문제가 발생하지 않는지 궁금해한다. 사실 그들도 똑같이 할 수 있다. 다만 그러기 위해서는 매우 큰 변화를 만들어 내야 하며, 이 책에서 설명하는 바이기도 하다.

실패한 제품의
근본 원인

수많은 제품이 실패하는 근본적인 원인이 무엇인지 알아보는 것으로 시작해 보자.

나는 어떤 규모이건, 어느 지역에 있든, 거의 모든 회사가 같은 방식으로 일하고 있음을 관찰하였다. 그리고 이러한 방식은 실제로 최고의 회사가 일하는 방식과는 거리가 멀다는 것을 언급할 수밖에 없다.

미리 말해 두지만, 이번 주제는 당신을 무기력하게 만들 수도 있다. 특히 당신의 정곡을 찔리는 경우에는 더욱더 그렇다. 그런 경우라면 나를 믿고 함께 참고 견디기를 바란다.

그림 6.1은 대부분 회사가 여전히 사용하고 있는 제품 개발 프로세스다. 개인적인 의견을 이야기하기 이전에, 먼저 그 프로세스를 있는 그대로 설명하고자 한다.

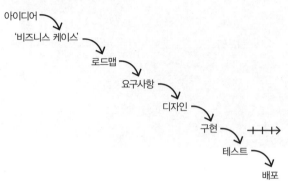

그림 6.1 실패한 제품의 근본 원인

그림 6.1에서 설명하는 것처럼 모든 것은 **아이디어**에서 출발한다. 대부분 아이디어는 내부(임원, 핵심 이해 관계자 또는 비즈니스 담당자) 혹은 외부(현재 또는 잠재 고객들)에서 유입된다. 아이디어가 어디에서 발생했건 간에, 항상 비즈니스의 각 분야에서 제품 관리자가 처리해 주기를 바라는 엄청난 양의 과제들이다.

이제 대부분 회사는 이러한 아이디어들의 우선순위를 매겨 **로드맵**으로 전환하기를 원한다. 그들은 두 가지 이유로 로드맵을 사용한다. 첫째는 가장 중요한 일을 먼저 수행해 주기를 원하기 때문이며, 둘째는 각 업무가 언제 준비 상태가 될지 예측하고 싶기 때문이다.

로드맵을 작성하기 위해 보통 **분기 또는 연간 계획 세션**과 같은 별도의 시간을 마련한다. 이때 리더들은 아이디어를 검토하면서 제품 로드맵에 대해 협의한다. 하지만 우선순위를 선정하기 위해 그들은 먼저 각 아이디어에 대한 **비즈니스 케이스** 정의가 필요하다. 어떤 회사들은 비즈니스 케이스에 대한 별도 양식이 있고, 없는 회사도 있다. 어쨌든 각 아이디어에 대해 두 가지를 분명히 알아야 한다는 것이 핵심이다. (1) 얼마만큼의 매출이나 가치를 만들어 내는 것인가? (2) 얼마만큼의 비용이나 시간이 필요한 것인가? 이러한 정보는 다음 분기의 로드맵(때로는 1년의 로드맵)을 작성하는 데 활용된다.

이때 제품과 기술 조직은 진격 명령이 떨어지면 보통 가장 높은 우선순위의 아이디어부터 차례대로 실행하게 된다.

어떤 아이디어가 가장 높은 우선순위에 있으면 제품 관리자가 가장 먼저 해야 할 일은 해당 이해 관계자를 만나서 아이디어를 구체화하는 것이다. 이를 통해 일련의 '요구사항'을 정리한다.

이러한 요구사항은 사용자 스토리(user story) 형태이거나, 아마도 기능 명세와 같은 양식의 형태일 것이다. 요구사항은 디자이너와 엔지니어에게 무엇이 만들어져야 하는지를 커뮤니케이션하기 위함이다.

요구사항이 모두 수집되고 나면 **사용자 경험 디자인팀**(그 팀이 회사에 존재한다고 가정하고)은 상호작용 디자인(interaction design), 시각 디자인(visual design), 물리적인 기기의 경우 산업 디자인(industrial design)에 대한 진행을 요청한다.

결국 그 요구사항과 디자인 결과물은 **엔지니어**에게 전달된다. 대개 이 시점에서 애자일이 등장한다.

아무튼 엔지니어들은 보통 그 과제를 **이터레이션**(iteration, 반복 업무 단위)으로 나눈다. 스크럼(scrum) 프로세스에서 말하는 '스프린트(sprint)'다. 아이디어를 구현하기 위해 한 번에서 세 번 정도의 스프린트가 걸린다.

QA 테스트(QA test)가 스프린트 일부로 포함되어 있으면 다행이다. 혹은 별도 QA 팀이 있다면 그 신규 아이디어 과제가 예상대로 동작하는지, 다른 문제를 만들어 내지는 않는지(이런 것을 **회귀 테스트**라고 한다)를 검증한다.

QA 담당자로부터 이상이 없음을 확인하는 녹색 신호를 받으면, 그 신규 아이디어는 마침내 실제 고객에게 **배포(deploy)**된다.

내가 처음에 만났던 대다수의 크고 작은 기업들은 이러한 방식을 필수적으로, 이미 오랫동안 사용하고 있었다. 여전히 이런 기업들은 일관된 불평불만을 제기한다. **혁신이 부족하고**, 제품을 고객에게 전달하기까지 **너무 오랜 시간이 걸린다**는 것이다.

아마 눈치챘겠지만, 요즘 거의 모든 사람이 하고자 하는 '애자일'을 잠깐 언급했다. 반면에 방금 설명했던 상황은 완전히 **폭포수(waterfall)** 프로세스에 대한 것이었다. 엔지니어 관점에서 말하자면 그들은 보통 주어진 폭포수 프로세스의 환경에서 할 수 있는 최대한의 애자일을 실천하고 있다.

자, 앞서 설명한 것이 대부분 팀이 하는 방식인 것은 알겠다. 그런데 왜 이것이 수많은 실패의 필연적인 이유인가? 그 이유를 찾기 위해 단편적인 내용의 조각들을 연결해 보자. 그래서 우리는 왜 이 보편적인 업무 방식이 많은 제품 실패에 대한 책임인지 보다 분명하게 알 수 있을 것이다.

다음의 목록을 통해 이러한 업무 방식이 가지는 가장 큰 문제 10가지를 공유할 것이다. 이 10가지 문제는 팀을 망칠 수 있는 **매우 심각한 이슈**라는 것을 명심하자. 많은 회사에서 한 개 이상, 심지어는 모든 문제를 가지고 있다.

1. 위에서부터 시작해 보자. 바로 **아이디어의 출처**다. 이 모델을 사용하면 판매 확대를 위한 기능이나 이해 관계자 위주로 제품이 끌려가게 된다. 이 주제에 대해서도 정말 할 이야기가 많다. 하지만 지금 한 가지만 말하면 이 방식이 뛰어난 제품 아이디어를 가져오지는 못한다는 것이다. 또한, 이러한 접근 방법은 팀에게 필요한 권한 위임이 안 된다. 이 모델을 따르면 제품팀은 마치 외부 용병처럼 그저 열심히 실행할 뿐이다.

   > 요즘 거의 모든 사람들이 하고자 하는 '애자일'을 잠깐 언급했었다. 반면에 방금 설명했던 상황은 완전히 폭포수 프로세스에 대한 것이었다.

2. 다음으로, **비즈니스 케이스**의 치명적인 결함에 관해 이야기해 보자. 솔직히 나는 개인적으로 큰 규모의 투자가 필요한 아이디어일 경우에 한해서는 비즈니스 케이스가 필요하다는 데 찬성한다. 하지만 많은 회사가 로드맵을 작성하는 단계에서 비즈니스 케이스를 작성하는 것은 정말 말도 안 된다. 그 이유를 설명해 보겠다. 모든 비즈니스 케이스의 핵심적인 두 가지 요소를 기억하는가? '얼마만큼의 돈을 벌 수 있는가'와 '얼마만큼의 비용이 드는가'다. 자, 냉엄한 진실은, 현재 시점에서 우리는 이 두 가지 수치에 대한 근거가 전혀 없다는 것이다. 솔직히 우리는 알 방법이 없다.

   우리가 만드는 것으로 얼마만큼의 돈을 벌 수 있을지는 결국 얼마나 좋은 솔루션을 만들어 낼지에 달려 있기 때문이다. 만일 팀이 환상적으로 일을 해냈다면 큰 성공을 만들어 낼 수도 있다. 말하자면 비즈니스 전체의 추세에 영향을 줄 수도 있다. 하지만 현실은, 많은 제품 아이디어가 결국 아무것도 이루어 내지 못한다는 것이다. 효과가 없었다는 것을 과장하는 표현이 아니다. **말 그대로 아무것도 모른다**(A/B 테스트를 통해서 알 수 있다).

어떤 경우에도 제품 개발의 가장 중요한 교훈 중 하나는 **우리가 모르는 것을 알아간다**는 것이다. 그리고 단지 이 단계에서는 우리가 얼마만큼의 돈을 벌 수 있는지 알 수 없다.

마찬가지로 우리가 제품을 만드는 데 얼마만큼의 비용이 들어갈지도 알 수 없다. 실제 어떤 솔루션을 만들지도 모르는 상태에서 엔지니어가 예측하는 것은 불가능에 가까운 일이다. 대부분의 내공 있는 엔지니어들은 이 단계에서 추정하는 것을 거부할 것이다. 하지만 일부는 티셔츠 사이즈를 측정하는 오래된 방법으로 타협한다. 이 아이디어가 '스몰, 미디움, 라지, 엑스라지'인지만 알게 해달라고 말이다.

하지만 많은 회사가 우선순위 로드맵을 정말 원하고 있고, 일단 활용이 되면 아이디어를 평가하는 시스템이 필요하다. 그래서 사람들은 비즈니스 케이스 게임을 하게 된다.

3. 회사가 **제품 로드맵**에 대해 빠져들기 시작하면 더 큰 이슈가 발생하기 시작한다. 지난 수년간 셀 수 없을 정도로 많은 로드맵을 보아 왔으며, 대부분은 우선순위가 정해진 기능과 프로젝트들의 목록이 구성되어 있었다. 예를 들어 마케팅은 특정 캠페인을 위해 이런 기능을 원하고, 영업은 새로운 고객을 확보하기 위해 저 기능을 원하며, 또 누구는 페이팔(PayPal) 연동을 원할 수 있다.

하지만 여기에 가장 큰 문제가 있다. 내 표현으로 하자면 **제품에 관한 두 가지 불편한 진실**이다.

> 첫 번째 진실은, 당신의 아이디어 중 최소 절반 이상은 유효하지 않을 것이라는 사실이다.

첫 번째 진실은, **당신의 아이디어 중 최소 절반 이상은 유효하지 않을 것이라는 사실이다.** 아이디어가 기대한 효과를 만들지 못하는 데는 여러 이유가 있다. 가장 흔한 이유는, 이 아이디어에 대해 우리만큼 고객이 관심을 가지지 않는다는 것이다. 그래서 그들은 사용하지 않는 것을 선택한다. 때로는 그들이 사용하기 원하고 실제 사용해 보기도 한다. 하지만 제품이 지나치게 복잡해서 쓰임새보다 오히려 골칫거리가 더 많아진다. 그래서 사람들은 다시 사용하지 않게 된다. 그리고 가끔은 사람들이 좋아하는 제품을 생각해 냈지만, 우리가 예상했던 것보다 더 큰 비용이 드는 상황이 발생한다. 결국 고객에게 그 제품을 전달하는 데 필요한 시간과 비용을 감당하지 못하겠다는 결정을 하게 된다.

그래서 나는 제품 로드맵에 있는 최소 절반 이상의 아이디어는 기대했던 효과를 만들어 내지 못한다고 장담한다(정말 훌륭한 제품팀은 네 개중 세 개의 아이디어는 그들이 기대했던 성과를 내지 못한다고 가정한다).

첫 번째가 충분하지 않다면 두 번째 불편한 진실이 여기 있다. 아이디어가 충분히 잠재적인 가치가 있는 것으로 파악되었더라도 필요한 비즈니스 가치를 만들어 내는 수준에 도달하려면 최소 몇 번의 **이터레이션**을 반복해야 한다는 것이다. 우리는 이것을 **돈을 버는 데 필요한 시간 (time to money)**이라고 한다. 내가 제품을 만들면서 깨달은 가장 중요한 교훈은 이 두 가지 불편한 진실에서 벗어나는 경우는 없다는 것이다. 당신이 엄청 똑똑하다고 해도 마찬가지다. 다행히 나는 정말 뛰어난 팀들과 일을 해왔고, 이들이 다른 점은 이러한 불편한 진실들을 대처하는 방법에 있다는 사실을 알 수 있었다.

4. 다음은 이 모델에서 **제품 관리의 역할**에 대해 생각해 보자. 사실 이러한 상황에서는 제품 관리라고 하는 것보다 프로젝트 관리라고 부르는 것이 더 맞을 것 같다. 이 모델에서는 엔지니어를 위해 **요구사항을 수집하고 문서화해 주는 것**이 주요 업무다. 이는 내가 실제 기술 제품 관리라고 하는 일과는 180도 다르다는 것을 짚고 넘어가고 싶다.

5. 디자인의 역할도 상황이 비슷하다. 디자인의 진정한 가치를 담기에는 너무 늦은 상황이라서 대부분은 우리가 이른바 '돼지 입술에 립스틱 바르기(lipstick on the pig)'를 하게 된다. 이미 상황은 더 나빠졌으므로 엉망인 제품에 페인트 코팅이라도 씌우려고 시도한다. 사용자 경험(UX, User Experience) 디자이너도 이것이 바람직하지 않다는 것을 잘 알고 있지만, 이렇게라도 그들이 할 수 있는 방법으로 보기 좋고 일관된 디자인을 해나간다.

6. 아마 이 모델에서 놓치는 가장 큰 기회는 **엔지니어들이 너무 늦게 참여한다**는 것이다. 엔지니어들이 단지 코드를 짜는 일만 한다면 그들이 가진 가치의 절반만 활용하는 것이나 마찬가지다. 제품 개발에서 작은 비밀이 있다면 **엔지니어가 보통 혁신을 하는 데 가장 훌륭한 원천**이라는 것이다. 그러나 이 모델에서 그들은 회의에도 초대받지 못한다.

7. 엔지니어팀을 너무 늦게 참여시키는 것뿐 아니라 애자일의 원칙과 핵심적인 장점이 너무 늦게 작동된다. 이러한 방식으로 업무를 하면 팀은

애자일 방법론의 실질적인 가치와 잠재성을 단지 20%만 활용하게 된다. 이는 제품 구현과 전달에만 애자일이 적용되는 것이며, 다른 모든 조직과 업무 상황에는 해당하지 않는다.

8. 이 모든 프로세스는 다분히 **프로젝트 중심적**이다. 회사는 프로젝트에 투자하고, 프로젝트에 인력을 지원하며, 조직에 프로젝트 단위로 압박하며, 결국 프로젝트를 출시하게 된다. 불행하게도 **프로젝트는 결과물에 대한 것**이고, **제품은 비즈니스 성과에 대한 것**이다. 이 프로세스는 고아와 같은 신세의 프로젝트들을 일으킨다. 결과적으로 무언가 출시되었지만, 처음에 생각한 목표에 부합하지 못했다고 하자. 그렇다면 애초에 무엇이 중요했던 것일까? 어떤 경우에도 이것은 매우 치명적인 문제이며, 우리에게 필요한 제품 개발 방식과는 거리가 멀다.

9. 전통적인 폭포수 방식이 여전히 가지고 있는 가장 큰 문제는 위험이 가장 마지막에 발견된다는 것이다. **고객에 대한 검증이 너무 늦게 일어난다**는 의미다.

린 방법(Lean method)의 핵심적인 원칙은 낭비를 줄이는 것이다. 가장 큰 낭비의 형태는 결국 원하지도 않는 기능이나 제품을 발견하기 위해 디자인-구현-테스트-배포해 나가는 것이다. 아이러니한 사실은 많은 팀이 내가 설명한 폭포수 프로세스를 적용하고 있으면서도 스스로 린의 원칙을 적용하고 있다고 착각한다는 것이다. 그러면 나는 그들이 가장 값비싸고 느린 방법으로 아이디어를 실행하고 있다고 지적한다.

10. 끝으로, 우리가 이 프로세스로 시간과 비용을 낭비하느라 정신없을 때 발생하는 가장 큰 손실은 따로 있다. 바로 그 시간에 조직이 할 수 있었

던 혹은 해야만 했던 것에 대한 **기회비용**이다. 우리는 시간과 돈을 다시 돌릴 수 없다.

많은 기업이 엄청난 시간과 비용을 들이고도 매우 허망한 성과를 거두는 현상은 그리 놀라운 일도 아니다. 나는 이 사실이 당신을 매우 우울하게 만든다고 미리 경고했다. 하지만 중요한 것은 이제 당신은 회사가 일하는 방식을 어떻게 바꿔야 하는지 깊이 이해하고 있다는 사실이다. 당신의 회사가 위에서 설명한 방식으로 일을 하고 있다면 말이다.

> 많은 기업이 엄청난 시간과 비용을 들이고도 매우 허망한 성과를 거두는 현상은 그리 놀라운 일도 아니다.

반가운 소식은, 최고의 팀들은 절대 앞서 설명한 방식처럼 일하지 않는다고 약속할 수 있다는 것이다.

린과 애자일을 넘어

사람들은 항상 제품을 만드는 마법의 무기를 찾는다. 그리고 해당 산업의 누군가로부터 저서, 코칭, 교육, 컨설팅을 언제든 제공받을 수 있는 상황이기를 기대한다. 하지만 마법의 무기 같은 것은 없으며, 방법은 항상 스스로 찾아야만 한다. 다만 이렇게 되면 반발이 일어난다. 내가 이번 장을 쓰는 것처럼 린과 애자일을 비평하는 것이 인기를 끌고 있다.

의심할 여지 없이 많은 개인과 팀들이 린과 애자일을 적용한 결과가 다소 실망스럽다고 느낀다. 나는 그 이유를 잘 이해하고 있다. 그렇긴 하지만 나는 린과 애자일의 가치와 원칙이 분명히 존재한다고 확신한다. 현재 많은 팀에서 이 방법들을 사용하고 있는 **현상**을 이야기하는 것이 아니다. 그 뒤에 숨어 있는 핵심적인 원칙들을 말하는 것이다. 나는 이 두 가지 방법이 의미 있는 발전을 만들어 나간다고 생각하고 있고, 두 방법이 나오기 이전의 과거로 돌아가기를 원치 않는다.

하지만 앞서 언급했듯이 그 방법들이 마법의 무기는 아니다. 어떤 도구라도 마찬가지겠지만, 당신은 그것을 매우 현명하게 활용할 줄 알아야 한다. 나는 린 원칙을 따르고 있다는 수많은 팀을 만났다. 하지만 그들은 최소 기능 제품

(MVP, Minimum Viable Product)이라고 부르는 것을 몇 달 동안이나 작업하고 있으며, 엄청난 시간과 비용을 소모할 때까지 그들이 무엇을 만들고 있고 고객에게 팔 수 있을지를 잘 모른다. 보다 극단적으로 나아가서는 모든 것들을 테스트하고 검증해야 한다고 생각해 버린다. 이런 방식들을 린의 철학이라고 보기는 어렵다.

그리고 앞서 지적했듯이 대부분 회사에서 실행하고 있다는 애자일의 모습은 어떤 의미에서도 진정한 애자일이라고 하기 어렵다.

내가 아는 최고의 제품팀들은 벌써 대부분 팀이 실천하고 있는 린과 애자일을 넘어섰다. 그들은 린과 애자일의 핵심 원칙들을 활용하여, 그들이 성취하고자 하는 것과 일하는 방식에 대한 기대수준을 높이고 있다.

그들은 이슈를 조금은 다른 각도에서 바라보고, 때로는 자기들만의 이름을 사용하기도 한다. 그리고 나는 그들의 방식에서 세 가지 중요한 핵심 원칙들을 발견했다.

1. **위험은 마지막보다는 초기에 대응한다.** 뛰어난 팀들은 어떤 것에 대한 구현을 결정하기 **이전에** 위험을 먼저 발견하고 대응한다. 이러한 위험의 종류는 다음과 같다.

   - 가치 위험(value risk): 고객이 과연 이 제품을 구매할 것인가?
   - 사용성 위험(usability risk): 사용자가 이 제품의 사용 방법을 쉽게 이해할 수 있는가?
   - 실현 가능성 위험(feasibility risk): 우리 엔지니어가 보유한 시간/역량/기술로 필요한 것들을 만들어 낼 수 있는가?

- 사업 유효성 위험(business viability risk): 이 솔루션이 영업/마케팅/재무/법무 등 우리 사업의 다양한 측면을 고려했을 때 제대로 효과를 발휘할 수 있는가?

2. **제품은 순차적인 방식보다는 함께 협업하며 정의되고 설계된다.** 오래된 모델은 제품 관리자가 요구사항을 정의하고, 디자이너가 그 요구사항을 만족하는 솔루션을 디자인하고, 그 후 엔지니어는 요구사항들을 실제로 구현한다. 각 담당자는 해당하는 단계에서의 제약과 의사결정에 갇힌 채로 업무를 실행한다. 하지만 훌륭한 팀은 마침내 이 오래된 모델을 넘어서는 방식으로 일을 한다. 제품 관리자, 디자이너, 엔지니어가 함께 붙어서 활발히 의견을 주고받으며, 고객이 사랑하고 비즈니스 성과를 이룰 수 있는 기술 중심의 솔루션을 만들어 낸다.

3. **끝으로, 기능을 구현하는 것이 아니라 문제를 해결한다.** 전통적인 제품 로드맵은 생산량에 대한 것이다. 강한 팀은 그것이 단순히 솔루션을 구현하는 것이 아니라고 이해한다. 그들은 솔루션은 근원적인 문제를 반드시 해결해야 한다고 믿는다. 바로 **사업적인 성과**에 대한 것이다.

아마 여러분은 내가 이 세 가지 중요한 원칙들을 책 전반에서 지속해서 언급하는 것을 보게 될 것이다.

핵심 개념

이 책에서는 최신 제품 개발의 근간을 구성하는 개념들을 언급한다. 각 개념에 대해 간략히 설명하고자 한다.

총체적인 제품

나는 이미 **제품**이라는 개념을 꽤 느슨하게 사용하고 있다. 그리고 내가 기술 중심의 제품에 대해서만 다룰 것이라고 언급했다. 하지만 보다 일반적으로는 내가 '제품'을 언급했을 때 매우 총체적인 개념의 제품을 의미한 것이었다.

> 제품은 당연히 **기능(functionality)**을 포함한다.
>
> 그리고 이 기능을 가능하게 하는 **기술** 또한 포함된다.
>
> 이 기능을 표현하는 **사용자 경험 디자인**도 포함된다.
>
> 그리고 이 기능을 통해 우리가 어떻게 **돈을 벌지**도 포함된다.
>
> 제품은 사용자와 **고객의 마음을 사로잡고 획득하는 방안**도 포함된다.
>
> 그리고 제품의 가치를 전달하기 위해 필요한 **오프라인 경험**도 포함한다.

예를 들어, 당신의 제품이 전자상거래 사이트인 경우 상품의 주문과 반송을 처리하는 경험을 모두 포함한다. 일반적으로 전자상거래 비즈니스에서 제품이란, 판매되는 물품을 **제외한** 모든 경험이 포함된다.

마찬가지로 미디어 회사는 콘텐츠 자체를 제외한 모든 경험을 제품이라고 한다. 요점은 매우 폭넓고 총체적인 **제품**의 정의를 사용하라는 것이다. 당신이 할 일은 그저 기능들을 구현하는 것이 아니다.

지속적인 제품 발견과 실행

앞서 설명했듯이 대부분 기업은 여전히 핵심적인 영역에서 폭포수 방식을 사용하고 있다. 그리고 훌륭한 팀은 이와는 다른 방식으로 제품을 만든다고 언급하였다.

제품 개발의 프로세스에 대해서는 나중에 자세히 알아볼 것이다. 그런데도 이어질 논의를 위해서 지금 시점에 프로세스의 상위에 있는 콘셉트에 관해서는 소개를 해야 할 것 같다. 모든 제품팀이 필수적으로 해야 하는 기본적인 두 가지 활동이 있다. **만들 제품을 발견하는 것과 시장에 그 제품을 전달하는 것**이다.

제품의 발견과 실행은 다기능(cross-functional) 제품팀의 두 가지 핵심적인 업무다. 그리고 그 두 가지 업무는 보통 끊임없이 동시에 실행된다.

이 개념에 대해 생각하고 시각화하는 여러 방법이 있겠지만, 실제로는 꽤 간단하다. 만들어질 제품에 대해 **발견하는 일**(주로 제품 관리자와 디자이너가 매일 하는 일)과 엔지니어가 출시 가능한 제품의 품질 향상을 항상 동시에 수행하는 것이다.

곧 알게 되겠지만, 앞서 설명한 것보다는 조금 더 밀접하게 협업을 진행한다. 예를 들어, 엔지니어들도 매일 제품 발견 단계에 참여한다(그러한 참여를 통해 최고의 혁신들이 발생한다. 결코 간과할 수 없는 사실이다). 그리고 제품 관리자와 디자이너 또한 매일 제품 실행 단계를 돕는다(주로 의도한 바를 명확하게 하는 일이다). 이 일들은 상위 레벨에서 수행된다.

> 모든 제품팀이 필수적으로 해야 하는 기본적인 두 가지 활동이 있다. 만들 제품을 발견하는 것과 시장에 그 제품을 전달하는 것이다.

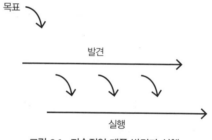

그림 8.1 지속적인 제품 발견과 실행

제품 발견

제품 발견은 제품 관리, 사용자 경험 디자인, 기술 구현의 강력한 협업에 관한 것이다. 제품 발견 단계에서는 심지어 실제 소프트웨어 제품의 코드 한 줄이라도 작성하기 이전에 다양한 위험들에 맞선다.

제품 발견의 목적은 좋은 아이디어와 그렇지 않은 아이디어를 빠르게 판별하는 것이다. 제품 발견의 산출물은 **검증된 제품 백로그(validated product backlog)**다.

구체적으로 이는 다음 네 가지 중요한 질문에 답을 하는 과정이다.

1. 사용자들이 이 제품을 살 것인가?(또는 사용할 것인가?)

2. 사용자가 이 제품을 어떻게 사용하는지 이해할 수 있는가?

3. 우리 엔지니어가 이것을 만들어 낼 수 있는가?

4. 우리 이해 관계자가 이것을 지지하는가?

프로토타입

제품 발견은 일련의 빠른 실험들의 진행을 포함한다. 그리고 그 실험들을 빠르고 적은 비용으로 진행하기 위해서 실제 제품보다는 **프로토타입(prototype)**을 활용한다. 프로토타입에는 대응 위험의 종류와 상황에 따라 몇 가지 유형이 있다는 점을 먼저 말해 두겠다. 그것들은 최소한 제품을 구현하는 데 드는 시간과 노력보다는 **작은 규모**로 진행되어야 한다.

> 기대 수준을 말하자면 최고의 팀들은 한 주에도 여러 가지 제품 아이디어를 실험한다. 10개에서 최대 20개 이상을 진행하기도 한다.

기대 수준을 말하자면 최고의 팀들은 한 주에도 여러 가지 제품 아이디어를 실험한다. 10개에서 최대 20개 이상을 진행하기도 한다.

나는 이 실험들이 보통 프로토타입을 활용하여 수행됨을 강조하고자 한다. 프로토타입은 제품 출시를 위한 것이 아니고, 회사가 제품을 판매하고 비즈니스를 만들어 내기 위한 것도 아니다. 그것은 빠르고 저렴한 비용으로 학습하기 위해 대단히 유용한 수단이다.

제품 실행

제품 발견에서 프로토타입과 실험의 목적은, 이 아이디어가 만들 만한 가치가 있는지 그래서 고객에게 전달할 수 있을지에 대한 증거가 될 만한 무언가를 빠르게 찾아내는 것이다.

제품이 기획한 대로 모두 만들어지기 위해서는 규모, 능력, 신뢰, 결함 허용, 보안, 개인정보보호, 국제화, 지역화 등이 함께 실행되어야 한다.

제품 실행의 목적은 판매하고 비즈니스를 운영할 만한 품질 수준의 기술 제품을 만들고 전달하는 것이다.

제품과 제품/시장 궁합

우리가 뛰어난 제품을 만들기 위해 시간과 노력을 투자했다고 해서 고객이 제품을 사는 것은 아니다. 그래서 제품 세계에서는 **제품/시장 궁합**을 달성하기 위해 최선을 다한다.

제품/시장 궁합이란, 특정 **시장**의 고객들이 원하는 것을 충족하는 가장 작은 단위의 실제 **제품**이다. 마크 앤드리슨(Mark Andreessen)[*]이 만들고 유행시킨 중요한 개념으로서 이 책에서도 중요하게 다룬다.

분명히 하자면 이것은 제품 실행 단계의 결과물로서 실제 제품이다. 제품 발견이 필요한 제품이 무엇인지 결정하는 것이라면 제품 실행은 구현-테스트-출시할 제품을 만드는 데 필요한 일을 하는 것이다.

제품 비전

마지막으로 설명할 개념은 **제품 비전(product vision)**이다. 이것은 보통 2~10년 정도에 해당하는 제품의 장기적인 목표를 말한다. 제품 조직으로서 회사의 미션을 어떻게 달성할지에 대한 것이다.

그래서 우리는 제품 발견의 신속한 실험을 위해 프로토타입을 활용하고, 제품 실행 단계에서는 **제품/시장 궁합**을 성취하기 기대하며 **제품**을 만들고 출시한다. 이 과정을 통해 회사의 제품 비전을 달성해 나간다.

앞서 이야기한 개념들이 아직은 흐릿하게 느껴지더라도 걱정하지 말자. 아마 지금은 많은 의문이 있겠지만, 앞으로 각 주제에 대해 깊이 다루면서 보다 명확하게 이해할 수 있을 것이다. 또한, 다소 비판적인 시각이 있을 수도 있다. '일주일에 15가지 실험을 진행하는 것이 가능하다고?'

---

[*] 옮긴이 마크 앤드리슨은 넷스케이프의 공동 창업자, 유명 벤처투자사인 앤드리슨 호로위츠의 공동 창업자로 알려진 실리콘밸리의 유명 창업가 및 투자자다.

나는 강한 제품팀은 대부분의 제품팀과는 확연히 다르게 일을 한다고 이야기했다. 이제 나는 당신에게 다른 제품 세계에 대한 새로운 경험을 제공할 것이다.

최소 기능 제품

최소 기능 제품(MVP)은 제품 세계에서 가장 중요한 개념 중 하나이며, 꽤 오랫동안 활용되고 있다. 이 개념은 2001년 프랭크 로빈슨(Frank Robinson)에 의해 처음 만들어졌으며, 나도 2008년 초판에서 이 개념을 사용하였다. 그리고 2011년에 에릭 리스(Erin Ries)의 《린 스타트업(The Lean Startup)》이라는 책에서부터 큰 인기를 끌게 되었다.

에릭의 책은 제품팀에 큰 도움이 되고 있으며, 나는 모든 제품을 다루는 사람들의 필독서로 생각한다. 하지만 대부분의 사람은 MVP의 콘셉트를 도입하면서 제품팀에 큰 혼란을 초래한다. 이 중요한 개념으로부터 가치를 창출하기 위해 팀을 돕는 일에 나도 많은 시간을 쏟았다.

MVP를 만드는 데 애를 먹고 있는 팀을 만나면 나는 대부분의 경우에 훨씬 더 짧은 시간과 노력으로 동일한 학습을 달성할 수 있다고 그들을 설득할 수 있다. 그들은 며칠 또는 심지어 몇 시간 만에 학습할 수도 있는 일을 가지고 그야말로 몇 달 동안이나 MVP를 만드는 데 시간을 허비한다.

또 다른 불행스러운 결과는 회사에서 제품팀 외(특히 영업과 마케팅의 핵심 리더들)에 관련한 일이다. 그들은 고객들이 구매하고 사용하게 하기 위해 제품팀이 대체 무슨 일을 하고 있는지 혼란스럽고 당황해하는 경우가 많다. 위의 두 가지 안타까운 결과는 대부분 사람들이 이 개념을 학습해 나갈 때 발생한다. 이슈가 발생하는 근본 원인은, MVP는 실제 제품이 아니어야 함에도

(계속)

MVP에서 'P'가 **제품**을 상징해서라고 생각한다(제품이라는 것은 엔지니어가 자신 감을 가지고 출시할 수 있고, 고객이 원하는 일을 처리할 수 있도록 당신이 판매하고 지원할 수 있는 것이다).

MVP는 **프로토타입**이지 제품이 아니다.

비록 최소한의 기능을 하는 것일지라도 학습하기 위해 실제 제품 수준의 것을 만드는 것은 상당한 시간과 비용의 낭비를 초래한다. 당연히 이것은 린의 원칙과도 대조된다.

제품팀, 회사, 잠재 고객에게는 더욱 일반적인 개념인 **프로토타입**을 사용했을 때 분명하게 이해할 수 있다는 것을 알게 되었다. 그래서 이 책에서 제품 발견에서는 다양한 형태의 **프로토타입**으로, 제품 실행 단계에서는 **제품**으로 구분해서 이야기한다.

PART

II

사람

모든 제품은 다기능 제품팀에 속한 사람에서부터 출발한다. 각자의 역할을 어떻게 정의하는지, 팀에 누구를 합류시키는지와 같은 요소가 제품의 성공과 실패를 결정하게 된다.

이는 많은 회사가 과거의 낡은 모델에 갇혀 따라오지 못하는 영역이다. 많은 조직을 들여다보면 이 책에서 설명하는 역할과 책임은 그들이 익숙한 것과는 큰 차이가 있다.

2부에서 최근 기술 제품팀이 어떤 핵심적인 역할과 책임을 정의하는지를 설명하겠다.

제품팀

개요

제품팀은 아마도 이 책 전체에서 가장 중요한 개념일 것이다.

진정으로 제품팀이 전부다.

이어지는 장들에서 제품팀에 관해 다양한 방식으로 이야기할 터인데, 뛰어난 제품 조직에서 우리가 하는 일의 대부분은 제품팀의 효과를 최적화하는 것이다.

이번 장에서 강한 제품팀의 원칙들을 설명한다. 그리고 이어지는 장에서는 팀을 구성하는 각 핵심적인 역할에 관해 자세히 알아볼 것이다.

제품팀이 하나의 프로젝트나 기능을 만들어 내는 것이 아니라는 점을 강조하기 위해 때로는 **제품 전담팀**(dedicated product team) 또는 **지속 제품팀**(durable product team)이라고도 부른다. 혹은 **스쿼드**(squad)라고 하는데, 이는 군사적인 개념에서 유래한 것으로, 제품팀이 다기능 팀이라는 의미를 강조하기 위해 사용된다.

제품팀은 각기 다른 전문적인 능력과 책임을 진 사람들의 집단이며, 단일 제품 또는 큰 제품의 주요 영역에 대한 실질적인 주인 의식을 느낀다.

제품팀을 구성하는 데는 다양한 방법이 있다('사람의 확장, People @ Scale' 절에서 자세히 살펴볼 것이다). 하지만 회사별로 제품이나 환경의 고유한 특성이 있음에도 불구하고 뛰어난 제품 회사에서 발견되는 몇 가지 중요한 유사점들이 있다.

미션팀

제품팀은 많은 장점이 있다. 그중에서도 실리콘밸리의 유명한 벤처 캐피털리스트인 존 도어(John Doerr)의 말이 제품팀의 목표

> 우리가 원하는 것은 용병팀이 아닌 미션팀이다.

를 가장 잘 표현한다. "우리가 원하는 것은 용병팀(team of mercenary)이 아닌 미션팀(team of missionary)이다."

용병팀은 지시한 것만을 만든다. **미션팀**은 진심으로 비전을 믿고 그들의 고객 문제 해결을 위해 최선을 다한다. 제품 전담팀은 마치 사내 스타트업처럼 행동하고 느낀다. 그것이 제품팀에 바라는 모습이다.

팀의 구성

일반적인 제품팀은 한 명의 제품 관리자, 한 명의 디자이너, 그리고 두 명부터 최대 10명에서 12명까지의 엔지니어로 구성된다.

계획된 연산을 수행하는 API(Application Programming Interface)의 조합으로만 구성된 프로그램과 같이 제품이 사용자 접점의 경험을 다루는 것이 아니라면 아마 제품 디자이너는 필요 없을 수도 있다. 하지만 그 외 많은 제품팀은 제품 디자이너가 꼭 필요하다. 이 책 전반에서 당신의 팀도 그러할 것으로 가정하겠다.

팀은 상황에 따라 제품 마케팅 매니저, 테스트 자동화 엔지니어, 사용자 경험 연구원, 데이터 분석가와 같은 다른 멤버들도 포함될 수 있다. 큰 제품

조직에서는 별도의 제품 실행 관리자(delivery manager)*가 별도로 존재하기도 한다.

일부 역할을 아직 잘 모른다고 걱정하지는 말자. 각 역할에 대해 차근차근 알아볼 것이다.

팀의 권한과 책임

제품팀의 콘셉트에서 이야기하는 중요한 사실은, 그들이 비즈니스의 매우 어려운 문제를 해결한다는 것이다. 그들은 분명한 목표를 가지고 그 목표에 맞추어 실행한다.

목표 달성을 위한 제일 나은 방법을 찾아내는 권한이 있으며, 그 결과에 대한 책임도 동시에 가진다.

팀의 크기

회사의 모든 제품팀이 같은 크기여야 한다고 말하는 규칙 같은 것은 없다. 다만 제품팀을 구성하는 최소 조건은 있다. 보통 한 명의 제품 관리자, 한 명의 디자이너, 두 명의 엔지니어다. 하지만 어떤 팀들은 다섯 명의 엔지니어

---

*   옮긴이   delivery manager는 효율적으로 제품의 구현과 출시에 초점을 두는, 우리가 알고 있는 프로젝트 매니저와 유사한 역할을 하는 사람이라고 한다. 자세한 설명은 SVPG 사이트의 해당 내용을 참조하자.

와 두 명 혹은 그 이상의 테스트 자동화 엔지니어로만 구성되어 있다.

실질적으로 팀의 규모는 대개 8명에서 12명의 엔지니어까지 가능하다. 아마 당신은 **피자 두 판의 법칙**(two-pizza rule)을 들어 본 적이 있을 것이다. 팀의 규모를 두 개의 피자를 먹을 만한 사람 수 이내로 유지하라는 것을 의도하는 표현이다.

팀의 절대적인 규모보다 더 중요한 것은, 팀이 올바른 제품을 올바르게 만드는 데 필요한 고른 역량을 갖추고 있느냐는 것이다.

팀의 보고 체계

나는 누가 누구를 위해 일을 하는지 아직 한마디도 한 적이 없다.

제품팀은 보고 관계가 아니다. 의도적으로 수평 구조를 지향한다. 많은 경우 제품팀의 각 구성원은 독립적이며, 관리자가 별도로 존재하지 않는다.

팀의 구성원들은 보통 그들의 직무 관리자와 지속적으로 상황을 공유한다. 예를 들어, 엔지니어는 엔지니어 매니저와 공유한다. 마찬가지로, 디자이너는 디자인 총괄 책임자에게, 제품 관리자는 제품 총괄 책임자에게 보고한다. 그래서 제품팀은 보고하는 관계가 아니다.

분명히 말하지만, 제품 관리자는 제품팀 구성원의 상사가 아니다.

팀 협업

제품팀은 어려운 비즈니스 문제를 해결하기 위해 장기간 함께 일하는 숙련된 기술을 가진 구성원들의 조합이다.

이들 관계의 본질은 진정한 협업에 관한 것이다. 여기서 '협업(collaboration)'이 단순히 함께 일한다는 것만을 의미하는 것은 아니다. 내 말은 제품 관리, 디자인, 기술 구현이 솔루션을 만드는 데 함께 집중한다는 뜻이다. 협업에 관해 더 많은 내용을 이후에 알아볼 것이다. 지금은 제품팀이 계층 구조가 아니라는 것을 이해하는 것이 중요하다.

팀의 위치

아직 제품팀 구성원들이 물리적으로 어디에 위치하는지에 대해 언급한 적이 없다. 늘 가능하지는 않겠지만, 제품팀은 가능하면 **같은 장소**에서 함께하기 위해 최선을 다해야 한다.

같은 장소에 있다는 것은 팀 구성원들이 바로 옆에 붙어 앉아서 일한다는 것이다. 같은 건물, 심지어 같은 층에 근무하는 것으로도 부족하다. 서로의 컴퓨터 화면을 쉽게 볼 수 있을 정도로 가까운 거리여야 한다.

원격 협업이 더 확산되고 있는 상황에서 갑자기 구태의연한 방식을 이야기하는 것처럼 들릴지도 모르겠다. 그렇지만 최고의 기업들은 팀으로서 같이 앉아서 일하는 것의 가치를 절실히 느끼고 있다.

같은 장소에서 근무하는 제품팀 경험이 있다면 내가 무슨 말을 하는지 이미 잘 알고 있을 것이다. 같이 앉아 일하고, 함께 점심을 먹고, 서로 개인적인 신뢰를 쌓아가는 과정에서 발생하는 특별한 역동성이 있다. 당신은 제품팀의 일을 하는 방식에서 이것을 볼 수 있을 것이다.

다소 감정적인 주제가 될 수도 있겠다. 개인적인 이유로 상당수의 사람들은 근무지가 아닌 곳에서 살고 있으며, 원격에서 효과적으로 일하는 것에 의존하고 있다.

나는 이것을 이분법적으로 판단하고 싶지 않으며, 오해를 만들고 싶지도 않다. 다른 모든 조건이 같다면 같은 장소에서 근무하는 팀이 흩어져 있는 팀보다 훨씬 더 높은 성과를 낸다. 사실이 그렇다는 이야기다.

이러한 이유로 계약직이나 외주 업체보다는 정규 직원으로 제품팀을 구성하는 것을 훨씬 더 선호한다. 정규 직원이라야만 같은 장소에서 근무하며 안정적인 팀의 멤버로 함께할 수 있다.

여러 근무 장소를 활용하는 회사가 잘못되었다는 이야기는 아니다. 각 근무지에서 함께 근무하는 팀을 구성하기 위해 노력하면 되는 일이다.

모든 구성원이 함께 앉아서 일하는 것이 불가능한 상황에 대해서는 나중에 별도로 설명하도록 하겠다.

팀의 업무 범위

자, 이제 제품팀의 기본이 갖춰졌다. 그렇다면 그다음 나올 법한 중요한 질문이 있다. 각 제품팀의 업무 범위와 권한은 무엇인가? 각 팀의 책임은 무엇인가?

여기에서 한 가지 축은 해야 할 **일의 유형(type of work)**이다. 팀은 제품과 관련된 그 어떤 일에도 모든 책임이 있다고 보면 된다. 프로젝트, 기능 구현, 오류 수정, 성능 관리, 최적화, 콘텐츠 수정 등을 모두 포함한다.

다른 축은 해야 할 **일의 범위(scope of work)**다. 어떤 회사는 제품팀이 단일 제품 전체를 다룬다. 하지만 대개는 하나의 제품이 모든 고객 경험을 포함하고 있고(페이스북이나 페이팔을 떠올려 보라), 각 팀은 부분이지만 유의미한 단위의 사용자 경험을 담당한다.

예를 들어, 이베이의 제품팀을 생각해 보자. 팀은 사기 행동을 감지하고 방어하는 기술을 책임지는 업무를 할 수도 있고, 대량 판매자를 위한 도구와 서비스를 제공하는 업무를 책임질 수도 있다. 페이스북을 예로 들면 뉴스피드(Newsfeed) 메뉴를 담당하는 제품팀이 될 수 있다. 또는 iOS 모바일 애플리케이션을 맡을 수 있으며, 특정 시장에 필요한 기능들을 담당할 수도 있다.

이것은 한 개 또는 소수의 팀으로 구성된 작은 스타트업에게는 무언가를 분리하면 해결되는 비교적 쉬운 주제일지 모른다.

하지만 회사가 성장하면서 몇 개 안 되는 팀에서 20개, 50개 팀으로 구성된 큰 제품 회사로 확대된다. 업무 조정은 갈수록 어려워지지만('제품 확대' 절에 더 자세한 내용이 있을 것이다), 분리하는 것은 빠르게 확장할 수 있다. 사실 분리가 확장성의 핵심이다.

파이(pie)를 쪼개는 데는 다양한 방법이 있다. 다른 유형의 사용자나 고객을 기준으로 각 팀의 업무를 나눌 수 있다. 때로는 단말을 기준으로 나눈다. 어

떤 경우에는 업무 단계나 고객 여정(customer journey)*을 기준으로 나누기도
한다.

실제로 많은 경우에 우리는 주로 아키텍처를 기준으로 팀을 정의한다. 일반
적으로 아키텍처가 기술 스택(stack)을 결정하는데, 이 기술 스택별로 전문적
인 인력이 필요하기 때문이다.

어떤 경우라도 제품 관리와 기술 구현이 잘 어우러져야 한다는 점이 핵심이
다. 이러한 이유로 보통은 제품 총괄과 기술 총괄이 팀의 크기와 범위를 정
하기 위해 함께 협력한다.

파이를 나누는 완벽한 방법은 없다. 그래서 하나의 최적화를 선택하면 또
다른 비용이 발생할 수밖에 없다. 그렇기 때문에 무엇이 가장 중요한지를 먼
저 결정한 다음에 실행하기 바란다.

팀의 지속성

제품팀이 오래 지속해야 할 필요가 있음을 몇 차례 언급했었다. 다만 이것
이 몇 개월일지 몇 년일지에 대해서는 이야기하지 않았다.

핵심은 제품팀이 함께 안정적으로 유지될 수 있도록 최선을 다해야 한다는
것이다.

---

* 옮긴이 고객 여정은 고객이 제품 또는 서비스와 상호작용하는 모든 과정에 관한 전체 경험을
  말한다. 흔히 고객 여정 지도(Customer Journey Map)로 시각화하여 표현한다.

처음에 업무와 조직이 바뀐 사람들이 모여 팀이 구성된다. 서로에 대해 점점 이해하게 되면서 효과적으로 함께 일하는 법을 배운다. 이것은 정말 아름답고 멋진 일이다. 우리는 이 역동성을 망치지 않도록 최선을 다해야 한다.

한 분야에서 혁신이 일어나기 위해서는 충분한 전문성을 확보할 시간이 필요하다. 지속성이 중요한 또 다른 이유다. 항상 이 팀 저 팀 이동하게 되면 충분한 전문성을 가지기 어렵게 된다. 그리고 미션에 대한 열정과 제품에 대한 주인 의식을 느끼기 쉽지 않다.

제품팀은 특정한 **프로젝트**를 수행하기 위해 형성된 조직이 아님을 분명히 하고자 한다. 특정 프로젝트를 위해 몇 달간 모여서 나중에 해체될 사람들이 미션을 지향하는 팀이 되는 것은 불가능에 가깝다.

팀의 자율성

충분한 권한을 가졌다고 느끼면서 고객 문제를 해결하기 위한 열정으로 뭉친 팀을 원한다면 그들에게 높은 수준의 자율성을 제공해야 한다. 딴짓을 할 수 있다거나 재미있어 보이는 일만 한다는 뜻

> 팀이 판단하기에 주어진 문제를 해결하는 데 가장 적절하다고 발견한 최고의 방법을 시도해 볼 수 있다는 의미다.

이 아니다. 팀이 판단하기에 주어진 문제를 해결하는 데 가장 적절하다고 발견한 최고의 방법을 시도해 볼 수 있다는 의미다.

또한, 자율성은 팀 간의 의존성을 최소화할 수 있다. '최소화'할 수 있다는 것이지 '완전히 제거'하는 것은 아니다. 확장하는 상황에서 모든 의존성을

단순히 제거하는 것은 불가능하며, 지속적으로 최소화하기 위해 노력해야
한다.

제품팀이 왜 효과적인가

제품 기업들은 몇 년 전부터 이 모델을 적용하기 시작하였고, 이제는 뛰어
난 제품 조직의 든든한 기둥이 되었다. 이러한 제품팀 모델이 왜 그토록 효
과가 있는지에 대한 몇 가지 이유가 있다.

첫째, 협업에서는 관계가 중요한 역할을 하는데, 제품팀은(특히 같은 장소에서
일하는 경우) 이러한 관계를 잘 살리는 형태다.

둘째, 전문성이 필요한 혁신을 하는 경우 오래 지속되는 제품팀은 구성원들
이 전문성을 충분히 확보할 수 있을 만큼 깊이 업무를 수행한다.

셋째, 제품팀은 다른 사람들이 가치 있을 것으로 예상해서 결정한 것을 만
드는 것이 아니다. 그들은 팀 전체가 비즈니스 목표와 상황을 잘 이해하고
있다. 가장 중요한 점은, 팀 전체가 **주인 의식**과 성과에 대해 **책임감**을 느낀
다는 것이다.

프로젝트 중심의 전통적인 모델은 프로세스에 따라 할당된 업무를 수행하
고 나면 끝이다. 반면에 전담팀 모델은 출시가 되었다고 문제가 다 해결된
것이 아니다. 사용자와 비즈니스 입장에서 원하는 결과가 나올 때까지 끈을
놓지 않는다.

여러분은 탄탄한 제품 전담팀에 이미 속해 있고, 이제 이 모델의 목적에 더

잘 공감할 수 있기를 바란다.

당신의 회사가 아직 제품 전담팀을 구성하지 않았다면 당신이 해야 할 가장 중요한 일은 제품 전담팀으로 변화하는 일이며, 이는 다른 모든 것에 영향을 준다.

한 번에 전체 조직을 바꿔야 할 필요는 없다. 하나의 팀을 대상으로 먼저 작게 시작해 보자. 어떻게 해서든, 지속해서 유지되는 제품팀을 만들거나 그 팀에 들어가야 한다.

원칙과 기법

왜 이렇게 많은 원칙(principle)을 강조하는지에 대해 따로 설명하고 싶었다.

나는 제품 관리자들을 코치할 때 우리가 일하는 방식을 개선해야 하는 이유의 근본적인 원칙들을 설명하기 위해 항상 노력한다.

한 사람이 원칙에 대해 깊은 이해를 하는 수준에 이르게 되면 각 기법(technique)이 어떨 때 적절하고 유용한지와 그렇지 않은지에 대한 현명한 판단을 할 수 있는 좋은 심성 모형(mental model)을 가지게 된다. 나아가 새로운 기법이 나왔을 때 그들은 빠르게 그 기법의 잠재적인 가치를 평가한다. 그리고 언제, 어디에서 가장 유용하게 쓰일지 판단한다.

내가 지난 몇 년간 관찰한 결과, 기법은 꾸준하게 변화하지만, 근본적인 원칙은 변하지 않는다. 기법에 대해 바로 소개하는 것이 더 솔깃하게 느껴지겠지만, 먼저 원칙을 충분히 살펴봤으면 한다. 그러고 나면 훌륭한 제품을 만드는 방법에 대한 보다 깊은 이해를 만들어 나갈 수 있다.

10

제품 관리자

이 책을 통해 뛰어난 제품 관리자가 되는 길에 대해서 알게 될 것이다. 특히 이번 장에서는 뛰어난 제품 관리자가 무슨 의미인지 아주 명쾌하게 설명하고자 한다.

그 전에 약간 모질게 느껴질 수도 있는 이야기를 먼저 하고자 한다.

제품 관리자는 세 가지 일하는 방법이 있다. 내 생각에 그중 오직 한 가지만이 성공적이다.

1. **제품 관리자는 모든 이슈와 의사결정 안건을 CEO에게 보고한다.** 이 모델에서 제품 관리자는 **백로그 관리자**(backlog administrator)일 뿐이다. 많은 CEO가 본인이 처해 있는 상황이라고 이야기하며, 확장하기 힘들다고 토로한다. **스크럼 제품 오너 과정**(Certified Scrum Product Owner)에서 설명하는 내용을 제품 관리자의 역할로 이해하고 있다면 당신은 이 업무 유형에 속해 있다고 보면 된다.

2. **제품 관리자는 이해 관계자를 회의실에 불러모을 수 있고 그들끼리 끝장을 보도록 만든다.** 이 회의는 위원회와 같은 형태를 띠며, 평범한

것 이상의 무언가를 만들어 낼 가능성은 희박하다. 큰 기업에서 자주 발견할 수 있는 모델이며, 제품 관리자는 '로드맵 관리자'다.

3. 제품 관리자가 스스로 업무를 실행한다.

나는, 제품 관리자는 세 번째 방식으로 일해야 한다고 설득하고자 한다. 이 책 전반에 걸쳐서 강력한 제품 관리자가 어떻게 업무를 수행하는지 살펴보겠지만, 지금은 이것이 얼마나 까다롭고 엄청난 역량과 강인함을 요구하는 것인지 꼭 말하고 싶다.

이렇게까지 노골적으로 제품 관리자가 일하는 형태들을 나타낸 이유는 많은 곳에서 제품 관리자의 평판이 형편없기 때문이다. 특히 오래되고 큰 기업일수록 더 그렇다.

> 정말 솔직한 이야기로, 회사에서 가장 뛰어난 사람이 제품 관리자가 되어야 한다.

흔히 일어나는 행태는 다른 역할 조직에서 단순히 사람을 차출하는 것이다. 주로 프로젝트 매니저나 때로는 비즈니스 분석가가 그 대상이다. 그리고 말한다. "우리는 애자일을 시행할 것이며, 프로젝트 관리자나 비즈니스 분석가가 이제는 필요 없다. 우리는 제품 관리자가 필요하다."

정말 솔직한 이야기로, 회사에서 가장 뛰어난 사람이 제품 관리자가 되어야 한다. 제품 관리자가 기술에 대한 기본적인 소양이 없고, 사업에 대한 지식도 없고, 핵심 임원들로부터 신뢰받지 못하며, 제품에 대한 열정이 없고, 제품팀으로부터 존중받지 못한다면 분명히 실패하고 만다.

제품 관리자라는 특별한 역할은 다양한 방법으로 설명할 수 있다. 어떤 사람들은 뛰어난 제품 관리자를 만드는 데 필요한 요소에 초점을 두고 설명한다. 또 다른 사람들은 제품 관리자의 일상과 그들이 어떻게 시간을 써야 하는지를 관해 주로 이야기한다.

나중에 더 자세히 이야기하겠지만, 나는 제품 관리자가 팀을 위해 해야 할 책임이 무엇인지가 가장 중요하다고 생각한다. 그렇게 분명하게 느껴지지는 않을 것이다. 때로는 사람들이 제품 관리자가 필요한지조차 의문을 가질 때가 있다. 디자인하지도 않고, 코드를 작성하지도 않으면서 왜 방해를 하는 거지?

뛰어난 제품 관리자를 경험해 보지 못한 회사에서 나타나는 뚜렷한 현상이다.

제품 관리자의 책임

특정 레벨에서는 제품 관리자의 책임은 매우 명료한 편이다. 그들은 기회를 평가하고 무엇을 만들고 고객에게 전달할지 결정하는 사람이다. 우리는 일반적으로 무엇을 구현할지를 제품 백로그로 표현한다. 충분히 간단한 일로 느껴질 것이다. 그리고 그렇게 다루기 어려운 사항도 아니다.

정말로 힘든 일은 제품 백로그에 있는 일이 만들 만한 가치가 있는 것인지에 대한 확신을 가지는 것이다. 그리고 오늘날 최고의 팀은, 디자이너와 엔지니어가 작업할 만한 가치가 있는 일인지 직접 확인하고 싶어 한다.

왜 제품 관리자의 역할이 CEO나 벤처 투자자의 입장에서 중요하게 여겨지는지에 대해 알고 싶어 할 것 같다. 그 이유는 다음과 같다.

모든 비즈니스는 고객에 달려 있다. 그리고 고객이 사용하거나 구매하는 것은 당신의 제품이다. 그 제품은 제품팀이 만들어 내는 결과물이며, 제품 관리자는 제품팀이 만들 것에 대한 책임을 지고 있는 사람이다.

그래서 제품 관리자는 제품의 성공에 대한 책임과 설명을 해야 하는 사람으로 여긴다.

제품이 성공하면 팀의 모든 사람이 제 역할을 잘 해냈기 때문이다. 하지만 제품이 실패하면 그것은 제품 관리자의 잘못이다.

> 제품이 성공하면 팀의 모든 사람이 제 역할을 잘 해냈기 때문이다. 하지만 제품이 실패하면 그것은 제품 관리자의 잘못이다.

이제 조금씩 공감이 될 것이다. 왜 제품 관리자가 CEO 후보의 원천이라고 하는지, 왜 최고의 벤처 투자사들은 공동 창업자 중에 검증된 제품 관리자가 있는 팀에 투자하고 싶어 하는지 말이다.

그래서 이번 장에서는 이 역할을 성공적으로 수행하는 데 필요한 것에 관해 설명한다. 뛰어난 제품 관리자는 네 가지 중요한 책임을 다한다. 나머지 팀 구성원들이 당신이 해주기를 바라는 네 가지 일이다.

고객에 대한 깊은 이해

무엇보다도 사용자와 고객에 대한 깊은 이해가 우선이다. 다른 말로 하면 고객에 대해 누구보다 잘 알고 있다고 인정받는 전문가가 되어야 한다. 그들의 이슈, 불편함, 욕구 그리고 그들이 무슨 생각을 하는지 이해해야 한다. 그리고 기업 대상 제품이라면 그들이 어떻게 일하고 어떻게 구매를 결정하는지

간파해야 한다.

이러한 고객 이해는 매일 이루어지는 수많은 의사결정에 필요한 정보가 된다. 고객에 대한 깊은 이해 없이는 그저 추측에만 의존하게 된다. 고객 이해는 앞으로 다룰 정성적인 학습(왜 우리의 사용자나 고객이 특정 행동을 하는지에 대한 이해)과 정량적인 학습(실제로 무엇을 하고 있는지에 대한 이해)이 필요하다.

두말할 나위 없이 고객 이해는 제품 관리자에게 중요한 자산이다. 그리고 다시 한번 강조하지만, 제품 관리자는 실제 제품에 대해 모두가 인정하는 전문가가 되어야 한다.

데이터에 대한 깊은 이해

오늘날 제품 관리자는 데이터와 분석 정보에 익숙해야 한다. 그들은 정량적인 분석 역량과 정성적인 분석 역량을 모두 갖추어야 한다. 인터넷은 전례 없는 규모와 즉각적인 데이터 활용을 가능하게 해주었다.

고객이 당신의 제품으로 무엇을 하는지에 대한 이해는, 고객을 파악하는 데 큰 비중을 차지한다. 대부분의 제품 관리자는 하루의 시작을 분석 도구와 함께한다. 30분 정도의 시간 동안에 지난 24시간 동안 무슨 일이 일어났는지를 파악한다. 그들은 주로 매출 분석 데이터나 고객 사용 데이터를 살펴본다. 그리고 A/B 테스트의 결과도 점검한다.

별도의 데이터 분석가가 있다면 당신을 적극적으로 도울 것이다. 그렇다고 해도 데이터를 분석하고 고객을 이해하는 일은 다른 사람에게 맡기면 안 된다.

비즈니스에 대한 깊은 이해

성공적인 제품은 고객에게 사랑받는 것은 물론이고, 사업적인 성과도 함께 창출한다.

> 성공적인 제품은 고객에게 사랑받는 것은 물론이고, 사업적인 성과도 함께 창출한다.

많은 제품 관리자가 자주 어려움을 토로하는 세 번째 책임은 바로 비즈니스에 대한 깊은 이해다. 어떻게 비즈니스 가치가 창출되는지, 제품은 어떤 역할을 해야 하는지 잘 아는 것이다. 말처럼 쉬운 일이 아니다.

다양한 이해 관계자가 누구인지 파악해야 하며, 특히 그들의 업무 상황에 대한 제약사항을 잘 이해하고 있어야 한다. 보통 주요한 이해 관계자들이라고 함은, 일반적인 관리자, 영업, 마케팅, 재무, 법무, 사업 개발, 고객 서비스 담당자들이다. CEO 또한 중요 이해 관계자 중 한 명이다.

제품 관리자의 역할을 성공적으로 수행하려면 각 이해 관계자들을 효과적으로 설득할 수 있어야 한다. 그들의 제약사항을 확실히 이해하고, 그 제약 조건들을 잘 반영한 솔루션을 제공하기 위해 노력해야 한다.

시장과 산업에 대한 깊은 이해

네 번째 사항은 당신이 경쟁하고 있는 시장과 산업에 대한 깊이 있는 지식이다. 경쟁사를 이해하는 것을 포함하여, 주요 기술의 변화, 고객의 행동과 기대사항, 관련 산업 분석가의 자료 모니터링, 시장과 고객을 위한 소셜 미디어의 영향력 이해 등이 해당한다.

대부분 시장은 그 어떤 때보다 수많은 경쟁자에 둘러싸여 있다. 더욱이 기업들은 관여도 높은 제품의 높은 가치에 대해 잘 파악하고 있어서 경쟁사의 고객을 획득하는 것이 더 어려워지게 되었다. 경쟁사와 단지 같은 기능을 가지는 것만으로는 충분하지 않은 큰 이유이기도 하다. 그래서 경쟁사의 고객에게 충분한 동기부여를 주려면 **확연하게 더 나은 제품**을 제공해야 한다.

경쟁 구도를 심도 있게 이해해야 하는 또 다른 이유는, 당신의 제품이 보다 일반적인 제품 생태계의 범주에 들어가게 될 수 있기 때문이다. 이상적으로는 당신 제품이 그 생태계와 양립하면서 상당한 가치를 만들어 낼 수도 있다.

게다가 제품이 속한 산업은 지속적으로 변화하며, 어제가 아닌 내일의 목표 시장을 겨냥해서 제품을 만들어야 한다.

예를 들면, 지금 이 순간에도 머신러닝 혹은 다른 형태의 인공지능을 기반으로 한 기술 트렌드가 산업 전반을 휩쓸고 있다. 나는 이것이 최소 10년간은 주요한 기술 트렌드가 될 것이라고 예상한다. 그래서 당신은 항상 기술 제품에 관심을 두어야 한다. 기술 가능성은 계속해서 변하고 있다. 당신이 이러한 기술들을 학습하는 데 흥미가 없더라도 고객에게 극적으로 개선된 제품과 경험을 전달하기 위해 엔지니어, 디자이너와 함께 이러한 기술 트렌드를 어떻게 활용할지 탐색해 보기 바란다. 그리고 난 후에 이 직업을 계속하는 것이 맞을지 심각히 고민해 볼 필요가 있다.

요약하면 제품 관리자로서 팀에 기여해야 하는 중요한 책임은 다음 네 가지에 대해 깊이 이해하는 것이다. (1) 고객 (2) 데이터 (3) 비즈니스와 이해 관계자 (4) 시장과 산업 디자이너나 엔지니어임에도 제품 관리자 역할을 동시에 수행해 달라고 요청받았다면 위의 네 가지 책임에 동의하는 것이다. 경고했듯이 이것은 엄청난 양의 일이다.

보충 설명을 할 것이 있다. 어떤 기업들은 해당 산업 및 특정 분야의 지식이 너무 방대해서 제품 관리자가 해당 분야의 전문가로 불리는 사람들의 도움을 받기도 한다. 세금 관련 소프트웨어나 의료 기기를 만드는 회사들의 전문가를 예로 들 수 있다. 이 경우에는 제품 관리자가 다른 업무들을 하면서 필요한 수준의 깊이 있는 지식까지 터득하기를 기대하기 어렵다. 하지만 이런 경우는 드문 편이다. 대부분은 제품 관리자가 필요한 분야의 전문성을 충분히 확보할 수 있고, 확보해야만 한다.

보통 새로운 전담 제품 관리자가 본격적으로 업무의 속도를 내기 시작하는 데는 2개월에서 3개월 정도 걸린다고 보면 된다. 이를 위해서는 당신에게 도움을 줄 수 있는 관리자가 있어야 한다. 그리고 전문 지식을 획득할 수 있는 데 필요한 고객, 데이터(필요한 경우 데이터 분석 도구를 포함하여), 이해 관계자에 대한 충분한 접근성이 확보되어야 한다. 동시에 제품과 산업을 완전히 이해할 수 있을 만한 시간도 필요하다.

똑똑함, 창의성, 집요함

지금까지 제품 관리자가 팀에 어떤 기여를 해야 하는지 살펴보았다. 이제는 어떤 사람이 이러한 환경에서 뛰어난 제품 관리자가 될 수 있는지 알아보자.

성공적인 제품 관리자는 최고로 **똑똑하고 창의적이고 집요해야** 한다.

똑똑하다는 것은 단순히 IQ를 말하는 게 아니다. 지적 호기심이 많고, **빠른** 학습 능력이 있어야 한다. 그리고 새로운 기술을 고객 문제 해결, 신규 고객 확보, 비즈니스 모델의 발굴에 적용할 수 있어야 한다.

> 성공적인 제품 관리자는 최고로 똑똑하고 창의적이고 집요해야 한다.

창의적이라는 것은 평범한 제품 기능의 범위를 뛰어넘는 비즈니스 문제 해결의 방법을 생각해 낼 수 있는 능력을 의미한다.

끝으로, 집요함은 완강한 저항에도 불구하고 적당함과 타협하지 않도록 추진해 내는 것을 의미한다. 이를 위해 설득력 있는 근거, 끊임없는 대화, 기능 조직 간의 가교 역할을 수행해야 한다.

제품에 대한 열정과 고객 문제 해결에 대한 열정은 가르친다고 습득되지 않는다. 지금 있는지 없는지에 대한 문제다. 내가 제품 관리자 후보를 평가할 때 가장 먼저 확인하는 것이기도 하다. 당신은 이러한 열정이 있는 사람이라고 가정하겠다.

제품 관리자의 역할에 요구되는 기대치에 대해서 솔직해질 필요가 있는 좋은 타이밍인 것 같다.

제품 관리자는 9시에서 5시까지만 일하지 않는다. 사무실에 15시간씩 있으라는 이야기가 아니다. 매일 밤 퇴근 후에도 해야 할 만큼 엄청난 양의 일이 있다는 말이다. 일과 생활의 균형을 바란다면 제품팀의 다른 역할을 알아보는 것이 낫다. 정치적인 발언으로는 적절하지 않을 수도 있겠지만, 오해를 살 만한 내용으로 제품 관리자의 편을 든다고 생각하지는 않는다. 제품 관리자의 역할을 유지하기 위해 필요한 시간과 노력의 수준은 엄청나다. 제품과 역할에 대한 열정이 없다면 불가능한 일이다.

당신의 성공을 돕기 위해서 내가 설명해 줄 수 있는 가장 중요한 것이 있다. 이 역할을 위해 준비해야 하는 것을 알려 주고자 한다.

- 사용자와 고객에 대한 전문가가 되는 것부터 시작하라. 좋은 결과이건 나쁜 결과이건 학습한 것을 공개적으로 공유하라. 팀이나 회사에서 고객에 대한 정량적이거나 정성적인 이해가 필요한 경우 가장 먼저 찾는 사람이 돼라.
- 핵심 이해 관계자 및 비즈니스 파트너와 끈끈한 관계를 만드는 작업을 하라. 두 가지로 그들을 설득하라. (1) 그들이 업무상 겪고 있는 제약사항을 잘 이해하라. (2) 그 제약사항들을 잘 반영한 솔루션을 제공하라.
- 제품과 산업에 관한 누구나 인정하는 전문가가 돼라. 다시 강조하지만, 지식을 공개적으로 아낌없이 공유하라.
- 끝으로, 제품팀과 끈끈한 협업 관계를 만들기 위해 최선을 다하라.

위의 네 가지를 실천하기는 절대 쉽지 않다. 하지만 성공적인 제품 관리자가 되기 위해 중요한 자산들이 될 것은 확실하다.

뛰어난 제품 관리자들

이 책에서는 이론과 기법들을 전달하는 것과 더불어 실제 자신의 역할을 훌륭하게 수행했던 제품 관리자들을 소개하고자 한다.

- 제인 매닝(Jane Manning), 구글
- 레아 힉맨(Lea Hickman), 어도비
- 알렉스 프레스랜드(Alex Pressland), BBC
- 마르티나 로첸코(Martina Lauchengco), 마이크로소프트
- 케이트 아놀드(Kate Anold), 넷플릭스
- 카미유 허스트(Camille Hearst), 애플

잠시라도 제품 관련 일을 해본 사람이라면 제품을 만드는 것이 절대 쉽지 않다는 것을 잘 알 것이다. 뛰어난 제품 관리자를 고르는 것은 매우 어렵지만, 꼭 필요한 역할을 어떻게 수행하는지 설명하기 위해 이들을 선택했다.

이들의 제품은 당신이 금세 알아볼 만큼 매우 상징적이다. 하지만 극히 일부의 사람들만이 이러한 제품들 이면에 있는 제품 관리자들과 그들의 뒷이야기를 알고 있다.

각 제품 관리자는 그들의 제품팀이 얼마나 뛰어난지, 결코 자신의 노력만으로는 성공할 수 없다는 사실을 특히 강조했다. 그런데도 이 사례들을 통해서 제품 관리자의 본질적인 역할에 대해 이해하는 데 도움이 되기를 바란다.

이러한 사례들을 통해 전달하고자 하는 몇 가지 주요 시사점들이 있다.

1. **제품 관리자는 다른 역할과는 뚜렷한 차이가 있다.** 디자이너가 하는 일과는 분명한 차이가 있으며, 그렇다고 프로젝트 매니저도 아니다. 프로젝트 관리 업무의 일정 부분이 불가피하게 포함되어 있지만, 그 어떤 리더십 역할에도 모두 해당하는 것들이다. 제품 관리자를 프

로젝트 매니저로 묘사한다면 이 역할의 핵심을 완전히 놓치는 것이다. 나는 제품 관리자가 CEO의 역할과 가장 비슷하다고 생각한다. 하나의 차이점이 있다면 CEO와 달리 제품 관리자는 누구의 상사도 아니라는 것이다.

2. **CEO처럼 제품 관리자는 비즈니스 전반에 대해 깊게 이해해야 한다.** 제품 관리자는 단순히 제품을 완성하는 것이 아니라 비즈니스 성과를 책임져야 한다. 이를 위해 관련된 많은 요소와 비즈니스의 조건들을 잘 이해하고 있어야 한다. 재무, 마케팅, 영업, 법무, 제휴, 서비스, 고객 환경, 기술 역량, 사용자 경험 등이 해당한다. 그리고 고객과 비즈니스 모두에 유효한 해법을 파악해야 한다. 그렇다고 MBA 학위가 필요하다는 이야기가 아니다. 이 책에 소개되는 사람 모두 MBA 학위가 없다. 또한, 이 모든 분야에 대해 스스로 다 이해해야 한다는 것도 아니다. 단지 제품이 비즈니스에 어떤 영향을 미치는지 폭넓은 이해를 하고 있으면 된다. 그리고 중요하다고 생각되는 것들에 대해 팀 내 혹은 회사 내에 다른 사람들을 통해 파악하면 된다.

3. **어떤 사례에서도 사용자나 고객, 영업을 통해 최선의 솔루션이 나오지 않았다.** 훌륭한 제품은 비즈니스의 요구를 충족하면서도 사용자 및 고객의 실제 문제 해결을 목표로 디자이너 및 엔지니어와 치열한 협업 과정을 통해 만들어진다. 각 사례를 보면 사용자들은 나중에 그들이 푹 빠지게 될 제품이 과연 가능한 것인지 전혀 예측하지 못했다.

4. **진정한 리더십이 좋은 제품 관리자와 위대한 제품 관리자를 구분하는 중요한 요소다.** 당신의 타이틀이나 지위가 어떻든 간에 위대한 사람이 되고자 한다면 리더십을 두려워 마라.

당신의 타이틀이나 지위가 어떻든 간에 위대한 사람이 되고자 한다면 리더십을 두려워 마라.

제품 관리자 vs 제품 소유자

당신은 아마 **제품 소유자(product owner)**라는 개념을 들어 본 적이 있을 것이다. 그리고 제품 관리자의 역할과 어떤 관계가 있는지 궁금했을 것이다. 첫째, 제품 소유자라는 이름은 애자일팀에서 제품 백로그를 책임지는 역할의 이름이다. 애자일은 제품 기업뿐만 아니라 모든 유형의 기업에서 활용한다는 점을 참고하라.

제품 기업은 제품 관리자가 제품 소유자 역할을 동시에 할 수 있다. 만약 두 명에게 이 역할들을 나누어 맡기면 상식적으로 예측 가능한 문제가 발생할 것이다. 보통은 팀이 비즈니스와 고객을 위해 지속적으로 혁신하고 새로운 가치를 만드는 역량을 잃어버리게 된다. 더군다나 제품 관리자는 확장된 책임 때문에 제품 소유자가 의사결정을 할 수 있도록 만들어 줘야 한다.

제품 기업은 제품 관리자가 제품 소유자 역할을 동시에 할 수 있다.

둘째, 나는 항상 제품 관리자에게 그들의 팀이 적용하고 있는 제품 개발 프로세스를 학습하라고 독려한다. 반면에 제품 소유자에 대한 수업이나 자격증 교육에서는 제품 관리자가 하는 아주 일부의 역할만을 다룬다. 요약하면 제품 소유자의 업무는 제품 관리자의 역할에 대한 부분집합이라고 할 수 있다. 즉, 제품 관리자는 제품 소유자의 역할을 포함한다.

(계속)

제품 관리자에게 도움이 되는 두 가지 수업

어떤 학문을 전공했더라도 제품 관리자가 될 수 있다. 실로 많은 사람이 컴퓨터 공학을 전공했고, 또한 비즈니스나 경제학 전공자도 꽤 있다. 하지만 뛰어난 제품 관리자들은 정치, 철학, 예술, 문학, 역사 등 다양한 학문을 전공했다는 것을 알 수 있다.

엔지니어나 디자이너가 되고 싶다면 해당 분야로 진로를 준비하는 데 도움이 되는 학업 과정이 있다. 하지만 기술 제품 관리자는 해당 사항이 없다. 이 역할을 위해서는 우리가 살펴보았듯이 똑똑함, 창의성, 집요함이 필수적으로 있어야 하기 때문이다.

그렇긴 하지만, 모든 제품 관리자가 들어야 하는 딱 두 가지 학업 과정이 있다고 생각한다.

1. 컴퓨터 프로그래밍 개론

프로그래밍 언어에 대한 과정이 처음이라면 이것이 첫 번째 필수 과목이다. HTML을 제외한 어떤 언어도 상관없다. 온라인 과정으로도 충분히 가능하다. 다만 많은 사람이 첫 번째 프로그래밍 언어를 학습할 때 애를 먹는다. 그래서 매주 프로그래밍 과제를 제출해야 하는 교육 과정이 그래도 들을 만하다.

당신이 좋아하건 싫어하건 간에 이 과정은 당신의 기술적인 지평을 넓혀줄 것이다. 그리고 엔지니어, 디자이너와 더 풍부한 토론을 할 수 있게 된다. 또한, 기술이 가져다주는 가능성의 진가를 알게 될 것이다.

2. 비즈니스 회계/재무 개론

컴퓨터 언어에 관해 알아야 하는 것처럼 비즈니스 세계의 언어도 알아야 한다. 관련 교육을 들은 적이 없다면 비즈니스 재무에 대한 기초 과목을 수강하는 것이 좋다.

(계속)

영리 기업이 어떻게 운영되는지 이해해야 한다. 그리고 당신 회사에서 중요하게 다뤄지는 고객 생애 가치, 사용자/고객당 평균 매출, 고객 획득 비용, 영업 원가, 공헌 이익 등과 같은 핵심 성과 지표(KPIs, Key Performance Indicators)를 잘 알고 있어야 한다.

괜찮은 마케팅 과정에서도 위와 같은 내용을 다룬다. 핵심은 비즈니스가 어떤 방식으로 동작하는지 큰 그림에 대해 이해해야 한다는 것이다.

전문 대학의 교육 과정을 이수할 수 있다. 혹은 재무팀의 동료에게 약간의 도움을 구할 수 있다면 독학을 할 수도 있겠다. 어떤 방식으로든 하면 도움이 되는 일이다.

이번 장은 제품 디자이너의 역할을 설명한다. 그렇다고 디자이너들을 대상으로 말하려는 것은 아니다. 디자이너와 효과적으로 협업하는 방법을 배워야 하는 제품 관리자들을 위한 것이다.

아직도 수많은 기업이 뛰어난 디자이너가 얼마나 중요한지 잘 이해하지 못한다는 사실이 그저 놀라울 따름이다. 보통 엔지니어의 필요성은 잘 느끼지만, 디자인의 중요성을 이해하지 못해서 많은 시간과 비용을 낭비한다.

요즘 제품 디자이너들은 다음과 같은 업무를 수행한다.

제품 발견

전통적인 모델에서 디자이너들은 제품 관리자의 요구사항과 명세서를 받아 디자인 작업을 진행한다. 반대로, 요즘의 제품 디자이너들은 제품 발견부터 제품 실행까지의 전 과정에서 제품 관리자 및 엔지니어와 계속 협업을 해나간다. 마찬가지로 예전에는 디자이너 동료들끼리 함께 근무했다면, 요즘의 제품 디자이너는 제품 관리자의 옆에 앉아서 제품 발견 단계의 파트너로서 업무를 수행한다.

제품 디자이너는 디자인 작업의 산출물을 가지고 평가받지 않고, 제품의 성공 여부로 평가받는다. 이러한 이유로 제품 디자이너도 제품 관리자와 비

> 제품 디자이너는 디자인 작업의 산출물을 가지고 평가받지 않고, 제품의 성공 여부로 평가받는다.

슷한 고민을 한다. 실제 고객과 제품을 통해 전달되는 가치를 지향한다. 또한, 그들은 제품이 비즈니스를 위한 것임을 이해하고, 제품을 디자인할 때 비즈니스의 상황을 충분히 고려한다. 디자이너는 사용자 경험이 고객 가치에서 기능만큼이나 중요한 것임을 누구보다 잘 알고 있다.

총체적인 사용자 경험 디자인

사용자 경험(UX)은 사용자 인터페이스(UI, User Interface)보다 더 상위의 개념이다. 어떤 사람들은 차이를 더 분명히 하기 위해 **고객 경험**(customer experience)이라는 개념을 쓰기도 한다. 고객과 최종 사용자가 당신의 제품이 제공하는 가치를 경험하게 하는 모두를 의미한다. 고객과 회사 및 제품 사이의 지속적인 상호작용 및 모든 접점을 포함한다. 최신 제품은 여러 종류의 인터페이스와 고객의 접점을 가지고 있다(이메일, 마케팅 캠페인, 영업 프로세스, 고객 지원 등).

어떤 제품은 우버(Uber)를 통해 호출한 차량을 이용하는 것이나 에어비앤비(Airbnb)에서 예약한 집에서 숙박하는 것과 같은 오프라인 서비스까지 포함

하기도 한다.

좋은 제품 디자이너는 제품과 회사 전체의 관점에서 고객이 상호작용하는 여정이 어떻게 흘러가는지를 생각한다. 제품에 따라서는 다음과 같은 질문을 참고해 보면 많은 수의 사용자 접점을 가질 수 있다.

- 고객이 그 제품을 어떻게 처음 알게 되는가?
- 처음 방문한 사용자를 어떻게 안착시키고(아마도 천천히), 새로운 기능을 소개할 것인가?
- 고객의 하루 일과에 따라 제품과 어떻게 상호작용이 발생하는가?
- 사용자의 관심을 두고 어떤 것들과 경쟁을 하고 있는가?
- 한 달이 된 고객과 1년이 된 고객은 어떤 차이점들이 있을까?
- 제품에 대해 더 높은 애착을 가지게 하기 위해서 어떻게 사용자에게 동기부여 할 수 있을까?
- 어떻게 희열을 느끼는 순간을 만들 수 있을까?
- 사용자가 다른 사람에게 어떻게 경험을 공유할 수 있을까?
- 고객이 오프라인 서비스를 어떻게 사용할 수 있을까?
- 제품의 반응성을 어떻게 느끼고 있는가?

프로토타이핑

제품 아이디어를 검증할 수 있는 다양한 기법들은 책의 후반부에서 더 자세히 살펴볼 예정이다. 많은 기법이 프로토타입을 활용하며, 이러한 프로토타입 대부분이 바로 제품 디자이너에 의해 만들어진다.

훌륭한 제품 디자이너는 내부 및 외부 사람들과 아이디어에 관해 이야기하기 위해 주요 캔버스로서 프로토타입을 사용한다. 일반적으로 다양한 프로토타이핑 도구를 다루는 데 익숙하고, 당장 업무 처리를 위해 가장 적합한 것을 활용할 줄 안다.

사용자 테스트

좋은 제품 디자이너는 계속해서 그들의 아이디어를 실제 사용자 및 고객을 통해 검증한다. 아이디어나 프로토타입이 준비되면 바로 테스트를 하는 것은 아니며, 주간 단위 일정에 따라 실행한다. 그렇게 해서 그들이 찾지 못했던 새로운 통찰력(insight)을 수집할 수 있고, 계속 아이디어를 검증하고 개선해 나갈 수 있다. 또한, 객관적인 외부 의견을 받기 이전에 스스로 아이디어에 지나치게 빠져드는 것을 방지할 수 있다.

사용자 테스트는 사용성 테스트보다 더 넓은 개념이다. 제품 디자이너와 제품팀은 아이디어의 가치를 검증하기 위한 기회를 활용한다. 고객이 이 제품을 사용하거나 구매할 것인가? 아니라면 왜일까?

상호작용 디자인과 시각 디자인

상호작용 디자인과 시각 디자인은 지금까지 별개의 역할로 여겨져 왔다. **상호작용 디자인**은 일반적으로 개념적인 모델(예를 들어, 사진 관리 프로그램은 사진, 앨범, 프로젝트로 구성된다), 작업 흐름, 그러한 개념들을 조정하기 위한 배치 구조 등을 포함한다. 시각 디자인은 구성 요소, 글씨체, 시각적인 브랜드 표현 등을 말한다.

개인차는 있겠지만 요즘의 제품 디자이너들은 대개 상호작용 디자인과 시각 디자인 모두 어느 정도 수준의 능력을 보유하고 있다. 보다 종합적인 도구들을 사용함으로써 상황에 따라 다양한 수준의 작업을 빠르게 진행할 수 있다. 또한, 그러한 도구를 쓰면 상호작용 디자인과 시각 디자인을 구분하여 생각하는 것 자체가 어색해지는 경험을 하게 된다. 이 부분은 특히 모바일 인터페이스에서 중요한데, 디자이너들은 근본적으로 시각 디자인과 엮일 수밖에 없는 새로운 상호작용 모델을 만들어 내야 한다.

소비자 가전제품을 만들고 있다면 디자인의 또 다른 축이 포함된다. 바로 재료와 제조에 대한 디자인을 의미하는 **산업 디자인**이다.

제품 디자이너가 없는 경우

제품 디자이너가 없으면 다음과 같은 세 가지 특수한 상황에서 엄청나게 심각한 문제가 있다.

1. 제품 관리자로서 실제 디자인을 당신이 해야 한다. 이것은 전에 이야기했던 숙련된 디자이너가 제품 관리자의 업무를 동시에 맡는 것과는 차이가 있다. 이 상황에서 당신은 디자인에 대한 훈련을 받은 적이 **없다.** 하지만 엔지니어가 디자인이 필요하므로 부득이하게 해야 한다. 그 말

은 제품 관리자가 와이어프레임(wireframe)*과 대충 끼워 맞춘 시각 디자인 결과물을 엔지니어에게 제공해야 한다는 것이다.

2. 제품 관리자로서 엔지니어에게 디자인 결과물을 전달하는 대신에 상위 레벨의 사용자 스토리만을 제공한다. 어떻게든 코딩을 시작해야 하는 엔지니어는 디자인을 직접 해야만 한다.

3. 제품 관리자로서 와이어프레임과 같은 상호작용 디자인만을 제공한다. 그리고 시각 디자인에 대해서는 다른 사람의 도움을 얻는다.

위의 세 가지 상황 모두 심각한 문제다. 이렇게 해서 좋은 디자인 결과물을 제공하는 것은 불가능하다. 또한, 기대하는 총체적인 디자인의 관점으로 제품을 만들어 낼 수 없다.

애플은 전 세계에서 가장 기업 가치가 높고, 디자인에 정통한 기업이다. 애플과 같은 일부 기업들만이 디자인 인재에 대한 중요성을 이해하고 있다. 모두가 구글과 페이스북의 엔지니어에 관해서만 이야기하지만(그들의 기술은 정말 뛰어나긴 하다), 두 회사는 디자이너 인재 영입에도 엄청난 투자를 하고 있다.

사용자 접점의 제품을 만든다면 제품팀에서 숙련된 제품 디자이너의 존재는 매우 중요하다. 소비자를 위한 제품에서는 뛰어난 디자인이 강력한 무기가 된다고 생각한다. 기업용 제품인 경우에는 디자인이 경쟁 제품과 가장 큰 차이를 만드는 요인이 될 수도 있다.

---

* 옮긴이 와이어프레임은 앱이나 웹사이트에 대해 선(wire)을 이용해 윤곽(frame)을 표현하는 화면 설계도를 말한다.

안타까운 현실이지만, 기업용 제품의 경우는 대부분 디자인이 매우 형편없다. 하지만 제품을 사용하는 사람과 구매하는 사람이 다르므로 그냥 이대로 방치될 수 있었다. 요즘은 상황이 많이 바뀌어서 기업용 비즈니스(B2B)를 하는 회사들도 디자인에 매우 공을 들인다. 그들은 잘못된 습관을 없애고 있다.

중소기업용 제품은 구매자가 곧 사용자일 때가 많다. 이런 경우는 일반 소비자 제품 수준의 디자인 기대치를 가지고 있다.

디자이너와 함께 일하는 것은 문제 해결의 절반만 확보된 것이다.

그 이유를 이제 설명한다.

많은 조직은 어느 날 갑자기 디자인이 중요하다는 것을 깨닫는다. 그래서 회사 내부로 역량 있는 인재를 모시기 위해 돈을 쓴다. 하지만 여전히 내부에 있는 에이전시처럼 일한다. 당신은 제품 관리자로서 이 디자이너들에게 요구사항을 가져다주어야 한다(그들은 작은 방에서 같이 앉아 있다). 그리고 그들의 작업이 끝나면 당신은 결과물을 받아본다.

이렇게 일할 것 같으면 차라리 외부 에이전시를 계속 쓰는 게 나을 수도 있다. 하지만 그럴 수는 없다. 우리는 단순히 우리 제품을 보기 좋게 만들어 주는 것이 아닌, 올바른 제품을 발견할 수 있게 도와주는 디자인을 원한다.

> 우리는 단순히 우리 제품을 보기 좋게 만들어 주는 것이 아닌, 올바른 제품을 발견할 수 있게 도와주는 디자인을 원한다.

요즘 뛰어난 팀에서는 기능이 디자인에 영향을 주는 것 이상으로 디자인이 기능을 살려 준다. 이것은 엄청 중요한 개념이다. 이렇게 되기 위해서는 디자이너를 단순히 지원하는 멤버가 아닌, 가장 중요한 멤버로 인정하고 제품 관리자의 옆에서 함께 협업해야 한다.

제품팀에 전담 디자이너가 있는 경우 다음의 다섯 가지 가이드를 따르면 디자이너와 성공적이고 건강한 관계를 만들어나갈 수 있을 것이다.

1. 무슨 수를 써서라도 디자이너가 당신 옆에 앉아서 일하도록 하라.

2. 아이디어 초기 단계부터 디자이너를 개입시켜라.

3. 가능한 한 많은 기회를 통해 사용자 및 고객과의 상호작용에 대해 경험하게 하라. 사용자와 고객에 대해 함께 학습하라.

4. 디자인 아이디어가 있더라도 웬만하면 참고 디자이너에게 이야기하지 마라. 스스로 디자인 문제를 해결할 수 있는 충분한 여유와 기회를 제공하라.

5. 디자이너가 이른 시점부터 가능한 한 자주 이터레이션에 참여할 수 있도록 하라. 초기 이터레이션부터 디자인 세부적인 사항에 대한 사소한 트집을 늘어놓지 않는 것이 최선이다. 디자이너가 단순히 일상적인 디자인 접근 방법에서 벗어나서 문제에 대해 창의적인 해결 방법을 마음 놓고 탐색해 볼 수 있도록 지원하라.

제품 관리자와 디자이너는 진정한 파트너라는 것이 요점이다. 둘은 함께 제품을 발견하고, 적절한 솔루션을 찾으면서 각자 다른 핵심 역량을 팀에 채워 준다.

12

엔지니어

이번 장은 엔지니어의 역할에 관해 설명한다(**개발자**나 **프로그래머**라고 하기도 한다). 이전 장과 마찬가지로 엔지니어에게 직접 전달하는 내용은 아니며, 엔지니어와 함께 효과적으로 일하는 방법이 있어야 하는 제품 관리자를 대상으로 설명한다.

성공적인 제품 관리자에게 엔지니어만큼 중요한 관계도 없을 것이다.

성공적인 제품 관리자에게 엔지니어만큼 중요한 관계도 없을 것이다.

상호 존중하는 견실한 관계를 맺고 있다면 제품 관리자로서의 일은 탄탄대로다. 반대로 관계가 좋지 않으면 제품 관리자는 괴로운 하루하루를 보내고, 결국 오래 유지하지 못할 것이다. 그래서 엔지니어와의 관계에 대해 심혈을 기울이고, 이를 잘 만들어가기 위해 무엇이든 할 준비가 되어 있어야 한다.

이 관계의 출발점은 **제품 관리자**다. 훌륭한 제품 관리에 대한 지식과 역량을 팀에 제공하고 제 몫을 다해야 한다.

엔지니어는 보통 똑똑하면서도 태생적으로 회의적인 태도를 보일 때도 있다. 그래서 당신의 허풍에 쉽게 속아 넘어가지 않는다. 당신이 잘 모르는 것에 대해서는 허세를 부리기보다는 알아볼 예정이라고 솔직하게 고백하는 편이 낫다.

또한, 엔지니어가 하는 일의 까다로움과 복잡성에 대해 당신이 진정 감사하게 생각하는 것은 매우 중요하다. 엔지니어의 역할을 해보았거나 컴퓨터 공학을 공부해 본 사람은 아마 잘 이해가 될 것이다. 그런 경험이 아직 없다면 프로그래밍 언어를 배울 수 있는 지역 전문학교의 수업이나 온라인 교육을 받아 보기를 강력히 추천한다.

프로그래밍을 이해하는 목적은 엔지니어에게 일을 어떻게 하라고 지시하려는 것이 아니다. 엔지니어가 하는 일에 같이 참여하고 협업할 수 있는 능력을 획기적으로 높이기 위한 것이다. 구체적이지는 않지만, 그에 못지않게 중요한 장점이 하나 더 있다. 프로그래밍 지식은 기술과 그 가능성의 마법에 대해 훨씬 더 공감할 수 있게 해준다.

당신이 알고 있는 고객의 불편함, 고객에 대한 데이터와 비즈니스의 상황을 공개적으로 공유하라. 당신의 역할은 이러한 정보를 팀에 제공하고, 문제 해결을 위한 다양한 해결 방법을 도출할 수 있는 장을 열어 주는 것이다.

제품 관리자로서 분명한 의견을 제시할 수 있어야 한다. 동시에 좋은 제품을 만들어 내기 위해 그들의 도움이 필요함을 보여 주어야 한다. 항상 열린 자세를 취하고 팀의 의견에 귀를 기울여라.

보다 실무적으로는 엔지니어와 매일 직접적인 방법으로 협업할 수 있어야 한다. 보통은 두 가지 종류의 토의를 매일 진행할 수 있다. 첫 번째 유형은 제품 발견을 진행하는 데 그들의 아이디어를 구하고 반영하는 것이다. 두 번째 유형은 제품 실행 단계의 실제 구현 과정에서 그들이 궁금해하는 것에 대답해 주는 일이다.

많은 제품 관리자들이 원치 않는 길로 가는 이유는 그들이 엔지니어와 잘못된 커뮤니케이션을 하기 때문이다. 대부분의 제품 관리자가 임원들이나 이해 관계자들이 세세하게 지시하는 것을 싫어하는 것처럼 엔지니어도 제품을 어떻게 만들지에 대해 구체적으로 정해 주는 것을 일반적으로 좋아하지 않는다. 그래서 그들이 할 일에 대해 기술적인 지식을 활용해서는 안 된다. 그저 기술에 대해 충분한 이해를 하고 있으면 된다.

최선의 솔루션을 만들어 낼 수 있도록 엔지니어들에게 충분한 재량을 주라. 그리고 한밤중에 서비스의 오류가 발생하면 해결할 수 있는 사람이 그들뿐임을 명심하라.

마지막으로 강조하고 싶은 내용은 제품 관리자가 엔지니어의 사기에 큰 영향을 준다는 사실이다. 그들은 용병이 아닌 미션팀의 구성원이라고 느끼게 하는 것이 당신의 역할이다. 비즈니스가 직면한 문제와 해결하려는 고객의 불편함을 이해할 수 있도록 초대하라. 현실과 동떨어져 있게 하지 말고, 문제와 도전 과제들을 그들에게 솔직하게 공유해야 한다. 그러면 당신을 더욱 존중하게 될 것이다. 그리고 많은 경우 엔지니어들은 도전에 맞서 헤쳐나갈 것이다.

기술 리드의 역할

엔지니어의 역할에도 다양한 유형이 있다. 사용자 경험(대개는 **프런트엔드 개발자(front-end developer)**라고 한다)을 담당하는 사람들이 있고, 특정한 기술(예를 들어, 데이터베이스, 검색, 머신러닝)에 집중하는 엔지니어들도 있다.

다른 직무와 비슷하게 엔지니어도 승진이라는 것이 존재한다. 우선 시니어 엔지니어가 되고, 경력이 쌓이면 수석 엔지니어가 되거나 아키텍트(architect) 역할로 진급한다. 일부는 리더십에 더 초점을 둔 길을 선택하고 **기술 리드(tech lead)**가 된다(**개발 리드(dev lead)**나 **리드 엔지니어(lead engineer)**라고도 한다).

일반적으로 제품 관리자의 관점에서는 어떤 시니어 엔지니어라도 도움이 된다. 그들은 무엇이 가능한지에 관한 폭넓은 지식을 제공해 줄 수 있다. 하지만 기술 리드는 이러한 지식을 팀에 있는 다른 엔지니어들에게도 공유하도록 돕는 책임이 있다. 그뿐만 아니라 기술 리드는 제품 관리자나 제품 디자이너가 최고의 솔루션을 발견하도록 적극적으로 도움을 주는 역할을 한다.

시니어 엔지니어를 포함하여 모든 엔지니어가 제품 발견의 단계에 참여하기 원하는 것은 아니다. 하지만 그 정도는 괜찮다. 그러나 단 한 명도 제품 발견의 단계에 참여하기를 원하지 않는 엔지니어팀이 있다면 그건 정말 큰 문제다.

이러한 이유로 제품 관리자와 제품 디자이너는 기술 리드와 밀접하게 협업한다. 어떤 제품팀은 기술 리드가 한 명 이상인데 더 좋은 일이다.

엔지니어들은 그들만의 고유한 업무 수행 방식을 가지고 있다. 물론 많은 디자이너들도 마찬가지다. 제품 관리자는 이들과 최선의 방법으로 소통하기 위해 세심하게 접근해야 한다. 예를 들어, 다수의 제품 관리자들은 많은 사람 앞에서 이야기하는 것에 행복을 느낀다. 심지어 임원들 앞에서도 말이다. 하지만 대부분 엔지니어나 디자이너는 그렇지 않다. 이러한 차이에 대해 세심하게 고려해야 한다.

13

제품 마케팅 매니저

제품 마케팅 매니저는 제품팀의 다른 멤버와는 다소 차이가 있다. 그들이 중요하지 않다는 의미가 아니다. 제품 마케팅 매니저는 보통 제품팀에 전담으로 소속된 형태로 일을 하지 않는다.

제품 마케팅은 대체로 고객 대상 제품이나 목표 시장을 기준으로 구성된다. 큰 회사의 경우는 시장 진출 채널(기업, 버티컬, 중간 시장*과 같은)로 구분하기도 한다. 제품팀의 수보다 제품 마케터의 인원수가 더 적은 경우가 일반적이다. 그래서 그들은 복수 개의 제품팀 업무를 지원한다.

최고의 기술 제품 회사들은 제품 발견 및 제품 실행 단계에서 제품 마케팅이 필수적인 역할을 하며, 궁극적으로는 시장 침투를 할 때 제품팀에서 매우 중요한 역할을 한다.

곧 알게 되겠지만 성공적인 제품을 만드는 일은 절대 쉽지 않다. 고객이 사

---

* 옮긴이 큰 회사의 경우 대기업 집단, 특정 영역의 시장, 중간 규모 기업을 위한 마케팅 채널을 구분하기도 한다.

랑하면서도 비즈니스에도 유효한 제품을 만들어야 한다. 비즈니스에 유효한 결과를 낳으려면 실제로 충분히 유의미한 크기의 시장이 존재해야 한다는 것이 큰 비중을 차지한다. 수많은 경쟁자로부터 성공적인 차별화를 할 수 있어야 하고, 비용 효과적으로 신규 고객을 획득하고 끌어들일 수 있어야 하며, 고객의 손에 우리의 제품이 도달하기 위해 필요한 시장 진출 채널과 역량이 갖추어져야 한다.

이를 위해 제품 마케팅은 절대적으로 중요한 파트너이다. 제품 마케팅 매니저는 포지셔닝(positioning) 전략, 고객 대상 메시지, 이기는 시장 공략 계획 등 시장에 대한 내용들을 제품팀에 잘 설명한다. 영업 채널과 밀접하게 일하며 그들의 역량과 한계점 그리고 현재의 경쟁 이슈들에 대해 잘 이해한다.

> 제품 마케팅 매니저는 포지셔닝 전략, 고객 대상 메시지, 이기는 시장 공략 계획 등 시장에 대한 내용들을 제품팀에 잘 설명한다.
> 영업 채널과 밀접하게 일하며 그들의 역량과 한계점 그리고 현재의 경쟁 이슈들에 대해 잘 이해한다.

제품 마케팅의 속성은 비즈니스의 유형과 제품이 시장에 전달되는 형태에 따라 약간씩 차이가 있다. 직접 판매 조직이나 채널 영업 조직을 통해 제품이 판매되는 형태의 기업용 비즈니스를 하고 있다면 명확한 포지셔닝 전략을 수립하는 것이 핵심 역할이다. 이는 시장에 전달되는 메시지와 더불어 해당 제품이 차지하는 시장 내의 위치를 의미한다. 디지털/콘텐츠 자산, 판매 도구, 효과적인 판매를 위한 교육 등과 관련된 것이다.

만약에 영업 조직을 갖춘 회사라면 제품 마케팅 역할 없이 제품 관리자로서 당신이 이러한 책임을 맡게 될 수도 있다. 그러다가 이 역할만을 수행하게 될 수도 있다. 영업 조직의 상황을 고려하면 무시할 수도 없는 노릇이다. 그렇지만 당신이 영업 조직을 위해 온종일 시간을 쓴다면 대체 이 사람들이 판매할 제품에 대해서는 누가 신경을 쓸 수 있을까?

만일 소비자에게 판매하는 제품을 다룬다면 더욱 명확하게 마케팅팀의 역할이 정의된다. 제품이 시장에서 차별적이고 성공적인 포지셔닝으로 전환될 수 있도록 사용자의 관심과 브랜드에 집중한다. 이는 장기적인 관점에서 모든 기업에 중요할 뿐만 아니라 제품팀이 하는 모든 일에 더 많은 의미를 심어 준다.

당신과 함께 일하는 제품 마케팅 매니저를 두는 것이 제일 나은 방법이다. 당연히 그럴 만한 가치가 있다. 당신은 성공을 위해 필요하고 충분한 수준의 시장을 이해할 수 있게 되며, 제품 마케팅 매니저 또한 제품에 대해 더 잘 이해할 수 있게 된다.

제품 발견과 전달의 과정에서 중요한 협업 지점들이 있으므로 제품 마케팅 동료와 탄탄한 업무 관계를 만들고 유지하는 데 큰 노력을 기울여야 한다. 예를 들어, 만든 제품이 충분히 유의미한 범위의 시장에서 긍정적인 반응을 관찰했다고 하자. 이때는 이러한 초기 제품의 반응을 바탕으로 어떤 메시지를 전달하고 어떤 시장 진출 계획을 세워야 하는지가 매우 중요해진다.

주의할 점은 나는 요즘의 제품 마케팅 매니저 역할에 관해 설명하고 있다. 예전 모델의 제품 마케팅은 해당하지 않는다. 그때는 제품 마케팅이 제품을 정의하는 일을 했고, 제품 관리자는 엔지니어와 제품을 만드는 역할만을 담당했다.

뛰어난 제품 마케팅 동료가 있다고 해서 성공적인 제품을 만드는 책임이 있는 제품 관리자의 역할이 줄어드는 것이 아니다. 최고의 제품 마케팅 매니저와 제품 관리자는 각자의 역할을 잘 이해하며, 서로가 성공을 위해 필수적인 존재임을 알고 있다.

14

지원 역할

지금까지 우리는 제품 관리자로서 당신의 역할을 살펴보았다. 또한, 당신이 매일 밀접하게 일하는 디자이너, 엔지니어, 제품 마케팅 매니저에 대해서도 알아보았다.

이외에도 당신의 협업 동료로서 지원 역할을 담당하는 사람들이 있다. 이 사람들은 아마도 전담으로 당신의 팀 업무를 하지는 않을 것이다. 제품 마케팅 매니저와 마찬가지로 소수가 다양한 제품팀에 배정된 경우가 많다.

지금은 내가 설명하려고 하는 사람들이 당신 팀에 없을지도 모른다. 조직의 규모나 형태에 따라 이 사람들의 존재 여부가 갈린다. 작은 스타트업의 경우 이러한 역할들이 없고, 당신이 해당 업무들을 함께 처리해야 할 것이다. 반면에 이러한 역할들 전부 혹은 일부가 있는 회사라면 당신은 왜 그들이 존재하고, 무엇보다도 이 사람들을 어떻게 이용할 수 있는지를 알아야 한다.

사용자 연구원

제품 발견을 어떻게 수행하는지는 나중에 상세히 설명하겠지만, 기본적으로는 두 가지 종류의 빠른 학습과 실험을 계속 수행한다. 바로 **정성적인 학습**과 **정량적인 학습**이다.

특히 정성적인 학습과 관련해서 우리가 해결해야 하는 문제를 이해하는 조사는 **발생적(generative)**이다. 반면 우리의 솔루션이 문제를 제대로 해결하고 있는지 측정하는 연구는 **평가적(evaluative)**이다.

사용자 연구원은 이러한 정성적인 기법에 능숙한 사람들이다(일부는 정량적인 기법 또한 잘 다룬다). 그들은 제품 관리자가 적합한 유형의 사용자를 찾고, 필요한 테스트를 기획하고, 각 사용자나 고객 상호작용으로부터 많은 것을 학습하게 해준다.

이러한 사용자 연구원들이 제공하는 가치를 활용하기 위한 핵심은 **공유 학습(shared learning)**이 되어야 한다는 것이다. 제품 발견 단계의 원칙에서 더 자세한 이야기를 나누겠지만, 어떤 사용자 조사가 당신에게 도움이 되는지 잘 이해해야 한다. 그저 그들에게 학습을 맡기고, 당신에게 리포트를 공유해 달라는 식으로 업무를 일임해서는 안 된다.

회사에 사용자 연구원이 없는 경우에는 대개 제품 디자이너가 팀을 위해 해당 업무들을 수행한다.

데이터 분석가

정성적인 학습과 마찬가지로 데이터 분석가는 적합한 분석 정보를 모으고, 개인정보보호에 의한 데이터 제약사항을 관리하고, 데이터를 분석하고, 라이브 데이터(live-data)* 테스트를 계획하고, 그 결과를 해석하고 이해하는 역할을 한다.

> 데이터 분석가는 적합한 분석 정보를 모으고, 개인정보보호에 의한 데이터 제약사항을 관리하고, 데이터를 분석하고, 라이브 데이터 테스트를 계획하고, 그 결과를 해석하고 이해하는 역할을 한다.

가끔 데이터 분석가는 비즈니스 인텔리전스(BI, Business Intelligence) 분석가로도 통하며, 비즈니스 차원에서 수집하고 보고하는 여러 형태의 데이터에 대한 전문가다. 데이터 분석가와 친하게 지내는 것은 그만한 가치가 있다. 오늘날 많은 부분의 제품 관련 업무는 데이터가 중심적이며, 데이터 분석가들은 제품 관리자와 조직에 보석과 같은 존재다.

큰 소비재 기업과 같이 대량의 데이터를 다루는 회사들의 경우는 특정 제품 팀에 전담으로 업무를 하기도 한다. 이런 경우 데이터 분석가는 제품 관리자 및 제품 디자이너 옆에서 함께 업무를 하게 된다.

만일 별도의 데이터 분석가가 없다면 주로 제품 관리자가 그 역할을 대신 수행한다. 이런 경우라면 상황을 자세히 이해하고 최선의 의사결정을 하기 위한 목적의 데이터 분석에 상당한 시간을 쏟아야 할 것이다.

---

* 옮긴이 실제 고객들이 사용하고 있는 환경의 데이터를 말한다.

테스트 자동화 엔지니어

테스트 자동화 엔지니어는 제품을 위한 자동화 테스트 코드를 작성한다. 그들은 예전 방식의 수동 품질보증(QA, Quality Assurance) 담당자들이 하는 일을 대부분 대체했다.

지금은 엔지니어가 소프트웨어 개발과 자동화 테스트를 만드는 일을 동시에 수행하는 것이 그리 어렵지 않다. 만일 이런 경우라면 별도의 테스트 자동화 엔지니어가 그리 필요하지 않을 것이다. 실제로 많은 기업은 혼합된 형태로 운영한다. 엔지니어들은 일부 자동화 테스트를 구현하고(단위 테스트와 같은), 테스트 자동화 엔지니어는 보다 상위 레벨의 자동화 테스트를 담당한다.

어떤 모델을 사용할지는 전적으로 기술 리더에게 달려 있다. 사실 어떤 형태이건 괜찮다. 문제는 테스트 엔지니어가 없는데도 엔지니어가 자동화 테스트를 하지 않는 경우다. 심지어 이들은 제품 관리자가 품질 테스트를 직접 해주기 바란다.

제품 관리자로서 출시 준비(인수 테스트, acceptance test) 전까지 기대한 대로 일이 순탄하게 흘러가는 것을 확실히 하고 싶어 한다. 하지만 그렇게 해서는 실제 자신 있게 제품을 출시할 수 있는 상황이 되지는 못한다. 그래서 자신 있는 제품 출시를 위해 필요한 수준의 테스트 자동화를 실행하는 것은 매우 중요한 일이다. 실제로 복잡성이 높은 제품의 경우 각 제품팀에 여러 명의 테스트 엔지니어가 전담으로 속해 있기도 하다.

15

사례 소개: 제인 매닝, 구글

아마 구글 애드워즈(AdWords)에 대해 들어 본 적이 있을 것이다. 구글이라는 왕국을 만드는 데 일등 공신인 제품이다. 구체적으로 현재 애드워즈가 소개된 지 16년이 되었고, 최근 1년에만 600억 달러(약 67조 원) 이상의 매출을 기록했다. 믿기 힘들겠지만, 무려 600억 달러다.

대부분 사람이 잘 알지 못하는 것이 있다. 도대체 어떻게 하나의 신규 시장을 창출한 이 제품이 만들어졌는지, 그리고 이 제품이 세상의 빛을 보지 못했을 수도 있었다는 사실이다.

2000년에 일어났던 일이다. 애드워즈 프로젝트의 가장 큰 시련은 그 프로젝트의 진행에 대해 단지 승인을 받는 것이었다. 아이디어는 래리 페이지(Larry Page, 구글 공동 창업자)로부터 지지를 받았다. 하지만 광고 사업팀과 기술팀의 거센 저항에 부딪히게 되었다.

제인 매닝은 젊은 엔지니어 매니저였고 애드워즈 아이디어가 더 이상 지체하지 않고 시작할 수 있도록 제품 관리자 역할을 맡았다.

오미드 코데스타니(Omid Kordestani)가 이끌던 새로운 영업팀은 검색 결과의 상단 위치를 채우는 키워드들을 대형 브랜드 고객에게 적극적으로 팔고 있었다. 해당 검색 결과들은 광고로서 눈에 두드러지는 형태이며, 이는 오미드가 근무했던 넷스케이프를 포함한 다른 검색 서비스와 다르지 않았다. 그런데 광고주가 직접 집행할 수 있는 광고 플랫폼을 만들어 보자는 아이디어가 나오자 영업팀은 당황했다. 그들이 집중하고 있는 광고 상품의 가치를 줄어들게 만들 수도 있기 때문이었다. 이른바 **자기잠식효과**(cannibalization)가 발생할 수도 있었다.

그리고 높은 연관도를 가진 검색 결과를 제공하기 위해 최선을 다하고 있었던 엔지니어들 입장에서도 당연히 걱정이 컸다. 사용자들이 그들의 검색 결과가 침해받는 것에 대해 혼란스럽고 당황해할 것으로 생각했기 때문이다.

제인은 이 사람들이 걱정하는 것이 무엇인지 자세히 이해하기 위해서 회의를 진행했다. 누군가는 단순히 광고를 한다는 것에 거부감이 있었다. 다른 사람들은 기존 광고에 대한 잠식 효과를 걱정했다. 그리고 어떤 사람들은 잠재적인 고객 불만족에 대해 우려했다.

제인은 일단 우려사항과 제약사항들을 모두 이해했다. 그리고 중소 업체들이 효과적으로 광고를 할 수 있게 해주면서도 내부에서 제기된 이슈들을 해결할 수 있다고 생각하는 솔루션을 뒷받침하는 데 필요한 근거를 확보했다. 또한, 제인은 구글 초기에 가장 존경받던 엔지니어인 조지스 해릭(Georges Harik)에게 그 아이디어의 잠재력을 설득할 수 있었으며, 이를 통해 다른 엔지니어들이 합류하는 데 도움을 주었다.

최종적인 제품 솔루션은 검색 결과의 측면에 애드워즈 광고를 위치시키는 것으로 결론이 났다. 그래서 영업팀이 판매하는 검색 결과 최상단 노출 상품과 혼돈이 없도록 했다.

또한, 지급 금액에 따라 광고 위치가 결정되는 것에만 의존하지 않았다. 그들은 광고의 성과(클릭률, click-through-rate)를 바탕으로 한 노출당 과금을 함께 적용한 공식을 사용하여 광고 위치가 결정되도록 했다. 이를 통해 사용자에게 연관도가 가장 높은 광고, 즉 성과가 좋은 광고가 최상단으로 올라가는 효과가 발생했다. 높은 가격을 지급했음에도 성과가 나쁜 광고는 노출이 전혀 안 될 수도 있었다.

이 솔루션은 기존 영업팀의 상품과는 완전히 차별적이었으며, 기존 검색 결과의 품질에 영향을 주지 않았다.

제인은 제품 발견 작업을 이끌었고, 애드워즈에 대한 기획서 초안을 작성했다. 그리고 그녀는 엔지니어와 나란히 일하면서 그 제품을 만들고 출시하였고, 결국 엄청난 성공을 거두었다.

이것은 제품이 만들어지지 못하는 데는 수많은 이유가 있음을 보여 주는 하나의 사례에 불과하다. 제품이 성공하기 위해서는 제인과 같이 기술적인, 사업적인 혹은 그 어떤 것과 관련된 반대에도 불구하고 하나씩 이슈를 해결해 나가는 사람이 있어야 한다.

이것은 제품이 만들어지지 못하는 데는 수많은 이유가 있음을 보여 주는 하나의 사례에 불과하다. 제품이 성공하기 위해서는 제인과 같이 기술적인, 사업적인 혹은 그 어떤 것과 관련된 반대에도 불구하고 하나씩 이슈를 해결해 나가는 사람이 있어야 한다.

그 후 제인은 가족을 위해 한동안 쉬었다가 지금은 다시 구글에 복귀해서 유튜브팀을 도와주고 있다.

사람의 확장
(People @ Scale)

개요

많은 기업은 성장을 위해 뛰어난 사람을 영입하는 데 더 큰 노력이 필요함을 잘 알고 있다. 하지만 그들이 성장하고 확장하는 데 어떤 변화가 중요한지 모르는 경우가 많다.

리더의 역할에는 어떤 변화가 필요할까? 많은 팀이 생겼을 때 제품의 총체적인 관점은 어떻게 유지할 수 있을까? 전체 제품에서 일부만 담당하게 되더라도 충분한 권한과 자율성이 있다고 팀이 느끼려면 어떻게 해야 할까? CEO가 많은 권한이 있는 상황에서 어떻게 책임감을 독려할 수 있을까? 상호 의존성이 폭발적으로 증가하는 상황에 어떻게 대처해 나갈 것인가?

위 질문들에 대해 훌륭한 제품 조직이 어떻게 확장하는지 이야기하면서 하나씩 알아보자.

16

리더십의 역할

모든 기술 조직에서 리더십의 가장 중요한 업무는 훌륭한 인재를 영입하고, 성장시키고, 유지하는 것이다. 하지만 제품 회사에서 리더십의 역할은 인재 육성을 넘어 이른바 **제품의 총체적인 시각(holistic view of product)**을 요구한다.

스타트업에서는 한두 개의 제품팀으로 구성이 되어 있어서 제품 전체의 시야를 모두가 유지하는 것이 그리 어려운 일이 아니다. 하지만 회사가 큰 제품이 되었다가 곧 복수의 제품을 다루는 조직으로 성장하게 되면 빠른 속도로 어려움을 느끼게 된다.

전체 제품이 어떻게 엮여 있는지 이해하는 것은 성장하면서 겪는 큰 도전이다. 어떤 사람들은 팀 사이를 연결하는 것이 전체의 관점을 가지는 것으로 생각한다.

> 전체 제품이 어떻게 엮여 있는지 이해하는 것은 성장하면서 겪는 큰 도전이다. 어떤 사람들은 팀 사이를 연결하는 것이 전체의 관점을 가지는 것으로 생각한다.

제품 전체의 관점을 가지는 것에서 세 가지 차별적이면서도 중요한 구성 요소들을 설명하겠다.

제품 관리 리더

전체 제품의 체계(제품 비전, 전략, 기능, 정책, 로직 등)가 비즈니스 관점에서 어떻게 맞물려 돌아가는지에 대한 총체적인 시각을 가지려면 제품 관리 조직의 임원(제품 부사장이나 제품 이사) 또는 제품 관리자 리더가 있어야 한다. 이 사람들은 정기적으로 다양한 제품 관리자의 업무를 검토하고, 갈등 사항을 발견하고, 해결을 돕는다.

큰 규모의 조직에서는 이 역할을 전담하는 사람을 두기도 한다(예를 들어, 제품 관리자 리더(principle product manager)). 그리고 이 역할은 매우 상위 직급의 역할이다(보통 임원과 같은 급이다). 제품 총괄(head of product)에게 제품 관리자의 역량을 개발하는 일은 최우선 임무다. 그래서 제품 관리자 전담 리더는 제품 자체에 집중하고, 모든 제품 관리자, 제품 디자이너, 엔지니어, 테스트 자동화 엔지니어들이 언제든 문제 해결에 필요한 도움을 얻을 수 있도록 준비되어 있어야 한다.

만일 제품 관리자 리더에게 이 역할을 맡긴다면 제품 총괄에 직접 보고하는 관계가 되어야 한다. 그래야 모두가 이 역할의 중요성과 책임을 이해할 수 있다.

이 역할을 제품 총괄이 맡건, 제품 관리자 리더가 맡건, 크고 복잡한 비즈니스 시스템을 가진 조직에 아주 필수적인 역할이다. 특히 수많은 기존 시스템이 있는 경우에는 더욱 중요하다.

제품 디자인 리더

총체적인 사용자 경험에 책임이 있는 사람은 제품 회사에서 가장 중요한 사람 중 하나다. 이 사람은 일관성 있고 효과적으로 전반적인 사용자 경험 체계를 책임져야 한다. 제품 디자인팀의 리더가 맡는 경우가 있고, 때로는 디자인 책임자 또는 디자인 임원 중 한 명이 맡는다. 또 다른 경우에는 디자이너 리더가 보고하는 누군가가 될 수도 있다. 어떤 경우이건 총체적인 제품 디자인을 꿰뚫고 있어야 하는 사람이다.

제품 디자인 리더는 독립적이면서도 상호 작용이 많고, 비즈니스/사용자/고객 여정(customer journey)에 대해 필요한 지식을 갖추고 있어야 한다(고객 여정을 위해 최소한 어느 한 명이 사용자가 제품을 사용하는 모든 과정에서 제품이 어떻게 관찰되는지 반드시 검토해야 한다). 제품 관리자나 제품 디자이너의 머릿속에 이 모든 것을 담을 수 있다고 기대해서는 안 된다.

기술 조직의 리더

끝으로, 기술적인 관점에서 모든 시스템에 어떻게 맞물려 돌아가는지 총체적인 시각을 가지고 있는 **기술 조직 리더**(technology organization leader)가 있다. 보통 최고 기술 책임자(CTO, Chief Technology Officer) 또는 기술 부사장(VP engineering, Vice President engineering)이라는 이름을 쓴다. 현실적으로는 보통 엔지니어 관리자 그룹이나 임원, 소프트웨어 아키텍트의 도움을 받는다.

CTO, 관리자, 아키텍트들은 시스템 구현에 대한 총체적인 관점에서 책임을 진다. 아키텍처와 모든 소프트웨어의 시스템 디자인을 검토한다. 내부 직원이 만든 시스템과 외부 협력 업체가 설계한 시스템 모두를 포함한다. 그들은 또한 기술 부채에 대응하는 분명한 전략을 쓰고 있어야 한다.

마찬가지로, 크고 복잡한 비즈니스 시스템을 가진 조직에서는 더욱 필수적인 역할이다. 특히 수많은 기존 시스템이 있는 경우에는 더욱 중요하다. 그리고 전체 기술 조직 구성원에게 항시 존재가 드러나고 다가갈 수 있도록 조직 내에서의 위치를 잘 설정해야 한다(보통은 기술 총괄에게 직접 보고를 하게 된다).

총체적인 시각의 리더십 역할

회사가 커질수록 점점 이러한 세 리더의 역할이 중요하게 된다. 이 역할이 제대로 이뤄지지 않으면 문제가 곧바로 드러난다. 만약 제품이나 사이트가 상충하는 사용자 모델과 부실한 사용성을 보인다면, 아마도 디자인 총괄이나 디자인 리더가 없다는 증거일 것이다.

제품 관리자가 그들의 의사결정이 미치는 영향을 잘 이해하지 못하면 프로젝트의 진행이 계속 막히게 된다. 또는 제품 관리자가 엔지니어에게 시스템이 실제로 어떻게 동작하는지 설명하기 위해 코드를 들여다볼 것을 계속 요청하는 경우도 마찬가지다. 이는 아마도 제품 관리자 리더가 없어서 발생한 사례일 것이다.

소프트웨어가 마치 큰 스파게티 덩어리처럼 엉켜 있고, 간단한 수정을 위해서도 엄청나게 오랜 시간이 소요된다면 심각한 기술 부채로 고통 겪고 있다는 이야기다.

이러한 리더들이 교통사고를 당하거나 회사를 떠나면 어떤 일이 생길 것 같은가? 첫째, 무엇보다도 이 사람들을 절대 잃지 마라! 잘 보살펴주고 떠나게 만드는 어떠한 원인도 제공하지 마라. 그리고 더 많은 돈을 벌기 위해 매니저가 되었다고 느끼게 하지 마라.

둘째, 이러한 리더들을 더 많이 육성하라. 각 리더는 든든한 2인자로 키우는 사람이 한 명 이상은 있어야 한다. 이러한 리더들은 결코 하루아침에 만들어지는 것이 아니다. 그래서 매우 소중하고 중요한 존재다.

어떤 회사는 그 해결 방법으로 리더 부재에 대비하여 시스템에 대한 문서화를 시도한다. 어떻게든 모든 필요한 상황에서 찾아볼 수 있는 수준으로 만들고자 한다. 그렇게 해서 디자이너 리더, 제품 관리자 리더, 소프트웨어 아키텍트와 함께 일하는 조직의 구성원들이 항상 같은 종류의 해답을 얻을 수 있도록 하려는 것이다.

일부 조직에서 위와 같은 시스템을 완성하기 위해 엄청나게 노력한다고 알고 있다. 하지만 성공적인 경우는 한 번도 본 적이 없다. 시스템은 복잡성과 규모가 증가하는 것이, 누군가가 그것을 문서로 정리하는 속도보다 항상 더 빠르다. 그리고 소프트웨어에서 절대적인 답은 항상 소스 코드에서만 찾을 수 있다(과거 자료나 근거를 찾는 경우 말고, 현재 상황에 대한 답을 찾을 때는).

마지막으로 한 가지 더 이야기하고 싶다. 세 명의 총체적인 시각을 가진 리더들(제품 총괄, 디자인 총괄, 기술 총괄)은 개개인으로서도 매우 가치가 있는 사람들이지만, 셋의 조합이 실제 강력한 힘을 발휘한다는 사실을 알 수 있다. 그런 이유로 개인적으로는, 이 셋은 같은 사무실에서 가까이 붙어서 근무하는 것이 좋다고 생각한다.

17

제품 총괄의 역할

이번 장은 특히 세 유형의 독자를 위한 내용이다.

1. 만일 당신이 CEO 또는 인사 담당 임원으로서 제품 총괄을 찾고 있다면 이 장을 통해 어떤 사람을 찾아야 하는지에 대해 더 깊이 이해할 수 있을 것이다.
2. 현재 제품 조직을 이끄는 사람으로서 성공을 위한 핵심을 알게 된다.
3. 언젠가 제품 조직의 리더가 되길 희망하는 사람에게는 어떤 역량을 갖추어 나가야 할지에 대한 솔직한 내용을 제공한다.

이번 장에서 제품 총괄을 지칭하는 단어로 **제품 부사장**(VP product)을 사용한다. 실제 회사에 따라 제품 관리 임원 또는 최고 제품 책임자(CPO, Chief Product Officer)의 이름을 사용하기도 한다. 호칭이 어떻게 되었건 당신의 사업부나 회사에서 가장 높은 제품 관련 역할을 하는 사람을 가리킨다고 보면 된다.

조직 구조적으로 이 역할은 보통 제품 관리자와 제품 디자이너를 관리한다. 때로는 데이터 분석가도 포함된다. 그리고 대개는 CEO에게 직접 보고하는 관계가 된다. 일부 예외적인 경우를 제외하고, 이 역할은 CTO 및 마케팅 부사장(VP marketing)과 동료 관계를 이룬다.

솔직히 말하면 제품 총괄은 매우 힘든 역할이고, 훌륭하게 수행하기는 더욱더 어렵다. 회사에 필요하고 눈에 띄는 업적을 만들어 낸 사람이 될 수 있다. 뛰어난 제품 리더는 높은 가치를 인정받으며, 흔히 자신의 회사를 창업하는 선택을 한다. 사실 최고의 벤처 투자사 중 일부는 뛰어난 제품 리더로서 검증된 사람이 창업자인 회사에만 투자하기도 한다.

핵심 역량

구체적으로 다음 네 가지의 탁월한 핵심 역량이 검증된 사람을 찾아야 한다. (1) 팀 개발, (2) 제품 비전과 전략, (3) 실행, (4) 제품 문화

팀 개발

모든 제품 부사장이 해야 할 일 중 첫 번째를 꼽으라면 바로 뛰어난 제품 관리자와 제품 디자이너팀을 개발하는 것이다. 이는 채용, 훈련, 지속적인 코칭을 최우선으로 실행하는 것을 의미한다. 뛰어난

> 모든 제품 부사장이 해야 할 일 중 첫 번째를 꼽으라면 바로 뛰어난 제품 관리자와 제품 디자이너팀을 개발하는 것이다.

사람들을 성장시키는 것은 훌륭한 제품을 만드는 것과는 다른 역량이 필요하다. 탁월한 제품 관리자나 디자이너라고 해도 조직을 선도하는 역할로 쉽게 나아가지는 못한다.

최악의 경우는 저성과자에게 이러한 리더십 역할을 맡길 때 발생한다. 여러분도 당연히 이런 경우는 없으리라 생각하겠지만, 정말 놀랍게도 경영진들은 잘못된 선택을 합리화하는 다양한 이유를 이야기한다. "글쎄. 이 사람이 능력이 뛰어나지 않은 건 사실이야. 하지만 사람들과 좋은 관계를 형성하고, 이해 관계자들이 그를 좋아하더라. 그래서 나는 그를 제품 총괄로 임명하고, 든든하게 받쳐 줄 수 있는 뛰어난 사람들을 붙여 주려고 해." 이러한 저성과자에게 어떻게 뛰어난 성과자들이 모여 있는 팀을 만들어 가기를 기대할 수 있겠는가? 그리고 이러한 방식의 역할 부여가 조직에는 어떻게 비치겠는가?

제품 부사장은 반드시 다른 사람을 성장시키는 역량이 **검증된** 사람에게 맡겨야 한다. 잠재력 높은 인재를 발견하고 채용하며, 적극적으로 계속해서 그 사람들의 강점을 살리고 약점을 보완할 수 있도록 노력해야 한다.

제품 비전과 전략

제품 비전은 회사가 비즈니스의 기복을 겪는 와중에서도 안정적으로 유지되면서 앞으로 나아갈 수 있게 추진력과 영감을 제공한다. 비록 간단하게 들릴지 모르겠지만, 굉장히 까다로운 일이다. 완전히 다른 두 상황에 필요한 두 유형의 제품 리더가 있기 때문이다.

1. CEO나 공동 창업자가 분명한 제품 비전을 가지고 있는 경우
2. 제품 비전을 가진 사람이 없는 경우(보통 창업자가 제품을 이끌어 온 경우)

제품 비전 및 전략과 관련하여 당신이 마주할 수 있는 매우 곤란한 두 가지 상황이 있다.

첫 번째로는 제품과 비전에 대해 확고한 의견을 가진 CEO가 있고, 그 사람이 제품 부사장(VP product)을 뽑으려는 경우다. 이사회에서 먼저 제품 부사장을 임명하라고 압박하는 경우가 더 많다. CEO는 자신과 비슷하고 최소한 자신처럼 명확한 비전을 가지고 있는 사람을 찾으려고 한다. 대개는 즉각적인 충돌이 발생하고, 제품 부사장은 그리 오래가지 못한다. 만일 이 직책을 맡는 사람이 지속적으로 교체된다면 무슨 일이 일어나고 있는지 쉽게 예상해 볼 수 있다.

두 번째 상황은 CEO가 강력한 비전이 없으면서 비슷한 이미지의 사람을 뽑는 것이다. 충돌을 일으키지는 않지만(보통은 좋은 관계를 맺는다), 비전이 없는 심각한 상황을 만든다. 이는 제품팀들의 불만을 발생시키고, 회사 전반적으로 동기부여가 저하되며, 혁신이 일어나지 않는다.

위 두 상황에 대한 핵심적인 교훈은, 제품 부사장은 CEO를 **보완**하는 역할을 해야 한다는 사실이다. CEO가 강력한 비전을 가진 사람이라면 뛰어난 제품 부사장 후보들은 이 직책을 기피할 것이다. 이 회사에서 자신의 주요한 역할은 CEO의 비전을 그저 실행하는 것임을 알고 있기 때문이다.

불행한 일이 발생하는 한 가지 상황은 비전을 추구하는 창업자 CEO가 제품의 실행을 잘 수행하는 탄탄한 파트너와 함께 있을 때다. 그 창업자가 언젠가 회사를 떠나게 되면 결국 그 회사는 미래에 대한 비전을 제시하는 사람이 아무도 없는 문제가 발생하게 된다. 비전 제시라는 것은 제품 부사장이 어느 날 쉽게 할 수 있는 것이 아니다. 가능하다고 하더라도 회사의 나머지 사람들이 새로운 상황에서 제품 리더의 비전을 쉽사리 인정하지 않는다. 이러한 이유로 나는 제품 리더로서 창업자들이 회사에 여전히 남아 있는 상황을 선호하는 편이다. 창업자들이 다른 사람을 CEO로 데려오길 원하는 경우라고 할지라도 마찬가지다.

만일 스스로 강력한 비전을 가진 리더라고 생각하는 CEO가 있고, 회사의 나머지 사람들은 그렇지 않다고 생각하는 경우라면 어떻게 해야 할지 의문이 생길 것이다. 그때는 매우 특별한 제품 총괄이 필요하다. 먼저 강력한 비전을 가지고 있어야 한다. 그리고 비전이 CEO의 생각에서 나온 것처럼 만드는 능력과 의사가 있어야 한다.

실행

비전이 어떻게 나왔든 간에 제품 아이디어를 고객에게 전달하지 못한다면 아무리 세계적으로 훌륭한 비전이라고 하더라도 무용지물이다. 일을 마무리하는 방법을 잘 알고 있고, 그렇게 할 수 있는 능력이 절대적으로 검증된 제품 리더가 꼭 필요하다.

팀이 지속적이고, 신속하고, 효과적인 실행력을 갖추기 위해서는 많은 요건이 필요하다. 제품 리더는 제품 기획, 고객 발견, 제품 발견, 제품 개발 프로세스에 대한 최신의 방식을 잘 알고 있는 전문가여야 한다. 그뿐만 아니라 조직의 규모에 따라 효과적으로 일을 하는 방식을 잘 알고 있어야 한다.

더욱 큰 조직일수록 제품 리더가 뛰어난 역량을 가졌는지에 대한 검증이 더욱 중요해진다. 특히 이해 관계자를 다루는 역량과 내부 제품 전도사 역할을 할 수 있는지가 중요하다. 제품 리더는 회사에 영감과 동기부여를 불어넣으며, 모두가 같은 방향으로 나아갈 수 있도록 해야 한다.

제품 문화

좋은 제품 조직은 뛰어난 팀, 명확한 비전, 꾸준한 실행을 갖추고 있다. 반면 위대한 제품 조직은 여기에 강력한 제품 문화라는 차원이 더해진다.

뛰어난 제품 문화는 팀이 지속적이고 빠른 테스트와 학습의 중요성을 잘 이해하고 있음을 뜻한다. 그들은 학습을 위해 실수를 할 수 있다고 생각하며, 이후 재빠르게 개선하고 불확실성을 줄여나간다. 그들은 끊임없는 혁신의 필요성을 알고 있다. 그리고 위대한 제품은 진정한 협업의 결과임을 안다. 그들은 함께 일하는 디자이너와 엔지니어를 존중하고 인정한다. 동기부여가 잘 된 제품팀의 힘을 잘 이해하고 있다.

뛰어난 제품 리더는 훌륭한 제품 문화의 중요성을 잘 이해하고, 제품 문화에 대한 자신의 실제 경험을 잘 전달할 수 있어야 한다. 그리고 이 문화를 조직 내에 스며들게 하기 위한 구체적인 계획을 세우고 있어야 한다.

경험

해당 분야 경험 등 요구되는 관련 경험의 수준은 회사와 산업에 따라 다르다. 최소한 충분한 기술적인 지식이 있어야 하고, 해당 비즈니스 및 시장의 자본 환경과 원리에 대한 이해가 있어야 한다.

화합

지금까지 설명한 것만으로 아직 충분하지 않다. 마지막으로, 지금까지 설명한 것 못지않게 중요한 역량이 있다. 바로 제품 리더는 다른 핵심 임원, 특히 CEO 및 CTO와 개인적으로 원만하게 협업할 수 있어야 한다는 것이다. 이러한 개인적인 유대 관계가 없으면 결코 즐거운 상황이 아닐 것이다. 제품 리더의 인터뷰 과정에는 최소한 CEO 및 CTO 그리고 가능하면 마케팅 총괄과 디자인 총괄이 함께하는 긴 저녁식사를 포함하는 것이 좋다. 열린 마음을 가지고 개인적인 관계를 만들어 나가자.

그룹 제품 관리자의 역할

큰 제품 조직에서 효과를 발휘한다고 생각하는 한 가지 역할이 있다. 그 역할은 그룹 제품 관리자라고 불리며, 보통은 줄여서 GPM(Group Product Manager)이라고 한다.

GPM은 혼합 역할이다. 독립적인 역할 수행자이며, 동시에 인사 관리를 하는 첫 번째 단계의 직책이다. GPM은 이미 검증된 제품 관리자이며(보통은 시니어 제품 관리자 중에서 발탁된다), 더 큰 역할을 감당할 준비가 되어 있는 사람이어야 한다.

제품 관리자에게는 보통 경력을 쌓는 두 가지 방향이 있다.

하나는 충분히 경쟁력이 있다면 독립적인 제품 관리자를 계속 수행하는 **수석 제품 관리자(principal product manager)**로 성장해 나가는 방향이다. 독립적인 역할을 수행하지만 스타와 같은 존재이며, 가장 어려운 제품 업무를 담당해 낼 능력과 의지가 있는 사람이다. 매우 인정받는 역할이며, 임원이나 심지어 제품 부사장 수준의 보상을 받기도 한다.

또 다른 길은 제품 관리자들의 직무 리더가 되는 것이다(보통은 **제품 관리 담당 이사(director of product management)**라고 불린다). 보통은 세 명에서 10명 사이의 제품 관리자들이 당신에게 직접 보고를 한다. 제품 관리 이사는 두

(계속)

가지 중요한 책임이 있다. 첫째는 모든 제품 관리자가 뛰어난 역량을 갖추도록 하는 것이다. 둘째는 제품 비전과 전략을 수립하고, 많은 제품 관련 팀들의 업무를 유기적으로 연결하는 것이다. 이것을 제품의 **총체적인 시각(holistic view of product)**이라고 한다.

시니어 제품 관리자들은 이 단계에서 어떤 방향이 끌리는지 명확하지 않은 경우가 많다. 이때 GPM 역할은 두 세계를 모두 경험할 훌륭한 기회가 된다.

GPM은 실제로 하나의 제품팀을 위한 제품 관리자이면서도 소수의 다른 제품 관리자들(보통 한 명에서 세 명 정도)을 성장시키고 코치하는 임무도 함께 수행한다.

제품 관리 이사가 다른 영역들을 담당하는 여러 제품 관리자들과 함께 일을 하지만, GPM은 밀접하게 연계된 제품팀들에 대한 업무 촉진을 위해 설계된 역할이다.

한 가지 사례를 가지고 설명하기가 가장 쉽겠다.

당신이 성장 단계에 있는 중개 서비스를 하는 회사에서 일하고 있고, 10개의 제품팀이 있다고 하자. 아마 당신은 그러한 10개의 팀을 세 가지 그룹으로 분류할 것이다. 플랫폼/공통 서비스 그룹과 각 양면 고객에 대한 두 그룹이다(구매자와 판매자, 승객과 운전사, 손님과 집주인).

이러면 한 명의 제품 부사장과 세 명의 GPM이 존재한다. GPM이 세 개의 그룹을 각각 담당한다. 예를 들어, 구매자 담당 GPM, 판매자 담당 GPM, 플랫폼 서비스 담당 GPM이다.

자, 그러면 구매자 담당 GPM에 대해 알아보자. 구매자 측면의 사용자 경험을 담당하는 세 개의 팀으로 구성되어 있다. 구매자 담당 GPM은 세 개 중 하나의 팀에 대한 제품 관리자를 맡고, 다른 두 팀은 GPM에 보고하는 각각의 제품 관리자가 있을 것이다.

(계속)

비록 각기 다른 영역들을 담당하는 몇 개의 제품 팀이 있는 상황에서도, 구매자 서비스 측면에서 하나의 매끄러운 솔루션이 필요하므로 GPM의 역할이 중요하다. GPM은 이를 위해 다른 제품 관리자들과 매우 긴밀하게 협업한다.

GPM은 보통 **선수 겸 코치(player-coach)**라고도 불린다. 자신의 팀을 이끌면서 동시에 한 명에서 세 명에 이르는 다른 제품 관리자들을 코치하고 성장시켜야 하는 책임이 있다.

> GPM은 보통 선수 겸 코치라고도 불린다. 자신의 팀을 이끌면서 동시에 한 명에서 세 명에 이르는 다른 제품 관리자들을 코치하고 성장시켜야 하는 책임이 있다.

GPM들은 제품 관리 부사장인 담당 이사로 승진하거나 제품 관리 리더 역할을 맡게 된다. 혹은 GPM의 역할을 그대로 유지할 수도 있다. 자신의 제품팀에서 직접 업무를 하면서도 다른 팀과 제품 관리자들에게 코칭을 통한 영향력을 동시에 가질 수 있는 혼합된 역할 자체를 좋아하는 경우가 해당된다.

18

기술 총괄의 역할

아무리 뛰어난 제품 아이디어가 있더라도 제품을 실제 만들고 출시하지 못하면 단지 아이디어로만 남을 뿐이다. 그래서 기술 조직과의 관계는 제품 리더에게 매우 중요하다.

> 아무리 뛰어난 제품 아이디어가 있더라도 제품을 실제 만들고 출시하지 못하면 단지 아이디어로만 남을 뿐이다.

이번 장은 기술 조직의 리더에 관해 설명한다. 운 좋게도 실리콘밸리에서 가장 성공적인 CTO 중 한 명인 척 가이거(Chuck Geiger)와 이번 장을 함께 작업하게 된 것은 행운이다.

제품 관리자로서 해당 기술 담당자와 좋은 업무 관계를 맺고 있는 것은 매우 잘한 일이라고 나는 자주 언급했다. 그렇지 않다면 몹시 어려운 나날을 보내고 있을 것이다. 뛰어난 기술 조직은 무엇으로 만들어지는지 더 나은 공감을 하기 위해 먼저 요약 내용을 공유한다.

우리가 어떤 조직을 다루고 있는지 먼저 짚어 보자. 아키텍처, 구현, 품질, 사이트 운영, 사이트 보안, 출시 관리 등을 책임지는 조직이다. 이 그룹은 회사의 제품과 서비스를 만들고 운영하는 일을 한다.

역할의 이름은 기술 부사장, CTO라고 불린다. 당신 회사에서는 다른 이름을 쓸 수도 있겠지만, 이 장에서는 기술 조직의 총괄을 CTO라고 하겠다.

하지만 한 가지 직책이 문제가 될 때가 있다. 바로 최고 정보 책임자(CIO, Chief Information Officer)다. CIO의 역할은 CTO의 역할과 매우 큰 차이가 있다. 사실 만일 당신이 속한 기술 조직이 CIO에게 보고하고 있다면, 6장 '실패한 제품의 근본 원인'에서 이야기한 많은 병적인 현상에 대한 경고 신호로 볼 수 있다.

훌륭한 CTO의 특징은 기술이 비즈니스와 제품을 위해 가능성을 열어 주는 전략적인 존재가 되도록 지속해서 노력한다는 점이다. 기술 장벽을 없애고, 비즈니스와 제품 리더들에게 가능성의 지평을 넓혀 주는 매우 중요한 목적을 가지고 있다.

CTO는 그 목적을 달성하기 위해 필요한 6가지 중요 임무가 있다. 중요한 순서대로 설명해 나갈 것이며, 각각이 대개 어떻게 측정되는지도 짚어 보겠다.

조직

먼저 직원들의 역량 개발을 담당하는 뛰어난 관리자 팀 조직을 멋지게 만들어 내는 일이다. 보통 구성원들의 성장 계획, 근속 비율, 기술 관리자와 전체 제품 및 기술 조직에 대한 다른 부서의 평가를 통해 그 효과를 측정할 수 있다.

리더십

비즈니스 전략의 방향, 회사의 리더십, 다른 회사 임원과 협업 시 기술적인 조언, 인수합병 검토 등의 상황에서 기술을 대표하고, 어떠한 솔루션을 만들지/살지/제휴할지에 대한 의사결정을 한다.

제품 실행

이 조직이 신속하고, 믿을 수 있고, 반복적으로 뛰어난 품질의 제품을 시장에 제공할 수 있도록 한다. 제품 출시의 지속성과 빈도, 전달되고 출시된 소프트웨어의 품질/신뢰성 등을 통해 제품 실행을 측정할 수 있다. 신속한 제품 실행의 가장 큰 장벽은 아무래도 기술 부채다. CTO는 이것을 관리 가능한 수준으로 유지해야 하는 책임이 있다. 그리고 이것이 제품을 전달하고 완성하는 조직의 역량을 무력화하는 상황을 만들지 않도록 해야 한다. 이에 대해서는 이어서 계속 설명하겠다.

아키텍처

제품을 완성하고 키우는 데 필요한 기능성, 확장성, 신뢰성, 보안, 성능을 제공할 수 있는 아키텍처를 확보하는 것이다. 다양한 제품 라인이나 여러 개의 사업부가 있는 회사에서 CTO는 부분이 아닌 전체를 바라볼 수 있는 통합적인 기술 전략의 리더가 되어야 한다. CTO는 회사 전체 기술 전략의 지휘자라고 보면 된다. 비즈니스 유형에 따라 아키텍처의 측정에는 차이가 있지만, 일반적으로는 기술 인프라가 비즈니스 성장 속도에 맞추어 관찰되고 진화되고 있는지를 살펴본다. 그리고 인프라나 아키텍처 이슈 때문에 고객에게 영향을 주는 장애도 측정한다.

제품 발견

시니어 엔지니어들은 제품 발견 단계에 적극적으로 참여하고 중요한 역할을 해주어야 한다. 만일 엔지니어나 아키텍트가 소프트웨어를 직접 만드는 일만 하고 있다면 그들의 가치 중 일부만을 활용하고 있는 것이다. 기술 조직이 제품 발견에 참여하는 것에 대한 지속성과 범위를 계속 관찰하라. 그리고 기술의 참여를 통해 만들어진 혁신의 빈도를 살펴보라.

기술 전도사

CTO는 기술 조직의 대변인 역할을 한다. 그리고 엔지니어, 협력사, 고객과 관련된 커뮤니티에서 리더십을 보여 준다. 이러한 유형의 리더십을 측정하는 방법은 대학교와의 협력, 채용 연계 프로그램 등을 얼마나 가지고 있는지로 볼 수 있다. 또한, 매해 몇 건 정도 있는 개발자 커뮤니티를 지원하고 참여하는 것으로도 알 수 있다.

당신의 기술 담당자와 점심을 먹으면서 가장 큰 어려움이 무엇인지, 제품 입장에서 무엇을 도와줄 수 있는지에 대해 대화해 보는 것은 어떨까? 서로가 할 수 있는 그 어떤 도움이라도 진정으로 효과적인 제품 조직을 만드는 과정에 있을 것이다. 그리고 이를 통해 이기는 제품을 발견하고 실행할 수 있게 된다.

제품 실행 관리자의 역할

성장 단계에 있는 회사와 대기업의 많은 제품 관리자들은 불만이 있다. 프로젝트 관리 업무에 너무 많은 시간을 쏟아야만 한다는 점이다. 그 결과로 그들의 주요한 제품 업무를 할 시간이 거의 없다. 바로 엔지니어가 만들 만한 가치가 있는 제품을 정의하는 일이다.

> 성장 단계에 있는 회사와 대기업의 많은 제품 관리자들은 불만이 있다. 프로젝트 관리 업무에 너무 많은 시간을 쏟아야만 한다는 점이다.

제품 실행 관리자는 특별한 유형의 프로젝트 관리자로서 모든 **장애물**과 방해 요소를 없애는 임무를 가지고 있다. 때로는 다른 제품팀이 장애물이 되기도 하고, 어떤 경우는 제품 외부의 기능 조직이 되기도 한다. 하루 동안 그들은 여러 종류의 일을 해낸다. 마케팅 부서의 누군가를 찾아서 의사결정이나 승인을 요구하고, 다른 팀의 제품 실행 관리자와 협업하여 의존성이 있는 일에 대한 우선순위를 논의한다. 그리고 프런트엔드 엔지니어에게 필요한 산출물을 만들도록 제품 디자이너를 설득하기도 한다. 이와 같은 수십 개의 장애물을 헤쳐나간다.

이러한 제품 실행 관리자는 보통 팀의 스크럼 마스터(Scrum Master) 역할도 수행한다(스크럼 마스터 역할이 존재하는 경우에). 그들은 모든 것들이 더 신속하게 진행되도록 팀을 돕는 어떤 일이라도 해낸다. 채찍을 휘두르는 것이 아니라 일을 가로막는 방해 요소를 제거함으로써 이를 가능하게 한다.

이 사람들은 프로젝트 관리자, 때로는 프로그램 관리자로 불릴 수도 있다. 그런 경우라면 전통적인 프로젝트 관리의 역할이 아닌 방금 정의했던 업무를 수행하는 사람들인지 확실히 해야 한다.

만일 회사에서 (어떤 호칭이건 간에) 제품 실행 관리자가 없는 경우에는 이 일은 보통 제품 관리자나 엔지니어 관리자의 책임이 된다. 다시 한번 이야기하지만, 당신의 조직 규모가 작다면 괜찮다. 심지어 장점이 더 많을 수도 있다. 반면 다섯 개에서 10개의 제품팀으로 구성된 큰 규모라면 이 역할은 매우 중요해진다.

제품팀을 나누는 원칙

확장하는 모든 제품 조직이 직면하는 가장 어려운 이슈는 제품을 여러 팀으로 어떻게 쪼개느냐는 문제다. 처음에는 몇 개의 제품팀

> 확장하는 모든 제품 조직이 직면하는 가장 어려운 이슈는 제품을 여러 팀으로 어떻게 쪼개느냐는 문제다.

으로 나누기 시작하며, 점차 확장하면서 25개, 50개, 100개의 제품팀이 된다. 이는 회사가 빠르게 움직이는 역량에 매우 중요한 요인이 된다. 그리고 각 팀이 의미 있는 권한과 책임감을 느낄 수 있도록 유지되려면 각 부분의 합보다 전체가 더 큰 효과를 낼 수 있도록 보다 큰 비전을 제시해야 한다. 아직 확장하는 단계에 있는 조직이라면 내가 무슨 이야기를 하는지 잘 알 것이다.

이 주제가 매우 까다로운 이유는 하나의 정답이 없기 때문이다. 여러 가지 고려사항과 요인이 있지만, 훌륭한 제품 회사는 대안들을 열심히 논의하고 의사결정을 한다.

개인적으로 선택사항들을 고민하는 많은 제품과 기술 조직을 경험했다. 그리고 여러 경우에서 결정이 어떻게 진행되어 가는지를 관찰할 수 있었다.

많은 사람이 제품팀을 나누는 것에 대한 비법 같은 것을 원하겠지만, 나는 항상 그런 것은 없다고 대답한다. 대신 몇 가지 핵심적인 원칙이 있다. 그리고 가장 중요한 것은 그러한 원칙들을 이해하고 자신의 특수한 환경에 맞는 선택사항에 더 무게를 두는 것이다.

1. 투자 전략과 연계

놀랍게도 내가 관찰한 많은 조직에서 그들의 투자 상황을 실제로 반영한 제품팀이 구성되어 있었다. 기본적으로는 이제까지 계속 존재해 왔던 팀들이 있다. 하지만 당연히 미래를 위해서도 우리는 투자가 필요하다. 제 역할을 더 이상 해내지 못하는 제품들은 차츰 없애고, 안정적으로 수익을 창출하고 있는 캐시카우(cash-cow) 제품에도 점차 투자를 줄인다. 그렇게 함으로써 우리는 미래의 매출과 성장을 만들어 내는 데 더 투자할 수 있다. 시간의 흐름과 불확실성에 따라 당신이 투자를 어떤 방식으로 펼칠지에 대해 생각해 볼 수 있는 많은 방법이 있다. 세 수평선 모델(three horizons model)을 활용하기도 하고, 포트폴리오 관리(portfolio management) 방식을 더 선호하기도 한다. 중요한 것은 당신은 투자 전략이 필요하며, 팀의 구조는 그러한 상황을 반영해야 한다는 점이다.

2. 상호 의존의 최소화

가장 큰 목표는 의존을 최소화하는 것이다. 그렇게 함으로써 팀은 더 빨리 움직일 수 있고, 더 많은 자율성을 느낀다. 의존을 완전히 제거하는 것은 불가능하므로 그것들을 제거하거나 최소화할 수 있도록 해야 한다. 또 주의할 점은 의존성은 시간이 가면서 계속 변한다는 것이다. 그래서 계속 관찰하고, 항상 줄일 방안을 스스로 고민해야 한다.

3. 주인 의식과 자율성

기억하라. 제품팀의 가장 중요한 속성은 용병이 아닌 미션팀을 원한다는 것이다. 이것은 주인 의식과 자율성의 개념과 직접 연관되어 있다. 팀이 충분한 권한을 가지고 있고, 제품에서 중요한 부분을 책임지고 있다는 것을 느낄 수 있어야 한다. 대형 시스템은 그렇게 명확하게 나눌 수 없어서 생각처럼 쉬운 일은 아니다. 그리고 일정 수준 이상의 상호 의존성은 항상 자율성을 깎아 먹게 된다. 그래서 우리는 최대한의 자율성을 위해 늘 최선을 다해야 한다.

4. 레버리지 극대화

조직이 커지면서 공통적인 요청이나 공유하는 서비스의 중요성이 증가하고 있다는 사실을 쉽게 발견한다. 속도와 신뢰성을 위해 이러한 것들이 필요하다. 우리는 팀이 이미 있는 솔루션을 또 만드는 일에 시간을 허비하기 원하지 않는다. 동시에 주의해야 할 사항이 있다. 공유 서비스를 만든다는 것은 또 다른 의존을 만들어 내며, 팀의 자율성에 영향을 줄 수 있다는 점이다.

5. 제품 비전과 전략

제품 비전(product vision)은 우리 조직이 도달해야 할 곳이 어디인지 설명해 주고, 제품 전략(product strategy)은 거기에 도달하기 위한 주요 이정표를 나타낸다. 오래된 큰 조직들은 많은 경우 적절한 비전과 전략이 더는 없다. 이것이 핵심인데도 말이다. 일단 제품 비전과 전략이 있다면 그것을 잘 실행하기 위해 유리한 형태로 팀을 구조화하는 것이 필요하다.

6. 팀의 규모

이것은 매우 실질적인 원칙이다. 가장 작은 규모의 제품팀은 보통 한 명의 제품 관리자와 두 명의 엔지니어로 구성되며, 여기에 사용자 접점의 기술을 다루는 팀이라면 제품 디자이너 또한 필요하게 된다. 이보다 작은 경우는 제품팀의 최소 단위를 충족하지 못한다고 본다. 반면 좋은 제품을 만들어 내기 바쁜 10명에서 12명 정도 되는 엔지니어가 있다면 한 명의 제품 관리자와 한 명의 디자이너에게는 매우 힘든 상황이 된다. 또한, 의문이 들 경우를 대비하여 답변하자면 한 제품팀에는 오직 한 명의 제품 관리자가 존재한다.

7. 아키텍처와 연계

실질적으로 많은 조직에서 제품팀을 구성하는 주요 원칙은 바로 아키텍처다. 많은 조직이 제품 비전에서 시작해서 그 비전을 실행하기 위한 아키텍처 방향을 구상하게 되고, 그러면서 아키텍처를 중심으로 한 팀들을 설계한다.

마치 퇴보하는 듯한 느낌을 받을지 모르겠지만, 실제로 이렇게 하는 데는 그럴 만한 좋은 이유가 많다. 아키텍처는 기술을 이끌고, 기술은 특정 역량의 조합(skill set)으로 만들어진다. 모든 팀이 아키텍처의 어떤 단계에서도 업무를 수행할 수 있는 팀(full-stack team)이 되면 좋겠지만, 현실적으로 불가능한 이야기다. 다른 직무의 엔지니어들은 각각 다른 기술을 훈련한다. 어떤 이들은 전문화하기를 원하며, 실제로 전문성을 갖추기 위해 몇 년의 시간을 쓰는 경우가 많다. 어떤 경우는 필요한 능력을 쌓는 것에서 몇 년 동안 멀어져 있을 수도 있다. 아키텍처는 빠르게 변하지 않는다.

팀 구조를 만들 때 아키텍처를 유의하지 않는 회사를 쉽게 발견할 수 있다. 이는 몇 가지 다른 형태로 드러난다. 첫 번째로 팀은 아키텍처와 끊임없이 씨름하고 있다고 느낀다. 두 번째로 팀 간의 상호의존성이 균형이 맞지 않아 보인다. 세 번째는 앞선 두 가지 때문에 일이 천천히 진행되고 팀은 충분한 권한을 가지고 있다고 느끼지 못한다.

특히 큰 기업에서는 일반적으로 다른 팀에 공통 서비스를 제공하는 한 개 이상의 팀이 존재한다. 이런 팀은 보통 **공통 서비스(common service)팀**, **핵심 서비스(core service)팀** 또는 **플랫폼(platform)팀**이라고 불리며, 주로 아키텍처의 특성이 반영된다. 매우 높은 수준으로 서비스가 활용되는 이유로, 많은 회사에서 확장 단계에 이러한 팀을 갖추게 된다. 하지만 적합한 사람을 갖추기 어려운 팀이기도 하다. 다른 팀의 업무를 가능하게 하므로 모든 팀이 의존하는 팀이기 때문이다. 이러한 공통 서비스팀에는 유능하면서도 기술적인 이해가 뛰어난 제품 관리자가 있어야 한다(**플랫폼 제품 관리자(platform product manager)**라고도 부른다).

8. 사용자 또는 고객과 연계

사용자 및 고객과 연계하는 것은 제품과 팀을 위해 매우 실질적인 장점들이 있다. 당신의 회사가 구매자와 판매자를 위한 양면 시장을 제공하는 서비스가 있다고 하자. 이때 구매자를 담당하는 팀과 판매자를 담당하는 팀으로 나누는 것은 진정한 장점이 있다. 모든 유형의 고객을 학습하기 위해 노력하기보다는 각 제품팀은 담당하는 고객에 대해 깊이 이해할 수 있게 된다. 하지만 양면 시장을 제공하는 회사도 예외 없이 모든 팀에게 공통 기능과 공유 서비스를 제공하는 별도의 팀들이 존재한다. 이것은 아키텍처를 반영한 사항이므로 더할 나위 없이 훌륭한 선택이다. 그리고 이처럼 두 가지 유형의 팀이 있는 것이 일반적이다.

9. 비즈니스와 연계

큰 규모의 회사는 여러 개의 사업 영역이 있으면서 각 제품을 위한 공통 기능이 있다. 기술이 각 사업 영역별로 완전히 독립적이라면 제품 팀들을 구성할 때 완전히 별개의 회사처럼 인식하면 간단히 해결된다. 그렇지만 이런 경우는 드물다. 여러 사업 영역의 제품들이 공통적이고 통합적인 기반으로 만들어진 경우가 많다. 고객 유형으로 연계하는 방법과 대체로 비슷하지만, 핵심적인 차이가 있다. 사업 부문의 구조는 인위적인 구성이다. 각 사업 부문은 실제 같은 고객을 대상으로 할 때가 많다. 그래서 사업 부문과 연계하는 방법도 장점들이 있지만, 대체로 다른 기준들을 먼저 반영한 다음에 고려해 보게 된다.

10. 구조는 움직이는 목표물이다

제품 조직의 최적화된 구조는 움직이는 목표물이라고 생각해야 한다. 조직의 요구사항은 시간이 지남에 따라 변하고 또 그래야만 한다. 두세 달마다 점검하고 재구성할 필요는 없다. 1년에 한 번 정도 팀 구조를 점검하는 것이 상식적이다.

나는 팀을 구성하는 완벽한 방법은 없다고 자주 설명한다. 어떠한 사항을 최적화하기 위해 제품 조직의 구조를 변경하는 시도는 다른 측면 비용을 발생시킨다. 그래서 제품과 기술에 관련된 다른 것들처럼 절충과 선택의 문제를 포함한다. 지금까지 설명한 원칙들이 당신의 조직이 앞으로 나아갈 수 있도록 하는 데 도움이 되기를 바란다.

확장하는 조직에서의 자율성

대부분의 앞서가는 기술 기업들은 권한을 주는 것에 뛰어나다. 이 책에서 설명해 왔던 전담팀, 지속 가능한 팀, 다기능팀, 상호 협력하는 제품팀 모델을 가지고 있다. 사실 그보다 훨씬 나은 팀이라고 생각한다.

더 긴 설명이 필요하지는 않겠지만, 이는 높은 수준의 동기부여와 진정한 주인 의식이 주는 혜택으로 인한 결과로 본다. 자신들의 운명을 스스로 개척해 나가는 느낌을 받으면서 말이다.

하지만 대부분 리더가 자신들은 권한이 있고 자율적인 팀들이 있다고 말하지만, 실제 해당 팀에 있는 사람들은 항상 권한과 자율성이 없다고 느낀다. 이러한 현상을 관찰할 때마다 나는 구체적인 내용을 파악해 본
> 높은 수준의 동기부여와 진정한 주인 의식이 주는 혜택으로 인한 결과로 본다. 자신들의 운명을 스스로 개척해 나가는 느낌을 받으면서 말이다.

다. 그들이 결정할 수 없는 것이 무엇이며, 어떨 때 강요받는 느낌이 드는지. 대부분은 다음 두 가지 경우 중 하나에 해당한다.

1. 첫 번째 경우는 팀이 단순히 경영진의 신뢰를 아직 받지 못하고 있으며, 경영진은 그 팀에게 많은 권한을 주기를 꺼린다.
2. 두 번째 경우는 팀이 바꾸기를 원하는 것에 대해 리더는 기본적인 부분이라고 생각한다.

일반적으로 대부분 팀은 동의할 것이다. 팀이 최선이라고 생각하는 방법으로 할 수 있도록 열려 있는 영역이 있고, 모든 팀이 공유하는 공통의 기본적인

(계속)

부분에 해당하는 영역이 있다. 팀이 다른 툴을 사용하고자 하는 강한 희망이 있더라도 조직이 그것을 허용함으로써 발생하는 전체 비용은 어떤 이득보다도 훨씬 더 클 확률이 높다.

위 사례는 아주 직접적이지만, 그리 명확하지 않은 경우들도 많다.

예를 들어 각 팀이 테스트 자동화를 하는 방법을 직접 정할 수 있는가? 팀이 사용하기 희망한다고 프로그래밍 언어를 원하는 대로 선택할 수 있는가? 사용자 인터페이스의 프레임워크는 또한 어떤가? 브라우저 호환성은 어디까지 맞추어야 하는가? 오프라인 지원과 같은 비용이 큰 기능은 팀이 결정할 수 있는가? 애자일을 원하면 적용할 수 있는가? 그리고 몇몇 회사 전반에 걸친 제품 업무에 대해 모든 팀이 정말로 지원할 필요가 있는가?

제품 관련해서 흔히 발생하는 일이지만, 결국은 절충의 문제가 된다. 이 경우는 팀의 자율성과 공통 목표를 활용하는 것이 부딪힌다.

여기서 솔직하게 고백할 것이 있다. 나는 자율성과 권한이 부여된 팀의 개념을 매우 좋아하면서도 높은 수준으로 레버리지(공통 서비스의 활용)하는 것에 대한 투자도 적극 지지한다. 아주 뛰어난 공통 기능을 만드는 것은 모든 팀이 놀라운 제품과 사용자 경험을 더 빠르게 만들 수 있도록 해주는 것을 의미한다.

분명히 말하지만, 이 질문에 대해서는 한 가지 정답이 있다고 생각하지 않는다. 최선의 답은 회사마다 다르고, 심지어 팀마다 다르다. 그리고 그 답은 회사의 문화와도 관계가 있다.

다음에 핵심적인 고려사항들이 있다.

팀의 역량 수준

대략 세 단계의 팀 역량 수준이 있다.

1. **A팀:** 올바른 의사결정이 필요한 임무를 맡을 수 있는 경험이 풍부한 팀

(계속)

2. **B팀**: 좋은 의도를 가지고는 있지만, 훌륭한 의사결정을 하는 데 필요한 경험의 수준을 아직 가지지 못해서 일정 수준의 도움이 필요한 사람들

3. **C팀**: 심지어 그들이 무엇을 모르는지도 잘 모르는 주니어팀. 이 팀은 상당한 수준의 코치가 없으면 의도치 않게 엄청난 이슈들을 만들어 낼수 있다.

속도의 중요성

한 가지 중요한 논쟁거리는 바로 속도다. 팀은 동료와 함께 협업하며 제품을 만들 수 있어야 하고, 이미 있는 것을 만드는 데 시간을 쓰면 안 된다는 것이 기본적인 원리다. 하지만 때로는 자율성이라는 이름으로 팀의 잠재적인 중복 작업이 발생하거나 느려지는 상황이 허락된다. 이는 단순히 용인된 권한 부여의 비용을 발생시킨다. 어떤 경우는 특정 사업의 유효성이 이러한 레버리지에 달려 있기도 하다.

통합의 중요성

어떤 회사는 제품 포트폴리오가 관계는 있지만, 상당히 독립적인 조합이다. 그래서 제품들의 통합과 레버리지는 상대적으로 덜 중요하다. 또 다른 회사들은 포트폴리오가 높은 수준으로 통합된 제품의 조합이어서 통합과 레버리지가 매우 중요하다. 그래서 팀이 특정 솔루션을 최적화하건 또는 회사 전체를 위한 솔루션을 최적화하건 통합된 제품 환경에서 수행해야 한다.

혁신의 원천

공통 레벨이 미래 혁신의 주요한 원천으로서 필요하다면 팀이 핵심 컴포넌트를 수정할 수 있도록 더 자유롭게 해줄 필요가 있다. 만일 혁신의 주요한 원천이 솔루션 레벨로 예상된다면 회사는 공통 레벨을 수정하는 것은 덜 권장하고, 대신 응용 레벨에서 창의적인 혁신이 일어날 수 있도록 집중한다.

(계속)

회사의 규모와 위치

자율성과 관련된 많은 이슈는 확장과 관련되어 발생한다. 회사가 성장하면서 특히 회사의 팀들이 흩어진 위치에서 근무하는 경우 레버리지는 더 중요해지면서도 더 어려워지게 된다. 몇몇 회사는 이러한 상황에 대응하기 위해 전문가 조직(center of excellence) 개념을 도입하여 각 팀의 근무 위치에서 레버리지할 수 있도록 한다. 다른 경우에는 레버리지를 위한 특정 역할 자체를 더욱 강화한다. 계속 프로세스를 추가하면서 말이다.

회사의 문화

자율성을 강조하느냐 또는 레버리지를 강조하느냐는 문제에 대해 팀의 문화가 미치는 영향을 이해하는 것 또한 중요하다. 회사가 레버리지를 통해 앞으로 확장하고자 한다면 팀에게는 자율성의 수준이 낮아질 것이라고 받아들여질 수 있다. B 레벨 또는 C 레벨의 팀에게는 납득이 될지 몰라도 A 레벨의 팀에게는 문제가 될 여지가 많다.

기술의 성숙도

한 가지 자주 발생하는 문제는 공통 기능을 너무 성급히 표준화하려고 애쓰는 경우다. 그 공통 기능은 아직 사용될 만한 준비가 되지 않았는데도 레버리지라는 명목하에 제공될 모습으로 설계된다. 공통 기능의 기반이 준비되기도 전에 레버리지를 너무 밀어붙이다 보면 이것만을 기대하는 다른 팀들에게 큰 시련을 줄 수 있다. 언제든 무너질 수 있는 모래성을 짓고 있는 것이나 마찬가지다.

비즈니스의 중요성

공통 기반은 견고하지만 각 팀이 잘 활용하지 않는 데 더 큰 이슈가 있다고 가정해 보자. 어떤 영역에서는 괜찮겠지만, 비즈니스 입장에서 매우 중대한

(계속)

제품이나 프로젝트인 경우보다 중요한 사안에 중점을 두어도 되는 상황이 맞는지 의문이 들게 된다.

책임의식의 수준

또 다른 요소는 권한 부여 및 자율성과 연계된 책임의식의 수준이다. 책임 의식이 부족한 경우(특히 뛰어난 A팀이 없는 경우) 이러한 자율성과 레버리지의 문제를 굳이 신경 쓸 이유가 별로 없다.

하지만 당신은 보통 팀이 이러한 문제에 신경을 쓰기 원한다. 팀이 충분히 뛰어나고, 그들이 결과와 위험을 충분히 이해하고 있다고 판단되고, 그들이 여전히 핵심적인 공통 컴포넌트의 수정이 필요하다고 느끼고 있다면 나는 그 팀의 편을 들어 줄 의향이 있다.

지금까지 살펴본 것처럼 자율성과 공통 기능의 레버리지 사이에 상충하는 고려사항이 많이 있다. 이러한 주제들을 열려 있는 자세로 바라본다면 대부분 팀이 합리적인 상황으로 보일 것이다. 때로는 이렇게 상충하는 상황에 대해 중요한 몇몇 고려사항들을 포함하는 질문들을 제시하는 것만으로 팀이 더 나은 결정을 하는 데 도움을 줄 수도 있다.

이와 관련해서 팀이 계속 잘못된 결정을 하고 있다고 판단되면 팀 구성원들이 충분한 수준의 경험을 가졌는지 검토해 볼 필요가 있다. 그리고 많은 경우 팀이 전반적인 비즈니스의 맥락을 잘 모르고 있다.

중요한 비즈니스 맥락은 다음의 둘 중 하나에 속한다.

1. 전체 제품 비전
2. 각 팀과 관련 있는 구체적인 사업 목표

위 두 가지 주제들에 대해서는 다른 장에서 보다 자세히 다룰 예정이다. 문제는 리더들이 비즈니스 맥락에서 결정적인 두 조각에 대해 명확하게 커뮤니케이션하지 못해서 발생한다. 리더들이 이를 제대로 하지 않으면 빈틈을 제공하

(계속)

게 되며, 이는 팀이 어떤 것을 결정하고 어떤 것을 결정하면 안 되는지에 대한 모호함을 일으킨다.

비즈니스 맥락으로서 제품 비전과 팀의 구체적인 사업 목표는 리더에 의해 제공되지만, 그들이 풀어야 하는 문제를 해결하는 실질적인 방법에 대해서는 언급된 것이 없다. 이것이 팀이 자율성과 유연함을 발휘할 수 있는 대상이다.

사례 소개:
레아 힉맨, 어도비

스타트업이나 작은 기업들은 보통 훌륭한 제품 중심의 CEO나 제품 관리자가 함께하는 뛰어난 제품팀이 전부다. 하지만 큰 기업들은 더 많은 것들이 필요하다. 설득력 있는 제품 비전과 전략을 제시하는 것을 포함한, 탁월한 제품 리더십이 있어야 한다.

기술 산업에서 절대적으로 어려운 숙제 중 하나는 규모가 크고 재무적으로도 성공한 회사를 대상으로 극적인 변화를 만들어 내는 일이다. 회사가 심각한 위기에 처하고 큰 고통을 느끼고 있을 때는 보다 쉽게 실

> 기술 산업에서 절대적으로 어려운 숙제 중 하나는 규모가 크고 재무적으로도 성공한 회사를 대상으로 극적인 변화를 만들어 내는 일이다.

행할 수 있다. 고통이 변화를 위한 동기부여가 되기 때문이다.

물론 위대한 기업들은 다른 것들에 의해 파괴되기 전에 스스로 먼저 변화를 만들어 낸다. 아마존, 넷플릭스, 구글, 페이스북이 규모는 크지만, 서서히 죽어가고 있는 기업들과 다른 점이 있다면 바로 제품 리더십이 탁월하다는 점이다. 2011년 레아 힉맨은 어도비(Adobe)의 크리에이티브 스위트(Creative Suite) 제품을 이끌고 있었다. 레아는 몇 년 동안 어도비가 크고 성공적인 비

즈니스를 만드는 데 기여했다. 데스크톱 제품인 크리에이티브 스위트는 연간 라이선스 매출로 20억 달러를 벌어들였다.

하지만 레아는 시장이 변하고 있음을 알고 있었다. 회사는 데스크톱 중심의 연간 업그레이드 모델이 전부였다. 하지만 이제는 회사가 디자이너가 사용하고 있는 모든 디바이스(태블릿, 모바일 등 모든 제품의 형태)를 지원하는 구독 중심의 수익 모델로 전환해야 한다고 생각했다.

보다 넓은 관점에서 레아는 업그레이드 모델이 어도비 고객들을 위해 좋지 않은 방향으로 제품을 이끌고 있었고, 어도비를 위해서 장기적으로 좋지 않은 방식임을 인지하고 있었다. 하지만 크리에이티브 스위트는 어도비 전체 연 매출인 40억 달러의 절반가량을 차지하는 제품이다. 이 제품을 가지고 엄청난 규모의 변화를 만드는 것은 잔인할 정도로 어려운 일이다.

회사라는 신체의 모든 뼈와 살이 그 매출을 지켜 내기 위해 열심히 동작하고 있다고 보면 된다. 그래서 이 정도 규모의 전환은 회사를 안락한 구역 (comfort zone) 밖으로 멀리 밀어붙이는 것을 의미한다. 재무, 법무, 마케팅, 영업, 기술 등 회사의 거의 모든 기능을 건드려야 한다.

다음과 같은 전형적인 우려 사항들이 나오기 시작한다.

재무팀에서는 라이선스 모델에서 구독 모델로 전환했을 때 매출 결과에 대해 심각히 우려를 표한다.

엔지니어팀은 2년 주기의 출시 모델로 일을 하고 있었다. 그런데 갑자기 품질은 유지하면서도 지속적인 개발과 배포 모델로 전환하는 것에 대해 매우 걱정이 컸다. 거기에다가 서비스의 가용성을 책임져야 하는 수준이 훨씬 더 높아져야 하는 상황을 두려워했다.

영업 사원들은 이 변화가 크리에이티브 스위트 제품이 판매되는 방식을 바꿀 것이라고 예상했다. 큰 재판매 채널 대신에 어도비는 이제 고객과 직접적인 관계를 만들 수 있게 되었다. 비록 어도비의 많은 직원이 대체로 이러한 변화를 기대했지만, 영업 조직은 이 방법이 위험하다는 것을 알고 있었다. 만일 일이 잘못되면 기존 재판매 업체들이 아마도 용서하지 않을 것으로 생각했다.

그리고 고객과 영업 사원들의 감정적인 변화도 결코 무시할 수 없다. 소프트웨어를 소유하는 것에서 사용 권한을 대여하는 것으로의 변화를 받아들여야 했다.

100만 명 이상의 기존 크리에이티브 스위트 고객들에 대한 기술 수용 곡선(technology adoption curve)을 레아는 이해하고 있었다. 일부 고객들은 이러한 큰 변화에 강하게 저항할 것이라고 예상했다. 레아는 새로운 크리에이티브 클라우드(Creative Cloud)가 더 **좋은** 제품이라는 것이 아니라 어떤 의미에서 **다른** 제품이 된다는 것을 알고 있었다. 특정 사람들은 다른 사람들보다 이러한 변화를 받아들이는 데 더 긴 시간이 필요할 것이다.

크리에이티브 스위트의 이름이 나타내는 것처럼 그것은 15개 주요 응용프로그램과 그 외 다수의 작은 유틸리티들의 묶음임을 인식하고 있었다. 그래서 단지 한 가지 제품만 전환해야 하는 것이 아니라 전체 묶음을 전환해야만 했다. 이는 엄청나게 높은 위험과 복잡성을 가진 일이다. 몇 개의 회사만이 이 정도 규모의 제품 변환을 진행할 용의가 있다는 게 과연 놀랄 일인가?

레아는 그녀와 그녀의 팀 앞에 매우 힘든 일이 펼쳐졌다는 것을 알고 있었다. 그녀는 느끼고 있었다. 이렇게 연결된 모든 조각이 함께 병렬적으로 움직이게 하려면 부분의 합보다 훨씬 더 큰 전체의 제품에 대한 설득력 있는 비전을 분명히 제시해야 했다.

레아는 당시 어도비의 CTO였던 케빈 린치(Kevin Lynch)와 함께 이 새로운 제품의 힘을 보여 주는 멋진 프로토타입을 만들었다. 그리고 임원들과 제품팀들을 대상으로 하는 설명회에 이것을 사용했다.

그러고 난 후 레아는 회사 전체의 리더 및 이해 관계자들과 연속적으로 소통하기 위한 지속적이고 끈질긴 캠페인을 시작했다. 레아에게 과대 소통이란 없었다. 지속적으로 만들어진 프로토타입 덕분에 이 제품의 미래가 가져올 것에 대한 사람들의 기대를 유지할 수 있었다.

크리에이티브 클라우드는 엄청난 성공을 거두었다. 현재 어도비는 그 어떤 제품보다 빠른 속도로 10억 달러 이상의 반복 매출을 만들어 내고 있다. 어도비는 크리에이티브 클라우드의 혁신에 더 집중하기 위해 기존 데스크톱 기반의 크리에이티브 스위트에 대한 새로운 업그레이드를 중단했다. 지금 무려 900만 명 이상의 전문가들이 크리에이티브 클라우드를 신뢰하며 구독하고 있다. 이러한 전환이 큰 역할을 한 덕분에 어도비는 이전보다 **세 배** 이상의 시가 총액을 가지게 되었다. 어도비의 현재 시장 가치는 대략 600억 달러에 달한다.

상당한 매출 위험이 있는 큰 회사가 생존하고 번창하기 위해서 필요한 변화를 만드는 데 어떻게 망설이게 되는지 쉽게 알 수 있다. 레아는 이러한 우려에 맞서 분명하고 확고한 비전과 전략을 가지고 정면 승부를 했다. 또한, 많은 이해 관계자들과 명확하고 지속적으로 소통했다.

큰 기업에서 일하는 제품 리더가 엄청난 규모로 의미 있는 변화를 끌어낸 사례 중에서 이것이 가장 인상적인, 거의 초인적인 사례다. 극적인 변화를 만들어 내기 위해 지치지 않고 몰입한 레아와 같은 사람이 없었다면 어도비 는 아마 오늘과 같은 위치에 있지 못할 것이다.

그리고 레아가 실리콘밸리 제품 그룹(Silicon Valley Product Group)*의 파트너 라는 것은 매우 기쁜 일이다. 그녀는 다른 조직들이 뛰어난 제품 관리를 할 수 있도록 변화하는 데 도움을 주고 있다.

---

* 옮긴이 실리콘밸리 제품 그룹은 이 책의 저자 마티 케이건이 창업한 제품 관리에 대한 전문 교육 기관이며, 레아도 파트너로 소속되어 있다.

PART

III

제품

2부에서 우리는 사람에 대해 살펴보았다. 즉, 뛰어난 제품팀의 역할과 구조에 대해 이해했다. 3부에서는 제품팀이 해야 하는 업무를 어떻게 결정하는지에 관해 탐색해 볼 것이다.

제품 로드맵

개요

우리는 이제 뛰어난 제품팀에 대해서 이해했고, 다음과 같은 근본적인 질문에 대답할 시점이다. 우리 제품팀은 무슨 일을 해야 하는가?

대부분 기업에서는 제품팀이 위와 같은 질문을 그렇게 걱정할 필요가 없다. 보통은 해야 할 일들이 제품 로드맵이라는 형태로 전달되기 때문이다(6장의 '실패한 제품의 근본 원인'을 참고하기 바란다).

이 책의 핵심적인 주제 중 하나는 **결과물**이 아닌 **성과**에 집중하라는 것이다. 전형적인 제품 로드맵들은 결과물에 대한 것임을 인지하라. 반면 훌륭한 팀에는 비즈니스 성과 창출이 요구된다.

대부분의 제품 세계에서 제품 로드맵에 대한 정의는 같지만, 몇 가지 예외들도 있다. 내가 정의하는 제품 로드맵은 팀이 해야 할 일에 대한 **우선순위가 정해진 기능과 프로젝트들의 목록**이다. 이러한 제품 로드맵 작업은 보통 분기에 한 번씩 수행되며, 석 달마다 실행하는 회사도 있고, 1년에 한 번 하는 회사도 있다.

어떤 경우에는 제품 로드맵이 경영진으로부터 전해지며, 이러한 로드맵을 **이해 관계자 주도 로드맵(stakeholder-driven roadmap)**이라고 한다. 그리고 때로는 제품 관리자로부터 제품 로드맵이 전달되기도 한다. 일반적으로는 오류나 최적화와 같은 작은 업무들은 포함하지 않는다. 대신에 요청받은 기능, 프로젝트, **이니셔티브(initiatives)**라고 불리는 규모 있고 여러 팀의 참여가 필요한 일 등이 해당한다. 그리고 대개 각 업무가 언제 마무리되기를 기대하는지에 대해서, 완료 일정 또는 (최소한) 대략적인 기간에 관한 정보를 포함한다.

경영진은 여러 부서에서 제품 조직의 업무가 필요하다는 것을 잘 알고 있다. 그렇지만 필요한 모든 일을 해내기 위한 인력이 충분한 경우는 드물다. 그래서 경영진은 제한된 자원을 가지고 서로 쟁탈하는 것을 중재하는 데 도움을 주고자 한다. 이해 관계자 주도 로드맵에서 흔히 볼 수 있는 일이다.

경영진이 제품 로드맵을 그토록 원하는 데는 그럴 만한 두 가지 핵심적인 이유가 있다.

- 첫째, 그들은 가장 높은 가치를 기대하는 업무가 먼저 진행되기를 원한다.
- 둘째, 그들은 사업을 운영하고 싶어 한다. 다른 말로 하면 그들은 계획을 세우고 싶어 한다. 마케팅 프로그램과 협업하고, 영업 인력을 채용하고, 파트너와의 협업을 조율하는 등의 일을 준비하기 위해서 핵심 기능이 언제 출시되는지 알고 싶어 한다.

> 로드맵은 제품 조직에서 발생하는 대부분의 낭비와 실패한 노력에 대한 근본적인 원인이다.

이러한 바람은 어떻게 보면 합리적이다. 그런데도 로드맵은 제품 조직에서 발생하는 대부분의 낭비와 실패한 노력에 대한 근본적인 원인이다.

제품 로드맵이 어째서 그렇게 문제라는 것인지 살펴보자. 그리고 어떤 대안
이 있는지 생각해 보자.

22

제품 로드맵의 문제

아무리 좋은 의도가 있었다고 하더라도 제품 로드맵은 일반적으로 매우 실망스러운 비즈니스 성과를 초래한다. 그 이유를 내가 쓰는 표현으로 하자면 '제품에 관한 두 가지 불편한 진실'이다.

첫 번째 진실은, 최소 절반 이상의 아이디어는 유효하지 않을 것이라는 사실이다. 아이디어가 기대한 효과가 없는 데는 많은 이유가 있다. 대부분은 이 아이디어에 대해 우리만큼 고객이 관심을 가지지 않는 경우다. 그들에게 **가치**가 없으므로 사용하지 않는 선택을 한다. 가장 보편적으로 발생하는 상황이다.

때로는 그들이 사용하기 원하고 실제 사용해 보기도 한다. 하지만 제품이 지나치게 복잡해서 쓰임새보다 오히려 골칫거리가 더 많아진다. 이 경우도 결과는 같다. **사용성**이 없으므로 사람들이 다시는 사용하지 않게 된다. 그리고 가끔은 사람들이 좋아하는 제품을 생각해 냈지만, 제품을 만드는 데 우리가 처음 예상했던 것보다 더 많은 자원이 필요하게 된다. 이때는 **실현 가능성**이 없으므로 그 제품을 전달하는 데 필요한 시간과 비용을 감당하지 못한다.

어떤 경우에는 심각한 법적, 재무적, 기타 비즈니스 제약사항이 솔루션의 출시를 막는 상황에 직면하게 된다. 이 경우는 **사업 유효성**이 없다.

첫 번째 진실이 충분히 심각하지 않다면 여기 두 번째 불편한 진실이 있다. 아이디어의 가치, 사용성, 실현 가능성, 사업 유효성이 검증되었더라도 경영진이 희망하는 기대 수준의 비즈니스 가치를 만들어 내려면 최소 **몇 번의 이터레이션**을 반복해야 한다는 것이다. 우리는 이것을 **돈을 버는 데 필요한 시간 (time to money)**이라고 한다.

내 경험상 이 두 가지 불편한 진실에서 벗어나는 경우는 없다. 당신이 엄청 똑똑하다고 해도 말이다. 다행히 나는 정말 뛰어난 팀들과 일을 하는 행운을 가졌고, 이들의 다른 점을 관찰할 수 있었다. 그 차이는 바로 제품팀이 이러한 불편한 진실에 어떻게 대응하는지에 따라 발생한다.

취약한 팀은 그들이 할당받은 로드맵을 따라 한 달 간격으로 터벅터벅 일을 진행한다. 그리고 일이 잘 안 풀리는 경우(자주 발생한다) 먼저 그 기능을 요청한 이해 관계자를 비난한다. 그러고 나면 로드맵상 추가 이터레이션에 대한 일정을 짜려고 한다. 혹은 이번에는 문제가 해결되기를 기대하며, 재설계나 다른 기능 조합을 제안하기도 한다.

만에 하나 그들이 충분한 시간과 돈이 있다면 그들도 결국은 목표한 바를 해낼 수 있을 것이다. 물론 경영진의 인내심이 바닥을 드러내지 않는 경우에만 가능한 이야기다.

반대로, 뛰어난 제품팀은 이러한 불편한 진실들을 잘 이해하고, 일단 거부하기보다는 받아들인다. 그들은 아이디어가 어디에서 전달되었건, 그것의 위험을 신속하게 파악하고 헤쳐나가는 데 익숙하다. 그리고 효과적인 솔루션으로 완성하기 위해 빠르게 이터레이션을 진행한다. 이것이 제품 발견의 핵심이며, 내가 제품 조직의 가장 중요한 역량으로 제품 발견을 꼽는 이유다.

만일 프로토타입을 만들고, 사용자/고객/엔지니어/사업 이해 관계자와 아이디어를 함께 테스트하는 데 몇 시간 또는 며칠 이내로 가능하다면 이는 비즈니스의 역동성과 성과를 전혀 새로운 차원으로 만들어 낼 수 있다.

로드맵에 있는 아이디어의 목록 자체가 문제는 아님을 강조하고 싶다. 단순히 아이디어라면 그렇게까지 손해를 끼칠 만한 여지가 없다. 문제는 그 아이디어 목록을 문서로 만들고 '로드맵'이라고 제목을 달면서부터

> 문제는 그 아이디어 목록을 문서로 만들고 '로드맵'이라고 제목을 달면서부터다. 아무리 많은 고지사항을 문서에 넣는다고 하더라도 이해 관계자들은 아이디어를 진행하기로 약속된 아이템으로 해석해 버린다.

다. 아무리 많은 고지사항을 문서에 넣는다고 하더라도 이해 관계자들은 아이디어를 진행하기로 약속된 아이템으로 해석해 버린다. 그것이 문제의 핵심이다. 아이디어가 근본적인 문제 해결을 하지 않는 와중에서도 당신은 이러한 아이템을 만들고 전달하는 데 몰두한다.

오해는 하지 마라. 특정 날짜에 제품을 전달하기로 약속해야만 하는 경우도 분명히 있다. 그러한 경우는 최소화하려고 노력하지만, 항상 일정한 수준으로 존재한다. 이때 우리는 **높은 신뢰 수준의 약속**을 만들어야 한다. 이에 대해서는 나중에 자세히 알아볼 것이다. 이 장에서 가장 핵심적인 시사점은 우리는 단순히 기능을 제공하는 것이 아니라 근본적인 문제 해결을 해야 한다는 사실이다.

CHAPTER 23

제품 로드맵의 대안

이번 장은 제품 로드맵의 대안을 설명한다. 매우 넓은 범위를 다루는 주제이며, 제품 로드맵의 이슈를 넘어 제품 문화, 의욕, 권한 부여, 자율성, 혁신 등을 다룬다. 먼저 근본적인 내용을 이해하고, 이어지는 장들을 통해 각각에 대해 자세한 이야기를 하고자 한다.

대안을 본격적으로 이야기하기 전에 제품 로드맵이 오랫동안 유지되어 왔다는 사실을 상기할 필요가 있다. 왜냐하면 제품 로드맵은 두 가지 목적에 부합하며, 그 목적은 사라지지 않기 때문이다.

- 첫 번째 목적은 회사의 경영진은 사람들이 비즈니스 가치가 가장 높은 업무를 최우선으로 진행하기를 원하기 때문이다.
- 두 번째 목적은 바로 계획적으로 사업을 운영하고 싶기 때문이다. 일정 중심으로 업무를 진행할 필요가 있는 경우들이 많고, 로드맵을 통해 업무 진행 상황을 확인하고 추적할 수 있다. 심지어 많은 기업은 일정 정보를 더 이상 신뢰하지 않는다.

그렇기 때문에 로드맵에 대한 어떤 대안이라고 하더라도 대부분 기업이 이를 수용하려면 위 두 가지 목적이 여전히 유효한 이상 어쩔 수 없이 이에 대한 대응 방안이 함께 설명되어야 한다.

이 책에서 말하는 자율적인 제품팀은 그들에게 주어진 특정한 비즈니스 문제를 해결하기 위한 최고의 방안을 스스로 찾아낼 수 있다는 것을 기반으로 하고 있다. 하지만 이것이 가능하게 하려면 최신의 도구와 기법들을 경험한 뛰어난 사람들만으로는 충분하지 않다. 제품팀은 필요한 **사업적 맥락**을 알아야 한다. 팀은 회사가 어느 방향으로 향하고 있는지 명확히 이해할 필요가 있다. 그리고 자신의 팀이 더 큰 목적을 위해 어떻게 기여할 수 있을지 잘 알아야 한다.

기술 기업들은 사업적인 맥락을 제공하는 두 개의 중요한 구성 요소가 있다.

1. 제품 비전과 전략

전체 조직이 무엇을 달성하기 위해 노력하는지, 그 비전을 달성하기 위한 계획은 무엇인지에 대한 큰 그림을 설명한다.

2. 사업 목표

각 제품팀에 대한 구체적이고 우선순위가 명확한 사업 목표를 설명한다.

사업 목표 이면에 깔린 의도는 매우 분명하다. 팀이 달성하기 원하는 것과 그 성과가 어떻게 측정될지를 말해 준다. 그래서 팀이 그 문제를 해결하기 위한 최선의 방법을 찾아내도록 한다.

다음 예시를 통해 사업 목표와 측정 가능한 성과가 어떤 것인지 살펴보자. 현재 당신의 제품은 새로운 고객을 활성화하는 데 30일 정도가 걸린다고 하자. 그리고 경영진은 더 효과적으로 성장하기 위해 3시간 이내로 줄여야 한다고 생각한다. 이 경우 하나 또는 그 이상의 제품팀에 대한 사업 목표는 다음과 같이 정의될 수 있다. '새로운 고객이 활성화되기 위한 시간을 획기적으로 줄인다.' 그리고 하나의 측정 가능한 성과를 정의해 보면 다음과 같다. '새로운 고객을 활성화하는 데 걸리는 평균 기간 3시간 이내' 제품 비전과 전략, 그리고 사업 목표에 대해서는 이어지는 장에서 더 자세히 설명할 것이다. 지금은 단지 모든 팀이 이 두 가지 구성 요소를 이해하는 것이 얼마나 중요한지 강조하고 싶다. 모든 제품팀이 그들의 업무가 회사 전체에 어떻게 기여하는지, 그리고 회사가 그들이 무엇에 집중해 주기 원하는지를 말이다.

앞서 나는 우리가 낡은 방식의 로드맵이 여전히 존재하는 두 가지 요인을 이해할 필요가 있다고 설명했다. 그 첫 번째가 가장 높은 비즈니스 가치를 가진 업무가 가장 먼저 진행되기를 바란다는 것이다.

내가 설명하는 모델에서는 각 제품팀이 달성해야 하는 구체적인 사업 목표를 제공하는 것이 경영진의 책임이다. 다른 점은 경영진이 제품 아이디어에 대해 우선순위를 정하는 것이 아니라 **사업 성과**에 대한 우선순위를 고민한다

> 제품팀이 달성해야 하는 구체적인 사업 목표를 제공하는 것이 경영진의 책임이다.

는 것이다. 아이러니하게도 가끔은 제품팀이 경영진에게 사업 성과에 집중해 달라고 설득하는 상황이 발생한다.

두 번째 요인은 가끔 도전적인 업무 일정에 맞춰야 하는 필요성이 있다는 것이다. 이와 관련하여 **높은 신뢰 수준의 약속** 개념에 관해 이야기했다. 이는 구체적인 결과물이나 특정 날짜를 약속해야만 하는 상황에서 활용된다.

이런 업무 방법에는 몇 가지 장점이 있다.

- 첫째, 팀은 그들이 생각한 최선의 방법으로 자유롭게 문제를 해결할 때 더욱 동기부여가 된다. 다시 한번, 미션팀과 용병팀을 비교했던 내용을 떠올려 보자. 게다가 팀은 이러한 문제를 해결하는 데 최적의 형태로 구성되었다.
- 둘째, 팀은 요청받은 기능이나 프로젝트를 마무리한다고 책임이 끝난 것이 아니다. 해당 기능이 핵심 성과를 달성한 것으로 측정되었고, **비즈니스 문제를 해결**한 상황이어야 한다. 그렇지 않다면 팀은 다른 접근 방법의 솔루션을 찾기 위해 노력한다.
- 셋째, 솔루션에 대한 아이디어가 어디에서 유래되었건 그 사람이 얼마나 똑똑하건 간에 많은 경우 첫 시도는 효과가 없을 것이다. 그렇지 않은 척하기보다 이 모델에서는 실패 가능성을 기꺼이 받아들인다.

이 모든 것은 **결과물**보다는 성과에 대한 것이다.

일부 뛰어난 팀들은 그들의 제품 로드맵을 직접 수정한다. 문제를 해결하지 못하는 기능이나 프로젝트 대신에 **해결해야 하는 비즈니스 문제**로 각 업무를 정의한다. 이를 **성과 중심의 로드맵**(outcome-based roadmap)이라고 한다.

일반적으로 나는 이런 팀들을 발견할 때 매우 기쁘다. 그들은 기능을 만드는 대신 비즈니스 문제를 해결하기 위해 노력하는 제품팀이라는 것을 잘 알고 있다. 성과 중심의 로드맵은 'OKR 시스템'*과 같은 사업 목표 중심의 시

---

* 옮긴이 OKR은 Objective Key Result의 약자로서 구글을 비롯한 실리콘밸리 기업들이 활발히 사용하는 사업 목표 중심의 조직 운영 시스템이다.

스템을 사용하는 것과 본질적으로는 같다. 내용보다는 단지 형태가 다르다고 보면 된다.

하지만 잘못된 현상이 발생하기도 한다. 실제로 일정을 지켜야만 하는 과제뿐만 아니라 사업 성과 중심의 로드맵에 있는 모든 과제에 마감 일정을 정해 버리는 경우다. 이런 경우 팀 문화와 동기부여에 부정적인 영향을 줄 수 있다.

높은 신뢰 수준의 약속

많은 애자일 팀에서 심지어 당신이 만들 제품 및 출시 일정과 같은 '약속(commitments)'에 관한 것을 언급할 때도 불편해하거나 거부하는 듯한 반응을 보일 때가 있다.

경영진과 제품팀 간의 끊임없는 투쟁이 발생한다. 경영진이나 이해 관계자들은 채용 계획, 마케팅 집행 프로그램, 제휴, 특정 일자나 결과물을 기반으로 한 계약 등 사업을 계획하고 싶어 한다. 반면 제품팀은 상식적으로 정해진 일정과 결과물에 대해 약속하는 것을 꺼린다. 팀

> 경영진과 제품팀 간의 끊임없는 투쟁이 발생한다. 경영진이나 이해 관계자들은 채용 계획, 마케팅 집행 프로그램, 제휴, 특정 일자나 결과물을 기반으로 한 계약 등 사업을 계획하고 싶어 한다. 반면 제품팀은 상식적으로 정해진 일정과 결과물에 대해 약속하는 것을 꺼린다.

은 무엇을 만들어야 할지도 이해하지 못한 상황일 때 거부감을 느낀다. 또한, 필요한 사업 성과를 달성할 방법이 있다고 하더라도 아직 솔루션을 파악하지 못해서 얼마만큼의 시간과 비용이 필요할지 모르는 경우에도 마찬가지다.

제품팀이 어렵게 학습한 이 같은 깨달음에는 다음과 같은 생각들이 바탕에

(계속)

깔려 있다. 첫 번째는 수많은 아이디어가 기대한 대로 되지 않을 것이라는 생각이다. 두 번째는 아이디어가 유효하다고 하더라도 성공적인 성과라고 할 만큼 충분히 의미 있는 수준이 되려면 보통 몇 번의 이터레이션이 더 있어야 한다.

기업용 소프트웨어 환경에서는 사업자가 만족할 때까지 이터레이션을 진행할 수 있어야 한다. 그렇지 않으면 사업자들이 먼저 포기하고 말 것이다. 제품 기업과는 상황이 다르다.

오해는 하지 마라. 전통적인 제품 로드맵의 위험성에 대해서 내가 어떻게 생각하고 있는지 알고 있지 않은가. 좋은 제품 기업들은 이러한 약속을 최소화한다. 그렇지만 회사를 효과적으로 운영하기 위해서는 어쩔 수 없이 필요한 약속은 항상 존재한다.

자, 이제 무엇을 해야 할까? 약속에 대한 모든 근심의 근본적인 원인은 약속이 발생하는 '시점'이라는 점을 이해하는 것이 핵심이다. 약속이 너무 이른 시점에 발생하는 것이 문제다. 책임지고 제품을 전달할 수 있을지 알기도 전에 약속이 발생해 버린다. 더 중요한 것은 우리가 전달하는 제품이 고객의 문제를 해결할 수 있을지도 모르는 상태라는 것이다.

지속적인 제품 발견과 실행 모델에서 제품 발견 업무는 생산 가능한 제품을 만들기 위한 시간과 비용을 낭비하기 이전에 불확실한 질문들에 대한 답을 얻어 가는 과정이다. 그래서 약속을 다루는 방법은 상호 교환(give and take)의 관점을 고려해야 한다.

우리는 임원 및 다른 이해 관계자들에게, 필요한 솔루션을 탐색하기 위한 제품 발견의 시간을 일부 제공해 달라고 요청할 수 있다. 먼저 이 제품이 고객이 필요한 가치와 사용성을 제공하는지 확신할 수 있도록 검증이 필요하다. 또한, 엔지니어와 함께 실현 가능성을, 다른 이해 관계자와 함께 사업의 유효성을 검증한다.

일단 비즈니스에 유효한 솔루션을 찾아내면 우리는 기대할 수 있는 사업 성과와 언제 제품을 전달할 수 있을지에 대한 근거 기반의 높은 신뢰 수준의 약속을 할 수 있다.

우리의 제품 실행 관리자(delivery manager)가 모든 일정 약속을 결정하는 핵심 역할임을 다시 주목해 보자. 엔지니어들이 어떤 솔루션을 만들고 전달하는 데 2주가 소요된다고 생각하고 있다고 해보자. 그런데 만약에 그 팀이 다른 업무에 이미 할당되었고, 다음 달까지 이 일을 해야 하는 상황이라면 어떻게 되는가? 제품 실행 관리자는 이러한 의존성과 일정에 대한 약속을 추적한다.

절충점은 꽤 분명하다. 제품팀은 약속이 발생하기 전에 제품 발견을 위한 일부 시간을 요청한다. 그리고 제품 발견 단계 후에는 이해 관계자들이 효과적으로 그들의 업무를 준비하고 진행할 수 있게 일정과 결과물에 대해 기꺼이 약속한다.

한 번 더 말하지만, 훌륭한 회사는 이러한 약속을 최소화한다. 하지만 필요한 경우가 있기 마련이다. 조직이 이러한 높은 신뢰 수준의 약속을 만드는 것에 익숙해지는 것이 중요하다. 그리고 사람들에게 설명하라. 자주 발생하는 일은 아니지만, 우리가 그 약속을 할 때는 제품팀이 약속을 지킨다는 것을 믿어도 된다고 말이다.

제품 비전

개요

이번 장에서는 설득력 있고 영감을 주는 제품 비전의 중요성과 그것을 전달하는 데 있어 제품 전략의 핵심적인 역할에 관해 이야기할 것이다.

제품 비전

제품 비전은 통상적으로 2년에서 5년 정도의 기간에 우리가 만들어 내고자 하는 미래를 나타낸다. 하드웨어나 디바이스 제품 기업들의 경우는 대개 5년에서 10년 정도의 기간을 설정한다.

회사의 사명(mission statement)과는 다르다는 것을 알아두자. 사명은 예를 들어 '세상의 정보를 정리한다' 또는 '더 열려 있고 연결된 세상을 만든다' 또는 '누구나 언제 어디서든 어떤 물건이나 구매할 수 있게 해준다'와 같다. 사명은 그 자체로 유용하지만, 우리가 그것을 달성하기 위해 어떻게 계획할 것인지 설명해 주지는 못한다. 바로 그것이 제품 비전이 존재하는 이유다.

비전은 또한 설명서가 아니다. **스토리보드**나, 백서와 같은 이야기 형태이거나, **비전 타입**(visiontype)이라고 불리는 특별한 프로토타입과 같은 설득력 있는 작품에 가깝다.

제품 비전의 주요한 목적은 비전을 잘 전달하고, 직원을 포함하여 이해 관계자, 투자자, 제휴사, 잠재고객들의 비전 실현을 돕기 위해 영감을 불어넣는 것이다.

제품 비전이 잘 수립되면 인력을 채용하는데 가장 효과적인 도구가 된다. 또한, 직원들이 매일 출근해서 업무를 하는 동기부여를 제공한다. 뛰어난 엔지니어들은 무언가 의미 있는 것을 만들고 싶어 하므로 영감 있는 비전에 마음이 끌린다.

> 제품 비전의 주요한 목적은 비전을 잘 전달하고, 비전 실현을 돕기 위해 영감을 불어넣는 것이다.

제품 비전에 대해서도 테스트를 할 수 있겠지만, 제품 발견 단계에서 수행하는 솔루션 테스트와는 분명한 차이가 있다. 사실 비전을 선택한다는 것은 어느 정도 믿음을 가지는 것이다. 아마 당신이 방법을 잘 모르더라도 비전을 실천하는 것은 가능할 것이다. 당신은 몇 년간 그 방법을 찾아왔음을 기억하라. 지금 당신은 그것을 계속 추구해야 할 만한 가치가 있다고 믿어야 한다.

제품 전략

제품과 관련한 모든 깨달음 중 가장 기본적인 것은 바로 모두를 만족시키려고 하면 그 누구도 만족하지 못한다는 사실이다. 그래서 우리가 최종적으로 할 일은 제품 비전을 실천하기 위해 몇 년간의 엄청난 노력이 드는 일에 착수하는 것이다.

제품 전략은 우리가 제품 비전을 실현하기 위한 과정을 통해 계획하는 일련의 제품 또는 출시를 말한다.

나는 **제품 또는 출시**라는 다소 느슨한 표현을 사용했다. 그것은 같은 제품의 또 다른 버전이 될 수도 있고, 연관된 다른 제품들이 될 수도 있으며, 의미 있는 단계들의 조합이 되기도 한다.

대부분의 비즈니스 형태에서 나는 일련의 제품/시장 궁합들로 제품 전략을 구성하도록 팀에 권장한다. 여기에는 많은 다양한 접근 방법이 있을 것이다 (말하자면 제품 전략에 대한 전략이다).

사업 중심 회사의 경우 당신은 아마 개별 시장(재무 서비스, 제조, 자동차 등)에 집중하는 각기 다른 제품/시장 궁합을 가지고 있을 것이다. 고객 중심의 회사는 다른 그룹의 고객이나 사용자 페르소나(persona)*를 기준으로 제품/시장 궁합을 구성할 것이다. 예를 들어, 교육 관련 서비스에서 고등학생을 먼저 목표로 하고, 그다음 대학생, 그리고 그다음은 새로운 역량을 배우고 싶어 하는 직장인을 목표로 하는 전략을 가질 수 있다. 때로는 제품 전략이 지리적인 위치를 기반으로 수립되기도 한다. 의도된 순서로 세계의 각 지역에 진출하는 것이다.

어떤 경우에는 제품 전략이 논리적이고 중요한 순서를 담은 핵심적인 단계들을 달성하는 것으로 수립된다. 예를 들어, '첫 번째는 전자상거래 응용 프로그램을 만드는 개발자들에게 핵심적인 평가와 후기 기능을 제공한다. 다음에는 이로부터 생성된 데이터를 활용하여 고객 반응에 대한 데이터베이스를 만든다. 끝으로, 이러한 데이터를 더 훌륭한 제품을 추천하는 데 활용한다.'

---

* [옮긴이] 사용자 페르소나는 특정 제품, 서비스, 브랜드를 이용하는 하나의 사용자 유형을 나타내는 가상의 인물을 말한다.

누구에게나 이상적인 제품 전략에 대한 접근 방법은 없다. 그리고 실제 실행을 다르게 했다면 일이 어떻게 진행되었을지 예측할 수 없다. 나는 사람들에게 제품을 한 번에 하나의 목표 시장에 집중하는 선택이 가장 유리하다고 이야기한다. 모든 팀은 우리가 지금 제조업 시장을 공략하고 있고, 그것은 우리가 몰두하고 있는 사용자의 유형이다. 우리의 목표는 제조업 고객의 성공을 만들어 줄 수 있는 가장 작으면서도 제공 가능한 제품을 찾아내는 것이다. 다른 유형의 고객이나 시장과 관련되어 발생한 아이디어들은 미래의 고민을 위해 아껴 두게 된다.

> 누구에게나 이상적인 제품 전략에 대한 접근 방법은 없다. 그리고 실제 실행을 다르게 했다면 일이 어떻게 진행되었을지 예측할 수 없다. 나는 사람들에게 제품을 한 번에 하나의 목표 시장에 집중하는 선택이 가장 유리하다고 이야기한다.

제품 전략은 당신의 사업을 강화할 수 있는 무언가를 전달하는 기회를 엄청나게 늘려 주면서 영업 및 마케팅 조직과 제품 업무를 잘 맞추는 도구를 제공한다.

우리는 영업 조직이 제품/시장 궁합이 증명된 시장을 대상으로 판매를 실행하기를 원한다. 새로운 시장에 대한 제품/시장 궁합이 검증되면(보통은 일부 고객을 대상으로 초기 제품을 만드는 것으로 가능하다) 우리는 영업팀이 그 시장에서 가능한 한 많은 추가 고객들을 찾아 나서기를 원한다.

제품팀에 사업적인 맥락을 제공하는 개념에 대해 다시 돌아가 보자.

제품팀이 충분한 권한이 부여되고 유의미한 수준의 자율성을 가지고 행동하기 위해서는, 넓은 맥락에서 팀에 대한 깊이 있는 이해가 무조건 필요하다.

이것은 분명하고 확실한 **제품 비전**과 비전을 달성하는 길인 **제품 전략**으로부터 시작된다.

더 많은 제품팀이 있을수록 각 제품팀이 올바른 선택을 할 수 있게 하는 더 통합적인 비전과 전략은 더욱 필수적이다.

그리고 하나 확실히 하자면 각 제품팀이 각자의 제품 비전을 설정하지는 않는다. 그렇게 생각했다면 요점을 잘못 이해한 것 같다. 우리 **조직**이 제품 비전을 가지고 있고, 그 조직의 모든 제품팀은 그 비전을 실현하는 데 도움을 주기 위해서 노력한다.

물론 매우 큰 조직에서는 사명이 전체 회사에 적용되겠지만, 각 사업 부문은 각자의 제품 비전과 전략을 가지고 있을 것이다.

제품 비전과 전략의 차이점은 마치 좋은 리더십과 좋은 관리의 차이점과 비슷하다. 리더십은 **영감**을 주고 방향을 제시하고, 관리는 목표한 곳으로 **우리를 이끄는 데** 도움을 준다.

> 제품 비전과 전략의 차이점은 마치 좋은 리더십과 좋은 관리의 차이점과 비슷하다. 리더십은 영감을 주고 방향을 제시하고, 관리는 목표한 곳으로 우리를 이끄는 데 도움을 준다.

가장 중요한 것은 제품 비전이 **영감**을 줄 수 있어야 하고, 제품 전략은 분명한 **초점**이 있어야 한다는 점이다.

목표 시장의 우선순위 설정

시장에 대한 우선순위를 정하는 것과 관련하여 시장의 우선순위를 정하고 한 번에 하나의 시장에 집중하라고 조언했다. 다만 목표 시장의 우선순위를 정하는 **방법**은 이야기하지 않았다. 정해진 단 하나의 방법이 있는 것은 아니지만, 의사결정을 위한 세 가지 고려사항은 있다.

- 첫 번째는 **총 유효시장(total addressable market)**이라고 이야기하는 시장 규모다. 다른 조건이 같다면 우리는 규모가 큰 시장을 더 선호할 것이다. 하지만 조건이 같지는 않다. 만일 가장 큰 시장은 제품 출시에 2년이나 소요되고, 비록 더 작지만 여전히 의미 있는 규모를 가진 몇몇 시장은 훨씬 더 빠르게 제품을 판매할 수 있다고 해보자. CEO와 영업 총괄을 포함한 회사 거의 모든 사람이 더 작은 시장에 더 빨리 진출하기를 원할 것이다.

- 두 번째 사항은 유통에 대한 것이다. **시장 진출(GTM, Go To Market)**이라고 한다. 각각의 시장은 다른 영업 채널과 시장 진출 전략이 필요하다. 다시 예를 들어, 시장 규모가 더 클지라도 그 시장에서 판매하려면 새로운 영업 채널이 필요하다고 해보자. 그러면 아마도 기존의 영업 채널을 충분히 활용할 수 있는 보다 작은 시장을 더 높은 우선순위로 둘 것이다.

- 세 번째는 **제품 출시 기간(time to market)**이라고 하는, 대략적으로라도 제품 판매에 얼마나 걸릴지에 대한 추정이다.

위와 같이 목표 시장에 대한 우선순위를 정하는 세 가지 주요 요소가 있다. 하지만 다른 것들이 중요할 때도 있다. 나는 제품 총괄, 기술 총괄, 제품 마케팅 총괄이 함께 머리를 맞대고 이러한 우선순위 요소들을 적절히 조율하는 제품 전략에 대해 함께 상의할 것을 제안한다.

제품 비전의 원칙

다음은 효과적인 제품 비전을 도출하기 위한 10가지 핵심적인 원칙들이다.

1. **'왜'에서 시작하라.** 이것은 제품 비전의 가치에 관해 사이먼 시넥(Simon Sinek)이 쓴 위대한 책의 제목과 일치한다. 여기서 중심적인 개념은 제품 비전을 **목적** 설명을 위해 활용하라는 것이다. 거기서부터 모든 것이 시작될 것이다.

2. **솔루션이 아니라 문제와 사랑에 빠져라.** 여러 번, 다양한 방법으로, 많은 사람을 통해 아마 전에도 들은 적이 있을 것이다. 하지만 정말 중요한 원칙이며, 뛰어난 제품팀도 늘 노력하는 주제다.

   > 솔루션이 아니라 문제와 사랑에 빠져라.

3. **비전을 크게 생각하는 것에 두려워하지 마라.** 충분한 야망이 느껴지지 않는 제품 비전을 자주 관찰한다. 6개월에서 1년 정도면 해낼 수 있는 것으로 하면 누군가에게 영감을 불어넣기에 충분하지 않다.

4. **현재의 자신을 파괴하는 데 두려워하지 마라.** 그렇지 않으면 다른 누군가가 파괴할 것이다. 많은 회사가 지속적으로 고객을 위한 새로운

가치를 만드는 것보다 지금 가지고 있는 것을 지키기 위해 노력을 집중한다.

5. **제품 비전은 영감을 불어넣는다.** 우리는 용병팀이 아닌 미션팀을 원한다는 것을 기억할 것이다. 다른 어떤 것보다 제품 비전이 조직에 미션을 추구하는 열정을 불어넣을 것이다. 그것은 사람들을 기대하게 만든다. 당신이 사용자와 고객을 진정으로 도우려는 방법에 집중한다면 어떤 제품 비전이라도 충분한 의미가 있을 것이다.

6. **적절하고 유의미한 트렌드를 선택하고 포함하라.** 너무도 많은 회사가 중요한 트렌드를 무시하는 경향이 있다. 중요한 트렌드를 관찰하는 것은 그렇게 힘든 일이 아니다. 정말 어려운 것은 새롭고 더 나은 방법으로 고객 문제를 해결하기 위해 그러한 트렌드가 어떻게 활용될 수 있는지를 조직이 이해하도록 돕는 것이다.

7. **공이 있던 곳이 아니라 공이 향하는 곳으로 움직여라.** 제품 비전의 중요한 요소는 제품 비전의 시간 틀에서 변화를 발견하는 것이다. 변하지 않는 것을 알아채는 것도 포함된다. 어떤 제품 비전은 변화가 얼마나 빠르게 진행될지에 대해 지나치게 낙관적이고 비현실적이다. 다른 많은 경우는 너무 보수적이다. 이것은 일반적으로 좋은 제품 비전을 만드는 데 가장 어려운 관점이다.

8. **비전은 완고하게 하되 세세한 부분은 유연하게 하라.** 아마존 창업자 제프 베조스(Jeff Bezos)의 방식이 매우 중요하다. 많은 팀이 그들의 제품 비전을 너무 빨리 포기한다. 흔히 **비전 변경(vision pivot)**

> 비전은 완고하게 하되 세세한 부분은 유연하게 하라.

이라고 하며, 취약한 제품 조직에서 나타나는 현상이다. 절대 쉬운 일이 아니므로 스스로 단단하게 준비되어 있어야 한다. 또한, 세세한 부분에 집착하지 않도록 주의하라. 원하는 목적지에 도달하기 위해 이동 경로를 바꿔야 하는 경우가 생길 수도 있다. 그것은 **발견 변경(discovery pivot)**이라고 하며, 특별히 문제가 되지는 않는다.

9. **모든 제품 비전은 믿음이라는 것을 깨달아라.** 만일 비전을 검증할 수 있다면 당신의 비전이 충분히 진취적이지 않다는 뜻이다. 비전을 검증하려면 몇 년 정도는 걸린다. 그래서 당신이 하는 일이 충분히 의미가 있다는 확신을 먼저 가져라. 그리고 이 비전에 대해 열정을 느끼는 사람들을 제품팀에 채용하고, 몇 년 동안 그 비전을 실현하기 위해 함께 노력하라.

10. **계속, 집요하게 비전을 전파하라.** 비전을 설명하고 설득하는 것에 대해서는 과다한 의사소통이란 것이 없다. 특히 큰 조직에서는 거의 항상 비전을 전파해야만 한다. 회사의 곳곳에서, 비전을 보고 들은 사람들이 초조해하거나 두려워하는 상황을 발견할 수 있을 것이다. 다른 사람들에게까지 두려움이 전파되기 전에 그들을 재빨리 안심시켜라.

26

제품 전략의 원칙

이전에 살펴보았듯이 제품 전략에 접근하는 데는 수많은 방법이 있다. 하지만 모든 **좋은** 제품 전략에는 다섯 가지 공통적인 원칙이 있다.

1. **한 번에 한 가지 시장 혹은 고객에 집중하라.** 한 번에 모든 사람을 만족시키려고 하지 마라. 각 제품 출시마다 새로운 목표 시장에 집중하거나 새로운 목표 사용자 페르소나에 집중하라. 그 제품은 많은 사람에게 여전히 도움이 되면서도 최소한 누군가에게 깊이 사랑을 받는다는 것을 알게 될 것이다. 그것이 핵심이다.

2. **제품 전략은 사업 전략과 연계되어야 한다.** 제품 비전은 조직에 영감을 불어넣지만, 그 조직은 궁극적으로 사업 전략을 실행하는 솔루션을 찾아내야만 한다. 예를 들어, 사업 전략이 수익화 전략이나 비즈니스 모델의 변화를 포함한다면 제품 전략은 이와 연계되어 수립되어야 한다.

3. **제품 전략은 영업 및 시장 진출 전략과 연계되어야 한다.** 2번과 비슷하게 우리가 새로운 영업 및 마케팅 채널이 필요하다면 제품 전략이

그러한 신규 채널과 반드시 연계되도록 해야 한다. 새로운 영업 채널이나 시장 진출 전략은 제품에 지대한 영향을 미칠 수 있다.

4. **경쟁사가 아닌 고객에 집착하라.** 심각한 경쟁 상황에 직면하면 대부분 회사는 그들의 제품 전략을 완전히 잊어버리게 된다. 그들

   > 경쟁사가 아닌 고객에 집착하라.

   은 혼란에 빠지고, 경쟁사의 행동을 추격하기 바빠지면서 더는 고객에 집중하지 않게 된다. 시장 상황을 무시할 수는 없지만, 고객이 경쟁사 때문에 우리를 떠나는 경우는 많지 않음을 생각해 보라. 그들을 더 이상 신경 쓰지 않기 때문에 우리를 떠나는 것이다.

5. **제품 전략을 조직 전체와 소통하라.** 이것은 제품 비전을 전파하는 것의 한 부분이다. 회사의 모든 주요 이해 관계자들이, 지금 우리가 집중하고 있는 고객과 나중에 집중할 고객을 이해하는 것은 매우 중요하다. 특히 영업, 마케팅, 재무, 서비스 기능과 긴밀한 상황 공유를 유지하라.

27

제품 원칙

나는 항상 제품 비전과 제품 전략을 '제품 원칙'으로 보완한다.

제품 비전이 당신이 만들고자 하는 미래에 대한 설명이라면, 제품 전략은 그 비전을 달성하는 길을 말해 준다. 여기서 제품 원칙이란 **당신이 만들고자 하는 제품의 특성**을 말한다.

> 제품 비전이 당신이 만들고자 하는 미래에 대한 설명이라면, 제품 전략은 그 비전을 달성하는 길을 말해 준다. 여기서 제품 원칙이란 당신이 만들고자 하는 제품의 특성을 말한다.

제품 원칙은 기능의 목록이 아니고, 어떠한 제품 출시와 연결된 것도 아니다. 제품 원칙은 조직 전체의 제품이 대상이며, 제품 비전과 연계되어 있다.

좋은 제품 원칙은 특정 제품 기능에 영감을 줄 수도 있다. 그것보다는 회사나 제품팀들이 중요하다고 믿는 것에 대한 것이다.

예를 들어, 초기 이베이에서 우리는 구매자와 판매자의 관계에 대한 제품 원칙의 필요성을 느끼고 있었다. 대부분 수익은 판매자로부터 발생하였으므로 우리는 판매자를 만족시키려는 방법을 찾는 데 강한 동기부여가 되어 있었다. 하지만 곧 판매자들이 우리 제품을 좋아하는 진짜 이유는 우리가 많은 구매자를 제공했기 때문이라는 것을 깨달았다. 그 교훈을 바탕으로 중요한 원칙이 만들어졌다. "구매자와 판매자가 서로 원하는 것 사이에 충돌이 발생하는 경우 우리는 구매자가 필요로 하는 것에 우선을 둔다. 그것이 판매자를 위해 우리가 할 수 있는 가장 중요한 일이기 때문이다."

이것이 제품 원칙의 전부다. 이러한 유형의 원칙이, 상거래 서비스를 디자인하고 만드는 데 어떤 도움을 줄지 생각해 볼 수 있을 것이다. 더불어 이것을 단순히 마음속에 두는 것만으로도 얼마나 많은 이슈가 해결될 수 있는지도 짐작해 볼 수 있다.

제품 원칙의 공개 여부는 당신의 목적에 따라 달라진다. 많은 경우 제품 원칙은 제품팀을 위한 간단한 도구일 때가 많다. 하지만 어떤 경우 제품 원칙은 당신이 믿고 있는 것에 대한 명확한 선언문이다. 그래서 사용자, 고객, 제휴사, 공급사, 투자사, 모든 직원을 대상으로 할 수도 있다.

제품 목표

개요

나는 전성기의 HP에서 엔지니어로서 내 경력을 시작한 것이 엄청난 행운이라고 생각한다. 그때 HP는 업계에서 가장 성공한, 그리고 오랜 기간 끊임없는 혁신과 실행의 사례로 잘 알려진 회사였다.

The HP Way라고 불리는 HP의 내부 엔지니어 교육 프로그램 중 한 부분으로서, MBO(Management By Objective)라고 불리는 사업 목표 기반의 시스템에 대해 알게 되었다.

MBO 시스템은 수년 동안 몇몇 기업들에 적용되어 발전을 거듭해 왔다. 특히 인텔의 전설적인 앤디 그루브(Andy Grove)*에 의해 널리 알려졌다. 현재 우리가 주로 사용하는 사업 목표 관리 시스템으로 알고 있는 것은 OKR(Objective Key Result) 시스템이다.

---

* 　옮긴이 앤디 그루브는 1987년부터 인텔 CEO, 1997년부터는 인텔 회장을 지낸 전설적인 경영자다. 'OKR 시스템의 아버지'라고도 불린다.

존 도어(John Doerr)는 인텔의 그 기법을 젊은 구글 조직에 적용했다. 데이브 패커드(Dave Packard)가 MBO를 통해 HP의 성공을 만들어 낸 지 20년 후 래리 페이지(Larry Page)가 구글의 성공을 이끈 OKR의 중요성에 대해 사실상 같은 이야기를 했다.

OKR의 개념은 명확하며, 다음 두 가지 근본적인 원칙을 기본으로 한다.

1. 첫 번째는 지난번에도 언급했던 조지 패튼(George Patton) 장군의 유명한 말을 인용함으로써 쉽게 요약할 수 있다. "사람들에게 방법을 알려주려 하지 마라. 무엇을 해야 하는지 이야기하라. 그러면 그들의 재능에 놀라게 될 것이다."

2. 두 번째는 그 시절에 사용된 HP의 문구로 이야기할 수 있겠다. '성과가 결과로서 측정이 될 때' 이 의미는 당신이 원하는 모든 기능을 출시할 수 있지만, 그것이 근본적인 비즈니스 문제를 해결하지 못하면 진정으로 아무것도 해결한 것이 아니라는 이야기다.

첫 번째 원칙은 사람들이 최선의 노력을 하기 위해 어떻게 권한과 동기를 부여하는지에 대한 것이며, 두 번째 원칙은 그 경과를 의미 있게 측정하는 방법에 대한 것이다.

> 첫 번째 원칙은 사람들이 최선의 노력을 하기 위해 어떻게 권한과 동기를 부여하는지에 대한 것이며, 두 번째 원칙은 그 경과를 의미 있게 측정하는 방법에 대한 것이다.

지난 수년간 우리 산업은 모든 것들이 변했다. 하지만 이 두 가지는 여전히 최고의 기술 기업과 팀을 운영하는 방법에 대한 근본적인 원칙으로 유지되고 있다.

사업 목표를 관리하는 시스템과 도구는 몇 가지 있지만, 이 책에서는 OKR 시스템에 집중할 것이다. 큰 성공을 거둔 기술 기업 대부분은 OKR 시스템을 몇 년간 적용해 오고 있다. OKR은 티핑포인트(tipping point, 작은 요인을 통해 급격히 확산되는 시점)에 도달한 것처럼 보이며, 다른 나라에도 확산되고 있다.

팀의 목표라는 개념이 단순하게 보이겠지만, 전체 제품팀과 조직으로 이것을 제도화하는 데는 다양한 방법이 있다. 그리고 조직이 그것의 혜택을 누리는 데는 최소 몇 개월 이상 필요하다.

OKR(Objective Key Result) 기법은 관리, 집중, 동조화를 위한 도구다. 다른 도구들과 마찬가지로 OKR을 적용하는 데는 수많은 방법이 있다. 제품 조직의 제품팀이 그것을 활용할 때 유념해야 할 중요한 사항들을 짚어 보겠다.

1. 목표는 정성적이어야 한다. 반면 핵심 성과는 정량적이고, 측정 가능해야 한다.

2. 핵심 성과는 결과물이나 작업이 아닌 **사업** 성과의 측정값이어야 한다.

> 핵심 성과는 결과물이나 작업이 아닌 사업 성과의 측정값이어야 한다.

3. 회사의 다른 부서들은 OKR을 각자의 방법으로 사용하겠지만, 제품 관리/디자인/기술 조직은 **조직**의 목표에 집중해야 한다. 또한, 조직 목표에 연결되어 달성하도록 설계된 각 **제품팀**의 목표가 중요하다. 개인의 목표나 기능별 목표가 제품 조직이 집중하는 목표를 흐트러트리거나 혼란을 주면 안 된다.

4. 조직에 맞는 주기를 찾아라(보통 조직의 목표는 1년마다, 팀의 목표는 분기마다 설정한다).

5. 각 팀의 목표와 핵심 성과는 가능한 한 작은 개수를 유지하라. 목표는 한 개에서 세 개 정도로 하고, 목표별로 최대 세 개의 핵심 성과를 설정하는 것이 보통이다.

6. 각 제품팀이 목표에 대한 **진척 상황을 활발히 추적**하는 것이 중요하다. 매주 측정하는 것이 일반적이다.

7. 목표는 각 팀이 하는 모든 세세한 일까지 다룰 필요는 없다. 다만 각 팀이 **달성해야만 하는 일**은 무조건 포함되어야 한다.

8. 어떻게 해서든 팀이 목표를 달성하는 것에 대한 책임감을 느끼는 것이 중요하다. 만일 그들이 크게 실패했을 때는 그들의 동료나 경영진과 함께 회고를 진행하는 것이 좋다.

9. 핵심 성과를 어떻게 측정하고 평가할 것인지 조직으로서 동의가 필요하다. 여러 가지 접근 방법이 있는데, 아무래도 회사의 고유한 문화가 가장 큰 영향을 미칠 것이다. 조직 전체에 일관성을 유지하는 것이 중요하며, 그래야 팀들이 서로 어떤 의존 관계에 있는지 파악할 수 있다. 보통 1점을 만점으로 설정하여 하나도 달성하지 못하면 0점, 가능할 것으로 이미 예상했던 수준을 간신히 달성한 경우 0.3점이다. 그리고 최소한의 결과를 넘어 기대한 수준으로 달성하면 0.7점이 되며, 사람들이 기대했던 수준을 넘어서서 모두 놀랄 정도의 예외적인 성과를 달성하면 1.0점이 된다.

10. 핵심 성과가 평범한 목표가 아닌 진정으로 **높은 신뢰 수준**의 약속을 기반으로 달성되었을 때를 구분하는 매우 명확하고 일관성 있는 기준을 설정해야 한다. 다른 말로 하면 대부분의 핵심 성과는 0.7점을 달성하려고 노력한다. 하지만 높은 신뢰 수준의 약속을 하는 경우는 특별한 경우이므로 이분법적인 속성이 있다. 약속한 것을 제공해 내거나 못하거나 둘 중 하나다.

11. 각 제품팀이 무슨 목표를 위해 일하고 있는지, 그들의 현재 실적이 어떤지 제품 조직과 기술 조직 전반에 투명하게 공유되어야 한다.

12. CEO와 임원들은 전체 조직의 목표와 핵심 성과에 대한 책임이 있다. 제품 총괄과 기술 총괄은 각 제품팀의 목표 설정을 책임지며, 그들이 조직 전체의 목표 달성에 기여할 수 있도록 한다. 각 제품팀은 그들이 할당된 목표를 위한 핵심 성과를 제시하는 책임이 있다. 분기마다 각 팀과 조직 전체의 OKR이 확정되기 위해서는 그 내용을 서로 주고받는 과정이 일어나는 것이 정상이다.

29

제품팀의 목표

OKR 기법은 특히 기술 제품 조직을 중심으로 작은 조직과 큰 조직 모두에서 상당한 성공을 거두었다. 그리고 팀이나 조직으로서 그들의 실행 역량을 발전시키기 위해 OKR을 사용하면서 중요한 교훈들을 얻었을 것이다.

OKR은 조직의 누구나, 어떤 역할이나 활용할 수 있는 매우 범용적인 도구다. 심지어 개인의 삶에도 활용할 수 있다. 하지만 다른 도구와 마찬가지로, 적용하는 데 도움이 되는 몇 가지 방법들이 있다.

이 책 전체에서 나는 제품팀의 중요성을 강조하고 있다. 제품팀의 정의를 다시 상기해 보자. 전문가로 구성된 **다기능** 조직으로서 제품 관리자/제품 디자이너/몇 명의 엔지니어로 구성되는 것이 보통이다. 게다가 어떤 경우에는 팀에 특별한 역량을 가진 사람이 추가될 수 있다. 데이터 분석가, 사용자 연구원, 테스트 자동화 엔지니어 등이 해당한다.

또한, 각 제품팀은 일반적으로 회사의 제품 또는 기술의 중요한 한 부분을 책임지게 된다. 예를 들어, 한 제품팀은 기사들을 위한 모바일 앱을 담당하고, 다른 팀은 탑승객을 위한 모바일 앱을 책임지며, 또 다른 팀은 보안 결제 기술을 다루는 것으로 구분할 수 있다.

각기 다른 전문 역량을 가진 제품팀은 대개 회사의 각 기능 부서에서 이동한 사람들로 이루어진다. 여기서 핵심은 그들이 사업이나 기술적으로 어려운 문제 해결을 위해 실제 매일, 온종일 같은 공간에서 근무한다는 것이다.

큰 조직의 경우 20개에서 50개에 이르는 다기능 제품팀으로 구성되어 있다. 각 팀은 다른 영역들을 담당하고 있으며, 팀마다 고유한 목표를 달성하기 위해 일을 한다.

OKR 시스템을 사용하는 기업들은, 당신이 예상하듯이, 해결해야 하는 문제들이 제품팀의 OKR을 통해 전달되고 다뤄진다. 이처럼 OKR은 각 팀이 전체 회사의 목표와 잘 연계되도록 하는 데에도 도움이 된다.

특히 확장 단계에 있는 조직에서는 OKR이 훨씬 필수적인 도구로 활용된다. OKR은 각 제품팀이 더 큰 조직에 어떻게 기여하는지 이해할 수 있도록 하며, 팀 간의 업무를 조정하고, 중복되는 일을 피할 수 있게 한다.

제품팀의 OKR을 이해하는 것이 중요한 이유가 있다. 조직이 처음 OKR을 시작할 때, 각 **기능** 부서에서는 그들의 부서와 관련된 OKR만 수립하는 공통적인 경향이 있다. 예를 들어, 디자인 부서에서는 반응형 디자인으로 전환하는 것과 관련된 목표를 가질 수 있다. 기술 부서에서는 확장성과 아키텍처의 성능을 개선하는 것과 관련된 목표를 세울 수 있다. 그리고 품질 부서에서는 테스트, 배포 자동화와 관련된 목표를 가질 수 있다.

문제는 이러한 기능 부서에 속한 개인들은 다기능 제품팀의 실질적인 구성원이라는 것이다. 제품팀은 사업과 관련된 목표를 수립한다. 예를 들어, 고객 획득 비용을 줄인다거나, 일간 활성 사용자 수를 늘리거나, 신규 고객의 활성화 시점을 단축하는 등의 목표들이다. 하지만 제품팀의 각 구성원은 소속 기능 조직의 관리자로부터 내려받은 개인의 목표가 있는 상황이다.

엔지니어가 플랫폼을 개선하는 데 시간을 쓰고, 디자이너는 반응형 디자인으로 전환하는 데 몰두하고, QA는 도구를 재편하는 데 집중할 것을 요청받았다고 가정해 보자. 비록 이러한 각자의 업무도 충분히 가치 있는 일이지만, 다기능 팀으로 구성해서 극복하고자 하는 비즈니스 문제 해결의 기회보다 더 우선순위는 높지 않다.

이 경우에 자주 발생하는 일이 있다. 제품팀의 사람들은 자신들의 시간을 도대체 어디에 쓰는 것이 맞는지 갈등이 생긴다. 리더십과 구성원 모두에게 혼란과 좌절과 실망스러운 결과가 남게 된다.

하지만 이것은 쉽게 피할 수 있다.

제품 조직에 OKR을 적용할 때는 OKR을 **제품팀 레벨**로 초점을 맞추는 것이 핵심이다.

제품 조직에 OKR을 적용할 때는 OKR을 제품팀 레벨로 초점을 맞추는 것이 핵심이다.

이렇게 하면 나 개인의 OKR에 대해 혼란이 생기는 이슈는 없어지게 된다.

각 개인이 그들의 제품팀의 목표에 주목하도록 하라. 디자인, 기술, QA와 같은 각 기능 조직이 더 큰 상위의 목표를 가지고 있다면(반응형 디자인, 기술 부채, 테스트 자동화 등), 다른 사업 목표와 연계하여 리더십 팀 레벨에서 먼저 우선순위가 논의되어야 한다. 그리고 나서 제품팀의 목표에 적절히 통합되어야 한다.

소속 조직과 관련된 개인적인 목표를 가지는 것은 기능 조직 매니저의 문제가 아니다. 그들은 보통 제품팀 소속으로 일을 하지 않으므로 두 가지 목표 사이에 발생하는 갈등이 없다.

예를 들어, UX 디자인 총괄은 반응형 디자인으로 전환하는 전략에 책임이 있을 것이다. 기술 총괄은 기술 부채를 관리하는 전략을 제공하는 책임이 있다. 제품 관리 총괄은 제품 비전을 수립하는 데 책임이 있으며, QA 총괄은 테스트 자동화 도구를 선택하는 목표를 가지고 있다.

또한, 엔지니어, 디자이너, 제품 관리자와 같은 각 구성원이 개인적인 성장과 관련된 일부 목표를 가지는 것은 큰 문제가 되지 않는 것이 일반적이다. 예를 들어, 특정 기술에 대한 지식을 발전시키는 일이 해당한다. 물론 전제 조건이 있다. 각 개인의 성장을 위한 일은 가장 핵심적인 임무라고 할 수 있는 제품팀에서 담당하는 업무를 수행하는 데 방해가 될 정도의 부담이 되지 않아야 한다.

OKR을 제품 조직에 적용하는 데 다기능 제품 조직을 회사 혹은 사업 부문 레벨로 올려서 검토해야 한다는 것이 핵심이다.

제품의 확장
(Product @ Scale)

개요

우리는 지금까지 제품 비전, 전략 그리고 사업 목표에 대해 많은 이야기를 나누었다. 실제 초기 단계의 스타트업은 이러한 것들이 없어도 한동안 살아남을 수 있다. 일부 초기 고객의 요구를 찾아내는 미팅에서만 해도 얼마나 많은 것들을 얻을 수 있는지 놀라게 된다.

하지만 비전과 사업 목표에 대한 필요성은, 기업이 확장하는 단계에서는 실제 매우 중요한 주제가 된다.

적은 수의 팀을 유지하고 엔지니어가 유용한 무언가를 하는 것은 그리 어렵지 않다. 하지만 중간 규모이거나 특히 큰 규모의 조직에서는 좋은 성과를 창출하는 것이 실제 매우 도전적인 상황이 된다.

회사의 규모가 커졌을 때 초기 창업자들이 이미 이탈한 상황에서 무언가 공백이 있음을 깨닫게 된다. 팀은 맥락에 대한 이해가 필요하다. 그들이 맥락 없이 좋은 의사결정을 하고 훌륭한 업무 수행을 한다는 것은 거의 불가능하다.

이러한 이슈가 발생할 때 주요한 현상으로는 사기 저하, 혁신 고갈, 그리고 속도 감소 등이 있다.

30

확장 단계에서의 제품 목표

OKR 시스템은 확장성이 매우 뛰어나다. 조직의 업무를 관리하고 연계하기 위한 일부 도구들은 효과적으로 확장하는 데 한계가 있다고 생각한다. 다만 OKR의 적용을 확장하는 데 많은 회사가 어려움을 겪는 것 또한 사실이다.

이번 장을 통해 확장 단계에서 OKR 시스템을 활용할 때 어떤 변화들이 필요한지 상세히 안내한다. 다만 제품 관리, 사용자 경험 디자인, 엔지니어 등 제품 조직과 기술 조직에 대해서만 언급할 것이다. 그리고 내가 설명할 기법들은 어떤 성장 단계에서도 사용할 수는 있겠지만, 이번 장에서는 성장 단계 또는 대기업에 더욱 초점을 맞출 것이다.

1. 스타트업이나 작은 조직에서는 기본적으로 모두가 다른 사람이 무엇을 하고 있고 왜 하고 있는지 알고 있다. 그래서 각 제품팀이 그들의 목표와 핵심 성과를 제안하는 것이 일반적이다. 어느 정도의 검토를 거친 후 제품팀은 일을 시작한다. 큰 조직에서는 제품팀에 더 많은 도움이 필요하다.

   첫 번째로 필요한 도움은 조직 전체 레벨의 목표를 분명하게 이해하는 것이다. 회사의 가장 중요한 목표 두 가지가 고객 생애 가치를 높이는 것과 글로벌 확장이라고 가정해 보자. 그리고 25개의 제품팀이 존재한다고 하자. 모든 제품팀은 이 두 가지 회사의 목표에 대해 각자의 생각들이 있을 것이다. 하지만 회사는 분명하게 어느 팀이 어떤 목표를 담당하게 될지에 대해 현명하게 판단해야 한다. 어떤 팀은 하나의 목표에만 집중하게 될 것이고, 또 다른 팀은 둘 다에 기여하는 업무를 할 수도 있다. 일부는 이 두 가지 목표를 벗어난 또 다른 중요한 업무를 담당하게 될 수도 있다.

제품 총괄, 기술 총괄, 디자인 총괄과 같은 리더십들은 회사의 목표와 각 목표에 대해 어떤 팀들이 가장 적합한지를 논의할 필요가 있다.

2. 더욱이 확장 단계에서는 다른 제품팀을 지원하는 몇몇 제품팀들이 발생하는 것이 매우 공통적인 현상이다. 플랫폼 제품팀 또는 공유 서비스 제품팀이라고 자주 불린다. 그들은 매우 활용도가 높은 제품을 만들며, 일반적으로 고객에게 직접 제공하는 제품을 만들지 않는다는 점에서 차이가 있다. 그들의 제품들은 보다 상위 레벨에서 솔루션에 집중된 제품팀을 통해 고객에게 간접적으로 제공된다. 이러한 플랫폼팀은 대부분 혹은 심지어 전체 제품팀들로부터 요청사항을 접수한다. 그리고 제품팀이 성공할 수 있게 돕는다. 리더들은 플랫폼 제품팀이 목표를 수립하는 데 도움을 주어야 한다. 그리고 상호 이해관계와 의존성에 대해 조정해 주어야 한다.

3. 일단 제품팀이 목표를 세우고 나면 조정의 단계를 거친다. 리더십 팀은 제품팀으로부터 제안받은 핵심 성과들을 살펴보고 간극이 어느 정

도인지를 확인한다. 그런 후에 그 간극을 채우기 위해 조정할 사항들이 무엇인지를 살펴본다. 예를 들어, 추가적인 팀의 도움을 요청하거나 업무 우선순위를 재검토할 수 있다.

4. 확장 단계에서는 무슨 제품팀들이 어떤 목표에 대해 일하고 있고, 얼마만큼의 진척이 있는지 파악하기 훨씬 어려워진다. 요즘은 각 조직의 목표가 투명하게 공유될 수 있도록 하는 여러 가지 온라인 도구들이 있다. 하지만 이러한 도구를 사용하더라도 팀과 팀의 연결을 돕는 것은 경영진에 기댈 수밖에 없다.

5. 조직이 더 클수록 더 많은 수의 높은 신뢰 수준의 약속들이 필요하게 된다. 그리고 보다 적극적으로 관리되고 추적되어야 한다. 제품 실행 관리자는 이러한 의존성과 약속을 추적하고 관리하는 데 핵심적인 역할을 하게 된다.

6. 많은 대기업에서는 보통 몇 개의 사업 부문이 있다. 전사 레벨의 OKR이 별도로 있으면서도 각 사업 부문별 OKR 또한 존재하며, 각 제품팀의 목표가 그것들에 연계된다.

요약하면 회사가 확장하는 단계에서 OKR을 사용할 때 리더십과 경영진은 조직이 실제로 긴밀히 연계되도록 더 많은 노력이 필요하다. 각 제품팀은 그들이 기여하는 것이 무엇이고, 그들이 전체의 범주에 어떻게 들어가 있는지 이해해야 한다.

> 회사가 확장하는 단계에서 OKR을 사용할 때 리더십과 경영진은 조직이 실제로 긴밀히 연계되도록 더 많은 노력이 필요하다. 각 제품팀은 그들이 기여하는 것이 무엇이고, 그들이 전체의 범주에 어떻게 들어가 있는지 이해해야 한다.

제품 에반젤리즘

제품 에반젤리즘(evangelism)은 가이 가와사키(Guy Kawasaki)가 몇 년 전에 말한 것처럼 '꿈을 파는 것'이다. 사람들이 미래를 상상할 수 있도록 도움을 주고, 그 꿈을 만드는 데 도움을 줄 수 있도록 영감을 불어넣는 것이다.

만일 당신이 스타트업 창업자, CEO, 또는 제품 총괄이라면 이것은 당신의 역할 중에 가장 중요한 부분이다. 그리고 당신이 이것을 제대로 하지 못하면 뛰어난 팀을 구성하는 데 어려운 시간을 보낼 것이다.

당신이 제품 관리자이고(특히 대기업에서), 제품을 전파하는 것에 익숙하지 않다면 당신의 노력은 빛을 보기도 전에 길을 잃어버릴 가능성이 매우 크다. 그리고 제품이 출시할 수 있게 되더라도 다른 수천 개 기업들과 같은 운명을 맞게 될 것이고 결국 실패로 끝날 것이다.

우리는 용병팀이 아닌 미션팀의 중요성에 대해 여러 차례 이야기했고, 에반젤리즘은 이를 만드는 데 핵심적인 역할을 한다. 그리고 이것은 주로 제품 관리자의 책임이다.

팀, 동료, 이해 관계자, 경영진, 투자자에게 당신이 제안하는 것의 가치를 제대로 전달하는 데 도움을 주는 몇 가지 기법이 있다. 제품 관리자들이 꿈을 파는 데 내가 개인적으로 선정한 상위 10개의 조언을 다음과 같이 소개한다.

1. **프로토타입을 활용하라.** 많은 사람에게 나무를 넘어 숲을 보는 것은 어려운 일이다. 당신이 가진 것이 산더미 같은 사용자 스토리뿐일 때 큰 그림을 보기 어렵다. 그리고 모든 것이 잘 연계되어 있을 때도 어떻게 그렇게 되는지 잘 알지 못한다. 프로토타입은 그들이 명확하게 숲을 보면서도 나무를 볼 수 있도록 해준다.

2. **고객의 문제를 공유하라.** 당신이 외치고 있는 고객의 불편함을 팀에게 보여 주어라. 그래서 나는 고객 방문이나 미팅에 엔지니어들을 함께 데려가는 것을 좋아한다. 그들이 이해해야 하는 고객의 불편함을 직접 보고 경험하도록 해야 한다.

3. **비전을 공유하라.** 당신이 제품 비전, 제품 전략, 제품 원칙에 대해 매우 분명하게 이해하고 있다고 확신해야 한다. 당신의 노력이 제품 비전에 어떻게 기여하고, 제품 원칙에 충실한지를 보여 주어라.

4. **학습한 것을 아낌없이 공유하라.** 모든 사용자 테스트나 고객 방문 이후에는 당신이 학습한 것을 공유하라. 잘된 것뿐만 아니라 문제점 또한 포함하라. 당신의 팀이 솔루션을 찾아내는 데 필요한 정보를 제공하라.

5. **아낌없이 인정하라.** 팀은 오직 **당신**의 제품이 아닌, **그들의** 제품이라고 생각한다는 것을 분명히 하라. 하지만 일이 제대로 안 될 경우 앞으로 나서서 실수에 대한 책임을 지고, 그 실수로부터 또한 학습한 것을 팀에 보여 주어라. 그러면 당신을 존중해 줄 것이다.

6. **훌륭한 제품 시연 방법을 학습하라.** 이것은 특히 고객이나 주요 임원들과 함께할 때 사용되는 중요한 기술이다. 우리는 그 제품이 어떻게 동작하는지를 그들에게 가르치려는 것이 아니며, 그들에게 사용자 테스트를 하려는 것도 아니다. 우리가 만들고 있는 것에 대한 가치를 보여 주려는 것이다. 제품 시연은 교육이나 테스트가 아니다. 설득의 도구다. 그것을 정말로 잘할 수 있어야 한다.

7. **열심히 학습하라.** 팀과 이해 관계자들은 당신이 말하는 것만큼 실제 알고 있다고 믿게 될 때 훨씬 더 당신을 따르게 될 것이다. 사용자와 고객에 대해 모두가 인정하는 전문가가 되어라. 그리고 경쟁사, 관련된 트렌드를 포함하여 시장에 대해서도 인정받는 전문가가 되어라.

8. **진정으로 흥미를 느껴라.** 만일 당신의 제품에 대해서 흥미를 느끼지 못한다면 당신은 그 상황을 벗어나야만 한다. 다루는 제품을 바꾸거나 당신의 역할을 바꾸거나 둘 중 하나의 선택을 해야 한다.

9. **열정을 보여 주는 방법을 배워라.** 제품에 진정으로 흥미가 있다 하더라도 수많은 제품 관리자들이 그 열정을 보여 주는 방식이 형편없고 지나치게 불편해한다. 이는 제품 관리자에게 **매우** 치명적인 일이다. 절대 진실하되, 당신이 정말로 설레고 있음을 사람들이 확인할 수 있게 해 주어라. 열정은 정말로 전염성이 있다.

> 절대 진실하되, 당신이 정말로 설레고 있음을 사람들이 확인할 수 있게 해 주어라. 열정은 정말로 전염성이 있다.

10. **팀과 함께 시간을 보내라.** 당신 팀의 디자이너 및 엔지니어들과 직접 마주하는 시간을 많이 쓰지 않는다면 그들은 당신의 눈에서 비치는

열정을 확인할 길이 없다. 당신 팀이 같은 공간에 없다면 그곳에 방문하기 위해 특별히 노력해야 하고, 최소한 2개월에 한 번은 가야 한다. 팀의 모든 사람과 개인적인 시간을 가지는 것은 그들의 동기부여 레벨을 올려 주고, 결과적으로 팀의 속도에 영향을 준다. 그 시간은 쓸 만한 충분한 가치가 있다.

만일 당신의 회사가 중간 규모 이상이라면 제품 마케팅 담당자가 별도로 있을 것이다. 그리고 그들이 당신의 고객과 영업 조직에 제품 전파의 역할을 해준다. 당신은 여전히 큰 거래나 제휴를 위해 도움을 요청받을 것이다. 그런데도 당신의 제품팀을 대상으로 하는 전파 역할에 집중하는 것이 필요하다. 고객을 위해 당신이 할 수 있는 최선의 일은 바로 훌륭한 제품을 전달하는 것이기 때문이다.

사례 소개:
알렉스 프레스랜드, BBC

먼저 내가 BBC를 좋아한다는 사실을 말하고 시작하겠다. BBC는 100년 가까운 역사를 가졌으며, 기술과 인터넷을 상대적으로 일찍 받아들였다. 나는 BBC 출신의 뛰어난 제품 전문가들을 많이 봤고, 그들은 유럽과 다른 지역에 널리 진출해 있다.

아이폰이 데뷔하기 만 4년 전인 2003년, 알렉스 프레스랜드는 BBC의 젊은 제품 관리자였다. 그녀는 BBC가 전 세계를 대상으로 콘텐츠를 유통하는 선도적인 회사가 되기 위한 제품을 이끄는 일을 막 마무리했다. BBC에서 대부분의 사람들은 왜 이것이 중요하고 가치 있는 일인지 이해하지 못했다. 하지만 알렉스는 이 기술이 새롭고 예상치 못한 방법으로 사용될 수 있다고 믿었다. 그래서 BBC의 중요한 미션 중 하나인 콘텐츠 도달 범위를 넓혀 줄 것으로 생각했다.

알렉스는 지적재산권(IP, Intellectual Property rights) 기반의 콘텐츠 유통 기술에 대한 잠재성을 잘 알고 있었으므로 이 기술을 사용하는 새롭고 유용한 방법을 찾기 시작했다. 그녀는 집 또는 차에 있는 TV나 라디오와 같이 BBC의 전통적인 방송 미디어가 도달하지 않는 영국 사람들에 대해 살펴보기 시작했다.

그녀가 확인한 초기 사례는 많은 도심 공간에 있는 비디오 방영이 가능한 큰 전자 스크린이었다. 이러한 장소들은 각각 맥락과 시청자들이 매우 달랐음에도 불구하고, 집에서 TV를 보는 것과 같은 콘텐츠를 단순히 재생하는 것을 관찰하였다. 그래서 알렉스는 편집팀을 통해 특정 장소와 시청자에 적합한 콘텐츠를 맞춤형으로 특별히 만들어 보는 일련의 실험을 제안했다. 그러고 나서 그녀는 시청자에 대한 도달률과 참여율을 측정할 예정이었다.

지금은 당연하게 들리겠지만, 그때만 해도 BBC의 **방송** 저널리즘 문화에서는 매우 낯선 개념이었다. BBC를 이러한 방향으로 이끌어내기 위해 수많은 장애물이 존재했다. 편집이나 법적인 문제는 최소한의 장애물에 불과했다.

편집부서에게 서로 다른 상황에 맞게 콘텐츠가 제작되고 유통되는 모델은 대상이 아니었다. 이것은 BBC 편집 문화의 핵심에 영향을 미치는 사안이었다. 이것이 BBC와 시청자 모두에게 왜 유익한 것인지에 대해 상당한 설득이 필요한 일이었다.

법무부서는 지적재산권이 적용된 장비를 통해 콘텐츠를 유통하는 것은 검토해 본 적이 없었다. 갱신하고 재협의해야 할 콘텐츠 라이선스 계약 건들만 해도 산더미처럼 쌓여 있는 상황이었다.

알렉스의 초기 실험 결과는 성공적이었고, 그녀는 자신감을 가졌다. BBC의 경영진에게 '집 밖에서의 BBC'라고 그녀가 명명한 새로운 제품의 비전과 전략을 제안했다.

중요한 것은 그녀가 **독립적인 제품 관리자**로서 이 일을 추진했다는 것이다.

이 제품은 결국 BBC의 방송 콘텐츠와 그 유통 방식에 극적인 변화를 만들어 냈다. 이 일은 BBC의 시청자 도달 범위에 획기적인 영향을 미쳤고, 곧 BBC가 모바일 전환을 추진하는 초석이 되었다. 현재 BBC에서 매주 모바일 콘텐츠를 제공받는 사람들은 전 세계적으로 5,000만 명 이상이 되었다.

이 사례는 단순히 문제 해결을 위해 기술을 활용한 이야기가 아니다. 불굴의 의지가 만들어 낸 힘에 대한 이야기다. 대기업에서 큰 규모의 변화를 추진하기는 결코 쉽지 않다. 하지만 뛰어난 제품 관리자라면 어떻게 해야 하는지 파악해야만 하는 역량이다.

> 대기업에서 큰 규모의 변화를 추진하는 것은 결코 쉽지 않다. 하지만 뛰어난 제품 관리자라면 어떻게 해야 하는지 파악해야만 하는 역량이다.

알렉스는 BBC를 떠나 몇 개의 기술 기업과 미디어 기업에서 멋진 경력을 이어 나갔다. 지금은 뉴욕에서 제품 리더로 근무하고 있다.

IV

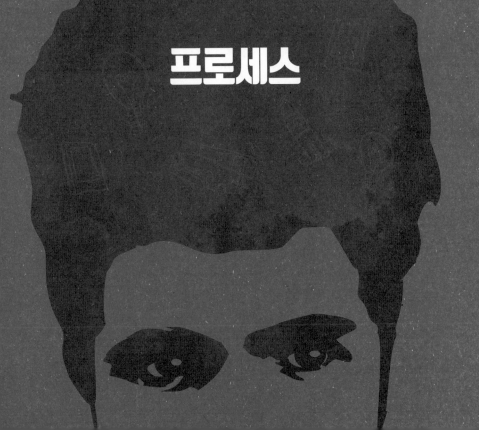

프로세스

우리는 2부에서 제품팀에 대해서 알아보았고, 3부에서는 각 팀이 집중해야 하는 일을 어떻게 결정하는지 살펴보았다.

4부는 제품팀이 실제로 어떻게 일을 해나가는지를 설명할 것이다. 성공적인 제품을 발견하고 실행하는 데 반복적으로 사용되는 다양한 기법, 활동, 훌륭한 사례들을 살펴볼 것이다.

비록 4부가 '프로세스(Process)'라는 제목으로 나오지만, 여기서 프로세스는 **하나의** 정답이 있는 프로세스가 아님을 곧 깨닫기 바란다. 그보다는 기술, 마음가짐, 문화의 조합이라고 하는 것이 더 정확한 설명이다.

나는 주로 제품 발견 기법들에 초점을 맞출 것이다. 우리의 관심사는 제품 관리자이고, 제품 발견이 그들의 핵심 업무이기 때문이다.

제품 관리자는 사업적으로 효과가 있으면서도 고객이 사랑하는 솔루션을 발견해 내기 위해 대부분 시간을 제품팀, 핵심 이해 관계자, 고객들과 보낸다.

동시에 제품 관리자와 제품 디자이너는 제품 실행 단계에서 발생하는 엔지니어들의 질문에도 대답할 수 있어야 한다는 것을 유념해야 한다. 일반적으로 하루 중 30분에서 1시간 정도는 이러한 질문들에 답변하기 위한 시간으로 사용한다.

제품 발견

개요

우리 대부분은 매우 어려운 문제들을 해결하는 일에 매진하고 있고, 보통은 이러한 솔루션을 가능하게 하는 꽤 복잡한 시스템을 만들게 된다. 대부분의 팀이 대처해야만 하는 두 가지 큰 도전이 있다.

첫째, 고객을 위한 솔루션이 구체적으로 어떤 것인지 발견하는 것이다. 이 솔루션을 원하는 충분한 고객(수요)이 있다고 확신하는 것에서부터 고객 및 비즈니스에 실제로 유효한 솔루션을 찾아내는 것을 모두 포함한다.

더 어려운 것은 **많은** 사용자에게 유효한 **단 하나의 솔루션**을 찾아내야만 한다는 것이다. 특정 고객을 위한 일련의 결과물이 아니다. 이를 위해서는 많은 아이디어들을 실험할 수 있어야 하며, 빠르고 적은 비용으로 해내야 한다.

둘째, 우리 고객들이 끊임없이 신뢰하는 가치를 기대하도록 탄탄하고 확장성 있는 실행력을 갖추고 있어야 한다. 당신의 팀은 **자신감 있게 제품을 출시**할 수 있어야 한다. 100% 확신이 없는 상황에서 출시하고 운이 따라 주기를 기대하면 안 된다.

그래서 우리는 빠르게 학습하면서도 자신감 있게 제품을 출시할 수 있어야 한다.

많은 사람이 이 두 가지 어려운 목표를 마치 '두 마리의 토끼'로 생각할 만도 하다. 우리는 어떤 아이디어가 효과가 있고, 어떤 아이디어가 그렇지 않은지 학습

> 우리는 빠르게 학습하면서도 자신감 있게 제품을 출시할 수 있어야 한다.

하기 위해 서둘러 업무를 추진한다. 그러면서도 고객에게 상처를 주고 브랜드에 치명적인 영향을 주는 위험한 상황이거나 적절한 단계가 아닌 경우에는 출시를 원하지 않는다.

나는 여러 제품팀을 만나는 데 많은 시간을 보냈다. 가끔은 팀이 훨씬 더 적극적으로 고객을 만나고 이른 시점에 아이디어에 대한 피드백을 받아야 한다고 세게 밀어붙이며 이야기했다. 그러고 몇 분 후에는 다시 그 팀이 제품 출시에 확장성, 오류 방지, 신뢰성, 높은 성능, 보안 등에 대한 기준을 타협해서는 안 된다고 강조했다.

당신은 이러한 문제를 또 다른 영역에서 발견할 수 있다. 많은 팀이 최소 기능 제품(MVP)의 개념에 대해 많은 고민을 하고 있다. 한편으로는 MVP를 빠르게 고객에게 보여 주어서 피드백을 얻고 학습할 수 있다는 강한 동기부여를 가지고 있다. 그리고 다른 한편으로는 이 MVP 제품을 빠르게 고객에게 가져갈 때 회사와 브랜드에 대한 부끄러움을 느낄 수도 있다. 우리가 이 제품을 가지고 실제 출시를 검토하는 것이 어떻게 가능할까?

이번 절에서 나는 뛰어난 팀이 제품 발견 단계에서 빠르게 학습하면서도 제품 실행 단계에서 안정적인 구현과 견고한 출시를 하는 동시다발적인 목표

를 어떻게 달성하는지를 명확하게 전달할 것이다.

일반적으로 대부분의 제품팀은 두 번째 목표인 견고한 소프트웨어를 구현하는 방법에는 훨씬 나은 감각이 있다고 생각한다. 상대적으로 첫 번째 목표인 빠른 실험과 제품 발견보다는 말이다. 지속적인 출시(continuous delivery)는 내가 여러 팀에서 발견하는 고도화된 실행 기법의 좋은 사례다. 이들은 복잡한 시스템에서 작고 지속적인 변경을 만들어 내는 것의 중요성을 잘 이해하고 있다.

혼란은 우리가 다음과 같은 개념들을 사용하면서 진짜 의미가 희석되는 것에서 비롯된다. '제품(product)', '제품-품질(product-quality)', '제품화(productized)', '구현 중 라이브(live in production)'

나는 **제품(product)**이라는 개념을 항상 유의해서 사용한다. 그것으로 실제 비즈니스를 운영할 수 있는 상태를 설명할 때만 사용하려고 애쓴다. 보다 구체적으로 설명하면 제품은 확장할 수 있으면서도 필요한 수준의 성능 기준에 부합해야 한다. 그것은 자동화된 회귀 테스트에서 적합한 판정을 받아야 한다. 필요한 분석 데이터가 수집될 수 있어야 한다. 해외에 출시하거나 적절한 국가에 최적화할 수 있는 형태여야 한다. 유지보수도 가능해야 한다. 브랜드와 일관성을 유지해야 한다. 그리고 가장 중요한 것은 팀이 확신하고 출시할 수 있어야 한다는 것이다.

이것은 결코 간단한 일이 아니다. 많은 시간을 써야 하는 일이며, 엔지니어들이 직접 구현해야 하는 일이다. 그래서 우리는 그들의 노력을 낭비하지 않도록 최선을 다해야 한다.

제품 관리자가 고객이 원하는 솔루션이 맞는지에 대한 확신이 없는 상황임에도 이러한 모든 일을 진행하는 것은 제품이 실패하고 큰 낭비를 초래하는 지름길이다. 그래서 제품 발견의 목적은 우리가 실제 출시를 위한 제품을 만들어 줄 것을 엔지니어에게 요청할 때 우리가 근거를 기반으로 확신할 수 있게 하는 것이다. 그래야 헛된 노력이 발생하지 않는다. 이것이 우리가 제품 발견 단계에서 많은 종류의 기법들을 활용하는 이유다.

우리는 사용자와 고객에 대해 더욱 깊이 이해할 수 있고, 제품 아이디어를 정량적이고 정성적인 방법으로 검증할 수 있는 기법들을 사용할 수 있다. 그리고 사실 대부분의 기법은 엔지니어의 도움이 필요하지 않다. 이것이 중요한 이유는, 실행 단계에서 생산 가능한 수준의 소프트웨어를 만드는 데 얼마나 큰 시간과 노력이 필요한지 잘 인지하고 있기 때문이다.

효과적인 제품 발견의 가장 중요한 열쇠는 실제 제품 구현 과정에 영향을 주지 않고서도 빠른 실험을 통해 고객을 만나 피드백을 들을 수 있다는 것이다.

만일 당신이 초기 스타트업이거나 고객이 없다면 이러한 상황은 전혀 이슈가 되지 않는다. 그리고 생산 가능한 품질의 소프트웨어를 만드는 것은 시기상조다.

하지만 우리 대부분은 실제 고객이 있고, 발생하는 매출이 있다. 그래서 효과적인 제품 발견에 신경을 써야만 한다. 이 절의 후반부에는 대기업에서 책임감 있게 빠른 실험을 해내는 기법에 관해서 이야기를 할 것이다.

이것이 핵심이다. 당신이 위대한 제품을 **발견**하기 원한다면 실제 사용자와 고객을 대상으로 더 일찍 더 자주 당신의 아이디어를 보여 주는 것이 중요하다.

당신이 위대한 제품을 **실행**하기 원한다면 기술 구현의 최고 방법들을 사용하고 엔지니어가 말하는 우려 사항을 무시하면 안 된다.

제품 발견의 원칙

제품 발견의 목적은 다음 네 가지 중요한 위험에 대응하는 것이다.

- 고객이 과연 이 제품을 구매하거나 사용할 것인가? (**가치 위험(value risk)**)
- 사용자가 이 제품의 사용 방법을 이해할 수 있는가? (**사용성 위험 (usability risk)**)
- 우리가 만들 수 있는 것인가? (**실현 가능성 위험(feasibility risk)**)
- 우리 사업에 효과가 있는 솔루션인가? (**사업 유효성 위험(business viability risk)**)

그리고 위 질문들에 대해 제품 관리자의 의견만으로는 충분하지 않다. 우리는 **증거**를 수집해야 한다.

제품 발견 방안과 관련해서 우리가 일하는 **방식**을 결정하는 핵심적인 원칙들이 있다. 만일 당신이 이것들을 이해한다면 현재 시점에서 효과적으로 업무를 수행하는 방법뿐만 아니라 미래에 발생할 최신 기법들을 쉽게 흡수하는 방법에 대해서도 알게 될 것이다.

1. **우리가 무엇을 만들어야 하는지는 우리의 고객, 임원, 이해 관계자들이 말해 주지 않는다.**

   고객은 무엇이 가능한지 모른다. 기술 제품은 어느 누구도 실제로 보기 전에는 우리가 정말 원하는 것이 무엇인지 알지 못한다. 고객이나 임원들의 의견이 반드시 틀

   > 고객은 무엇이 가능한지 모른다. 기술 제품은 어느 누구도 실제로 보기 전에는 우리가 정말 원하는 것이 무엇인지 알지 못한다.

   려서 그런 것이 아니다. 단지 우리가 전달하는 솔루션이 근본적인 문제를 해결하는 것이 맞는지 확인하는 것이 우리의 역할이기 때문이다. 이것은 오늘날 모든 제품에 적용되는 가장 근본적인 원칙이다. 역사적으로 업계에서 발생한 대부분의 혁신에 대해 고객들은 알지 못했다. 지금 열광하는 것은 이전에 단지 하나의 가능성에 불과했다는 것을 말이다.

2. **무엇보다 중요한 것은 강력한 가치를 구축하는 것이다.**

   물론 모든 것이 어렵지만, 그중에서도 가장 어려운 일은 고객이 궁극적으로 구매 혹은 사용을 **선택**하게 하는 데 필요한 **가치**를 만들어 내는 것이다. 사용성 이슈나 성능 이슈가 다소 있더라도 제품이 한동안 생존할 수 있지만, 핵심 가치가 없으면 아무것도 이룰 수 없다. 결과적으로 제품 발견 단계에서 가장 많은 시간을 들여야 하는 일이다.

3. **기술 구현이 어렵고 중요한 만큼이나, 훌륭한 사용자 경험을 제공하는 것은 보통 그 이상으로 어렵고 성공에 더 중요한 요소다.**

   모든 제품팀에 엔지니어가 있지만, 그렇다고 모든 팀이 필요한 제품 디자인 역할을 가지고 있는 것은 아니다. 제품 디자이너가 있더라도 우

리가 생각하는 방향으로 실제 업무를 진행하는 경우는 드물다.

4. **기능과 디자인과 기술은 본질적으로 함께 얽혀 있다.**

전통적인 폭포수 모델에서는 시장이 기능(**요구사항**이라고도 알려진)과 디자인과 실행을 끌어낸다. 요즘은 반대로, 기술이 기능을 가능하게 한다는 것을 우리가 잘 알고 있다. 그리고 기술이 디자인을 이끌며, 디자인이 또한 기능을 만들어 낸다. 멀리서 찾을 필요 없이 당신이 가지고 있는 휴대전화를 보면 두 접근 방법의 수많은 사례를 모두 확인할 수 있다. 중요한 점은 이 세 가지 모두 완전히 얽혀 있다는 것이다. 이러한 이유로 우리는 제품 관리자와 제품 디자이너와 기술 리더가 물리적으로 서로 가까운 곳에서 근무하도록 강하게 독려한다.

5. **우리는 아이디어 중 다수가 효과를 내지 못할 것이며, 검증된 아이디어도 몇 번의 이터레이션이 필요하다는 것을 알고 있다.**

> 가장 중요한 것은 당신이 알 수 없는 것을 알아내야 한다는 것이다.

먼저 마크 앤드리슨의 말을 인용하면 "가장 중요한 것은 당신이 알 수 없는 것을 알아내야 한다는 것이다." 그리고 우리의 아이디어 중 어느 것이 고객에게 효과적이고 어느 것이 그렇지 않은지 사전에 알 수가 없다. 그래서 우리는 아이디어 대부분이 소용없을 것이라는 마음가짐을 가지고 제품 발견에 접근해야 한다. 가장 흔한 이유는 그 솔루션이 가치가 없어서이고, 때로는 디자인이 너무 복잡하거나, 구현하는 데 너무 오래 걸리거나, 법적인 혹은 개인정보 이슈가 드러났을 때도 마찬가지다. 근본적인 문제를 해결하기 위해서는 다양한 방법을 시도할 수 있도록 항상 열려 있어야 한다는 점이 핵심이다.

6. 우리는 실제 사용자와 고객을 대상으로 아이디어를 검증해야 한다.

제품 발견에서 가장 흔히 발생하는 함정은 우리 제품에 대한 사용자의 실제 반응을 우리가 예측할 수 있다고 믿는 것이다. 고객 조사를 수행하거나 우리 자신의 경험을 근거로 할 수 있겠지만, 어떤 경우에도 실제 사용자와 고객에게 우리의 실제 아이디어를 검증해야만 한다는 것을 우리는 알고 있다. 실제 제품을 만들기 위한 시간과 비용을 낭비하기 전에 검증을 진행해야 한다.

7. 제품 발견의 목적은 아이디어를 가능한 한 더 빠르고 적은 비용이 드는 방법으로 검증해 내는 것이다.

제품 발견은 속도를 원한다. 이것은 많은 아이디어를 시도할 수 있게 해주고, 유망한 아이디어를 찾기 위한 여러 방법을 시도할 수 있게 해준다. 여러 가지 아이디어 유형이 있으며, 여러 종류의 제품이 존재하고, 또한, 가치 위험, 사용성 위험, 실현 가능성 위험, 사업 위험과 같이 우리가 확인해야 하는 다양한 종류의 위험이 있다. 그래서 우리는 각 상황에 맞게 활용할 수 있도록 폭넓은 범위의 기법들을 활용해야 한다.

8. 제품 발견 단계를 진행하며 아이디어의 실현 가능성에 대해 검증해야 한다.

당신의 개발자가 스프린트 계획 미팅에서 아이디어를 처음 봤다면 당신은 실패한 것이다. 구현을 결정하기 전에 실현 가능성을 분명히 확인해야 한다. 이는 결국 상당한 시간 낭비를 제거해 준다. 또한, 엔지니어의 관점을 더 일찍 수용하는 것은 솔루션 자체를 더 발전시키게 되고, 공유 학습에도 결정적인 영향을 준다.

9. **사업 유효성은 제품 발견단계에서 검증해야 한다.**

마찬가지로 우리가 제품을 만드는 시간과 비용을 쓰기 **전**에 우리가 만드는 솔루션이 우리 비즈니스가 원하는 것이 맞는지를 확인하는 것이 절대적으로 중요하다. 사업 유효성은 재무적인 고려사항, 마케팅(브랜드 및 시장 진출 방안), 영업, 법무, 사업 개발 및 임원들을 포함한다. 제품 관리자가 미처 이해하지 못했던 필수적인 사업 내용을 제품이 만들어진 이후에 알게 되었다고 해보자. 이보다 제품 관리자의 사기와 자신감을 파괴하는 경우는 드물 것이다.

10. **공유 학습을 해야 한다.**

조직이 용병팀 대신 미션팀을 가져야만 하는 핵심적인 이유는 바로 팀이 함께 배운다는 것이다. 고객의 불편함을 함께 관찰하고, 어떤 아이디어가 실패하고 성공하는지 함께 확인하며, 왜 이 일이 중요하고 진행되어야 하는지에 대한 맥락을 함께 이해한다.

제품 발견과 관련된 세부적인 내용은, 앞의 10가지 핵심적인 원칙들을 기본으로 한다.

윤리적 위험: 우리가 그것을 만드는 것이 맞는가?

일반적으로 제품 발견이란 **가치**, **사용성**, **실현 가능성**, **사업 유효성** 위험에 대응하는 것이다. 하지만 어떤 경우에는 하나의 위험이 더 있다. 바로 **윤리(ethics)**다.

(계속)

이것이 민감한 주제라는 것을 알고 있다. 그리고 나는 마치 설교를 하거나 잘난 체하려는 의도는 조금도 없다. 같이 일하는 팀들에게 "우리가 그것을 만드는 것이 맞는가?"라는 질문에 대해 고려해 보기를 권장하기 위함이다.

당신은 아마도 불법적인 무언가에 대한 문제라고 생각할 수도 있겠다. 하지만 윤리적 이슈가 있는 대부분은 보통 법적인 문제가 아니다. 그것보다는 우리가 무언가를 만들 수 있는 기술이 있으면서 심지어 특정 사업 목표를 달성하는 데 효과가 있다고 해도 우리가 꼭 그것을 **만들어야만 한다**는 의미는 아니다.

보다 일반적으로 표현해 보겠다. 이슈는, 우리의 기술과 디자인 역량은 우리의 사업 목표(예를 들어, 사용자 참여, 성장, 수익화 등)를 달성하는 솔루션을 만들어 낼 수 있는 정도이지만, 결국 사용자나 환경에 해를 끼치는 부작용을 만들어 낼 수도 있다는 것이다.

그래서 나는 제품팀에 그들의 솔루션이 미치는 윤리적인 영향을 고려할 것을 권장한다. 만일 중대한 윤리적 위험이 발견되었을 때 부정적인 결과가 없는 방법으로 그 문제를 해결하는 대체 솔루션을 찾을 수 없는지 확인해야 한다.

> 나는 제품팀들에게 그들의 솔루션이 미치는 윤리적인 영향을 고려할 것을 권장한다.

마지막으로, 중요한 한 가지만 강조하면 고위 경영진에게 윤리적 이슈를 제기하라는 것이다. 당신은 틀림없이 사업에 대해 깊은 이해를 하고 있어야 하고, 특히 수익을 어떻게 만드는지를 알아야 한다. 그리고 훌륭한 판단력을 활용해야 하며, 토론에 세심하게 임해야 한다. 그렇다고 당신이 조직을 감시하기 위해 노력해야 하는 것은 아니다. 대신 이슈를 찾아내고 잠재적인 해결 방법을 모색해야 한다.

제품 발견 이터레이션

대부분의 제품팀은 보통 **이터레이션**이라고 하면 실행 단계의 일이라고 간주한다. 예를 들어, 당신이 매주 출시하고 있다면 1주 단위의 이터레이션을 떠올릴 것이다.

하지만 우리는 제품 발견 단계에서의 이터레이션 개념도 생각해 볼 수 있다. 제품 발견 단계의 이터레이션은 대략 최소한 한 개의 새로운 아이디어나 방법을 시도해 보는 것으로 정의할 수 있다. 실제로 아이디어는 어떤 형태나 크기로도 가능하며, 어떤 아이디어는 다른 것들보다 더 위험하다. 제품 발견의 목적은 실행 단계에서보다 훨씬 더 빠르고 적은 비용으로 아이디어를 검증하는 것이다.

당신이 기대 수준에 대한 감을 잡도록 하기 위해 정보를 제공하면 최근 발견 기법에 능숙한 팀들은 일반적으로 **한 주에** 10개에서 최대 20개의 이터레이션 테스트를 진행한다.

> 당신이 기대 수준에 대한 감을 잡도록 하기 위해 정보를 제공하면 최근 발견 기법에 능숙한 팀들은 일반적으로 한 주에 10개에서 최대 20개의 이터레이션 테스트를 진행한다.

물론 이렇게 많은 이터레이션은 제품 관리자뿐 아니라 디자이너, 기술 리드가 함께하므로 가능하다는 것을 알아야 한다. 프로토타입을 만들게 되면 당신의 마인드를 변화시켜야만 하는 문제 상황에 노출된다. 경험적인 법칙으로서 제품 발견 단계의 이터레이션은 적어도 실행 단계에서의 이터레이션보다 최대한 적은 시간과 노력을 들여야 한다.

제품 발견 기법 개요

제품 발견 기법들을 완벽하게 분류하는 방법은 없다. 몇 개의 기법의 경우 여러 가지 다른 상황에서 모두 유용하게 활용될 수 있기 때문이다. 그럼에도 내가 개인적으로 사용해 보고 괜찮았던 기법들을 나름의 체계를 가지고 분류해 보았다.

제품 발견 구조화 기법

구조화 기법은 제품 발견 단계에서 파헤쳐야 하는 근본적인 이슈들을 빠르게 찾아내는 데 도움을 준다. 우리가 잠재적인 솔루션을 제안하려면 해결해야 하는 근본 문제부터 분명히 해야 한다. 우리는 위험들을 알아내기 위해 노력하고, 어디에 시간을 집중하는 것이 맞을지 결정해야 한다. 또한, 우리의 업무가 다른 팀들의 업무와 어떻게 어울리게 되는지 확실히 이해해야 한다.

제품 발견 계획 기법

제품 발견을 진행하면서 큰 도전들을 어떻게 찾아내는지, 그리고 이것을 어떻게 공략해야 하는지 계획하는 데 도움이 되는 유용한 몇 가지 기법이 있다.

아이디어 발상 기법

아이디어를 떠올리는 방법은 물론 얼마든지 있다. 그중에서도 우리가 가장 중요한 문제에 집중하도록 하는 데 더 유용한 방법들이 있다. 아이디어 발상 기법은 우리가 지금 집중하는 문제들을 대상으로 풍부한 솔루션 후보들을 제품팀에 제공하는 역할을 한다.

프로토타이핑 기법

제품 발견을 위해 우리가 자주 찾는 도구는 보통 프로토타입이다. 우리는 네 가지 유형의 프로토타입에 대해 알아보고, 각각이 어떤 상황에 가장 적합한지 중점적으로 이야기해 볼 것이다.

테스트 기법

제품 발견을 간단히 표현하면 아이디어를 빠르게 시도해 보는 것이다. 우리는 본질적으로 좋은 아이디어와 그렇지 않은 아이디어를 선별하기 위해 노력하고 있다. 여기서 정의하는 좋은 아이디어란, 다음과 같은 조건을 만족하면서 근본적인 문제를 해결하는 것이다. 고객이 구매할 의사가 있고, 어떻게 사용하는지 파악할 수 있어야 하며, 팀이 그것을 만드는 데 필요한 시간과 능력과 기술을 가지고 있고, 비즈니스의 여러 측면에서 효과가 있다.

다만 대다수 아이디어는 실제 그 정도의 위험을 다루지 않는다는 사실을 인식하는 것이 중요하다. 대부분은 아마도 매우 간단한 문제 해결의 사안일 것이다. 혹은 법무부서에서 잠재적인 개인정보 이슈의 위험을 우려하는 것과 같이 한 가지 위험만을 담고 있을 것이다.

그럼에도 가끔 우리는 엄청나게 더 어려운 문제를 다뤄야 한다. 사실상 네 가지 위험의 대부분, 또는 모두를 포함하는 중대한 문제를 해결해야 할 수도 있다.

그래서 제품 발견에 대한 접근 방법은, 우리가 필요한 위험에 대해서만 검증하고 특정 상황에 적합한 기법을 선택해야 한다.

실현 가능성 테스트

이러한 기법은 엔지니어들이 걱정하는 영역들을 다루기 위해 고안되었다. 어떤 솔루션을 테스트하기 위해 그 팀이 전혀 경험이 없었던 기술들을 사용해야 할 수도 있다. 중대한 규모나 성능의 장벽이 있을 수 있다. 또는 외부 컴포넌트 사용에 대해 평가를 해야 할 수도 있다.

사용성 테스트

사용성 테스트 기법은 제품 디자이너들이 걱정하는 영역들을 다루기 위해 고안되었다. 많은 제품이 복잡한 사용 흐름을 가지고 있으므로 디자이너들은 상호작용 디자인이 사용자가 쉽게 이해할 수 있게 구성되었는지, 그리고 잠재적으로 혼란을 줄 수 있는 요소가 확인되고 미리 방지되었는지 확신하고 싶어 한다.

가치 테스트

제품 발견 단계에서 상당 부분의 시간은 고객 가치를 검증하거나 지각된 가치(perceived value)를 높이는 일에 투입된다. 새로운 제품이라면 과연 고객이 우리가 필요한 가격으로 그것을 구매할 것인지, 그리고 현재 사용 중인 제품 대신 선택해 줄 것인지에 대한 확신이 필요하다. 만일 기존 제품이라면 사람들은 이미 제품을 구매했고, 우리는 새로운 기능이나 디자인으로 그것을 개선해 나갈 것이다. 이때 그 새로운 기능이나 디자인에 대한 사용을 과연 고객들이 선택할지 확신해야 한다.

사업 유효성 테스트

안타깝게도 고객들이 사랑하면서 사용하기도 쉽고 엔지니어들이 구현할 수 있는 제품이나 솔루션을 만들어 내는 것만으로는 충분하지 않다. 그 제품은 우리 사업에도 효과가 있어야만 한다. 이것이 바로 **유효하다**(viable)는 의미다. 이 말은 우리가 제품을 만들어서 시장에 공급하는 데 필요한 비용을 충분히 감당할 수 있으며, 실제로 판매할 수 있다는 것을 뜻한다. 즉, 우리 영업 조직에서 판매할 수 있는 수준이어야 한다. 또한, 사업 유효성은 사업 개발 파트너들에게도 효과적인 솔루션이어야 한다. 법무 관점에서 문제가 없어야 하며, 회사의 브랜드 약속과도 일관성이 있어야 한다. 사업 유효성 테스트는 이와 같은 위험들을 검증하는 것이다.

변화 기법

당신의 조직이 지금 일하고 있는 방식에서 필요하다고 생각되는 방식으로 바꾸는 중이라고 하자. 이때 일하는 방식의 변화에 도움이 되는 것으로 입증된 기법들이 있다.

지금까지 살펴보았듯이 우리는 다양한 범주의 기법들이 필요하다. 어떤 기법은 **정량적**이고, 다른 경우는 **정성적**이다. 어떤 기법은 **증거**를 모으기 위해 설계되었고(또는 최소한 통계적으로 유의미한 결과), 또 다른 경우는 **단서**를 수집하기 위해 설계되었다. 모든 기법은 우리가 **빠르게 학습**하는 데 도움을 준다.

분명히 말하지만, 내가 여기서 공유하는 기법들은 모든 제품팀에 필수라고 생각한다. 1년에서 2년 정도 일을 하면 당신은 아마도 각 기법을 최소한 몇 번씩은 사용하게 될 것이다. 당신

> 내가 여기서 공유하는 기법들은 모든 제품팀에 필수라고 생각한다.

이 다루는 제품과 상황의 특수성에 따라 더 많은 유용한 기법들이 있다. 그리고 새로운 기법은 항상 생겨나고 있다. 그런데도 이 책에서 설명하는 기법들은 가장 필수적인 도구다.

제품 발견 구조화 기법

개요

제품 발견 업무의 대부분은 높은 수준의 구조화나 계획을 필요로 하지 않는다. 그저 특정 문제에 대한 솔루션을 찾아내면 된다. 문제 해결이 비교적 간단한 경우가 많아서 바로 실행 단계의 업무를 착수할 수 있다.

하지만 절실한 고민과 노력이 필요한 경우는 따로 있다. 문제를 구조화하고 제대로 해결하는 것이 대단히 중요해지는 경우다. 큰 프로젝트, 그중에서도 특히 여러 팀이 참여하는 프로젝트가 일반적으로 그렇다.

이번 절에서는 제품 발견 업무가 긴밀히 연계되어 있으면서도 중요한 위험들을 확인할 수 있으려면 우리가 그것을 어떻게 구조화해야 하는지 살펴볼 것이다.

관련하여 두 가지 중요한 목표가 있다.

1. 첫째는 분명한 목적과 연계성에 대하여 팀이 모두 같이 이해하고 있도록 하는 것이다. 특히 우리가

> 분명한 목적과 연계성에 대하여 팀이 모두 같이 이해하고 있도록 하는 것이다.

집중하고 있는 사업 목표는 무엇인지, 우리 고객을 위해 해결하고자 하는 구체적인 문제는 무엇인지, 어느 사용자 또는 고객의 문제를 해결하고 있는지, 성공은 어떻게 측정하는지 등에 대해 의견이 일치해야 한다. 이 항목들은 제품팀의 목표와 핵심 성과에 직접 연계되어 있어야 한다.

2. 두 번째 목적은 제품 발견 업무를 하면서 대응해야 하는 큰 위험을 찾아내는 것이다. 나는 대부분 팀이 그들이 가장 익숙한 특정 유형의 위험에 더 끌리게 되는 경향을 관찰하였다.

내가 자주 발견하는 두 가지 사례가 있다. 팀이 성능이나 확장성과 같은 기술적인 위험을 파헤치기 위해 바로 업무를 시작하는 경우가 있다. 그리고 팀이 사용성 위험에 모든 초점을 맞추는 경우가 있다. 그들은 특정 문제가 복잡한 업무 흐름의 변화를 포함하고 있어서 그것에 굉장히 신경을 쓴다. 그래서 그들은 사용성 문제에 바로 뛰어들기를 원한다.

물론 기술적인 위험이나 사용성 위험도 타당한 위험이다. 하지만 내 경험상 보통 처리하기 상대적으로 더 수월한 위험들이다.

우리는 **가치** 위험을 해결해야 한다. 고객이 이러한 문제 해결을 원하는 것이 맞는지? 우리가 제안한 솔루션이 현재 가지고 있는 것을 버리고 선택할 만큼 충분히 훌륭한 것인지?

그리고 종종 복잡한 사업 위험들이 있다. 제품 발견을 통해 찾아낸 솔루션이 회사의 각 부분에 효과적으로 작동하는 것이 맞는지 확신할 수 있어야 한다. 다음 공통적인 몇 가지 사례가 있다.

- 재무적인 위험: 우리가 이 솔루션을 감당할 수 있는가?
- 사업 개발 위험: 이 솔루션이 우리 제휴 회사에도 유효한가?
- 마케팅 위험: 이 솔루션이 우리의 브랜드와 일관성이 있는가?
- 영업 위험: 이 솔루션이 우리 영업사원들이 판매할 수 있는 것인가?
- 법무 위험: 법률이나 규정의 관점에서 할 수 있는 일인가?
- 윤리적 위험: 이 솔루션이 우리가 해야 하는 것이 맞는가?

많은 경우에 위와 같은 위험에 대한 걱정이 없다. 하지만 하나라도 해당이 되면 매우 적극적으로 대처해야만 한다.

만일 제품 관리자, 디자이너, 기술 리더가 이러한 영역에서 중요한 위험이 없다고 느끼면 보통은 그대로 구현 단계를 진행하게 된다. 그들은 팀이 가끔 실패로 판명될 가능성이 있다는 것을 알고 있다. 하지만 이런 접근 방식이 극단적으로 보수적이고 모든 상황에 대한 테스트를 진행하는 방식보다는 더 나은 대안이라고 생각한다.

우리는 중대한 위험이 있다는 것을 알고 있거나 팀원들이 진행에 동의하지 않는 상황에서는 제품 발견의 시간을 사용하고 검증 기법을 사용한다.

기회를 평가하는 데는 여러 방법이 있다. 일부 회사들은 매우 엄격한 과정과 분석을 요구하며, 어떤 회사들은 제품팀의 판단에 맡겨 버린다.

이번 절에서는 내가 선호하는 세 가지 기법에 관해 설명할 것이다. 그리고 각각은 다른 규모의 업무를 대상으로 한다.

1. **기회 평가**(opportunity assessment)는 간단한 최적화 업무부터, 새로운 기능 구현, 그리고 중급 규모의 프로젝트 등 대부분의 제품 발견 업무에 적용할 수 있다.

2. **고객 편지**(customer letter)는 큰 프로젝트 혹은 복수의 목표를 통해 더욱 복잡한 기대 성과를 가지고 있는 과제를 위해 고안되었다.

3. **스타트업 캔버스**(startup canvas)는 완전히 새로운 제품이나 신규 사업을 만들어 낼 때 활용할 수 있다.

이러한 기법들은 상호 배타적인 관계가 아님을 명심하라. 예를 들어, 기회 평가와 고객 편지를 동시에 활용하는 것이 더 유용하다.

문제 vs 솔루션

앞으로 다룰 모든 구조화 기법에서 관찰되는 근본적인 주제가 있다. 본질적인 **문제**보다는 **솔루션**에 관해 생각하고 이야기하게 되는 것이 인간의 본성이다. 이는 특히 사용자나 고객에게 해당하는 이야기지만, 비즈니스 이해 관계자나 회사의 임원들에게도 적용된다. 그리고 만일 스스로 솔직하다면 우리 자신에게도 자주 적용될 수 있는 이야기다.

이 문제는 특히 스타트업 창업자들에게서 두드러지게 발생하는 것으로 알려져 있다. 창업자들은 투자를 받거나 그것에 몰두하기 전에, 몇 년은 아니더라도 몇 개월간 마음 졸이며 잠재적인 솔루션을 준비하곤 한다.

하지만 우리 업계에서 특히 중요한 교훈은 '**솔루션이 아닌 문제와 사랑에 빠져라**'다.

(계속)

왜 이것이 그토록 중요한가? 우리의 첫 솔루션은 대개 그 문제를 해결하지 못하기 때문이다(최소한 성공적인 사업 성과를 내지는 못한다). 근본적으로 문제를 해결하는 솔루션이 나오기까지는 보통 몇 번의 다른 시도들을 하게 된다.

우리의 첫 솔루션은 대개 그 문제를 해결하지 못하기 때문이다(최소한 성공적인 사업 성과를 내지는 못한다).

전형적인 제품 로드맵이 왜 문제가 많은지에 대한 이유가 되기도 한다. 제품 로드맵은 각각이 하나의 솔루션이 될 수 있는 기능 또는 프로젝트들의 목록이다. 어떤 사람들은 기능이 문제를 해결해 줄 것이고, 그렇지 않은 경우는 로드맵에 있으면 안 된다고 생각한다. 하지만 그들이 틀렸을 가능성이 매우 크다. 그렇다고 그들의 잘못만은 아니다. 단지 로드맵에 등록되는 단계에서는 그들이 문제 해결 여부를 알 방법이 없기 때문이다.

하지만 잠재적인 솔루션의 이면에는 타당한 문제가 있을 가능성이 크다. 그래서 제품 조직에서 우리의 역할은 그 잠재적인 문제를 알아내고, 그것을 해결해 주는 솔루션을 제공하는 것이다.

약간의 시간을 들여 해결해야 할 문제에 먼저 구조화해 보고, 그 내용을 함께 토의해 보는 것은 결과에 엄청난 차이를 만들어 낼 수 있다.

기회 평가 기법

기회 평가는 아주 간단하면서도 시간과 고민을 크게 줄여 주는 기법이다.

이 기법은 당신이 담당하는 제품 발견 업무에 대한 네 가지 핵심적인 질문에 답을 하는 것이다.

1. 이 일은 어떤 사업 목표를 다루는 것인가? (**목표(objective)**)
2. 성공을 어떻게 판단할 수 있는가? (**핵심 성과(key result)**)
3. 우리의 고객을 위해 어떤 문제를 해결하는 것인가? (**고객 문제(customer problem)**)
4. 우리가 집중하고 있는 고객은 누구인가? (**목표 시장(target market)**)

사업 목표

첫 번째 질문은 당신의 팀이 할당받은 하나 혹은 그 이상의 목표를 설명해 준다. 예를 들어, 당신이 요청받은 일이 성장에 대한 문제에 집중하거나, 신규 고객이 활성화되는 데 걸리는 기간을 줄이는 것이나, 매월 이탈하는 고객의 비율을 줄이는 일이라고 하자. 그러면 우리가 해야 할 일이 요청받은 문제 중 최소한 하나를 다루는 것임을 분명히 한다.

핵심 성과

우리는 처음부터 성공에 대한 기준이 무엇인지 알고 싶어 한다. 예를 들어, 우리가 고객 이탈을 줄이기 위해 노력하고 있다면 1%의 개선이 탁월한 결과일까 혹은 시간 낭비 수준일까? 두 번째 질문을 통해 제품팀이 담당하는 최소한 한 개 이상의 **핵심 성과**를 드러내야 한다.

고객 문제

물론 우리가 하는 모든 일은 자신의 회사의 이득을 위한 일이다. 그렇지 않으면 진행하지 않을 것이다. 하지만 우리는 항상 고객에게 집중하기를 바라며, 이 질문은 우리 고객을 위해 해

> 우리는 항상 고객에게 집중하기를 바라며, 이 질문은 우리 고객을 위해 해결하기 원하는 문제를 분명하게 나타낼 것이다.

결하기 원하는 문제를 분명하게 나타낼 것이다. 가끔은 내부 사용자를 돕기 위한 일을 할 때도 있는데 만일 그렇다면 여기서 이야기해 볼 수 있다. 그런 경우에는 우리의 최종 사용자를 위한 이득으로 엮어내는 시도를 할 수 있다.

목표 시장

많은 제품은 모두를 만족시키기 위해서 노력하므로 결국 아무도 만족시키지 못한 채 실패로 끝난다. 이 질문은 업무의 주요 대상으로 삼은 수혜자가 누구인지를 제품팀이 분명하게 이해할 수 있도록 한다. 보통은 특정 유형의 사용자나 고객을 말한다. 사용자 또는 고객 페르소나로 표현할 수도 있고, 특정한 목표 시장이나 어떠한 해결해야 할 일(jobs to be done)*을 나타낼 때도 있다.

진단하려는 기회가 가진 특성에 따라서 고려할 만한 다른 평가 요인들도 있겠지만, 나는 최소 기본적으로 이러한 네 개의 질문을 고려한다. 당신은 제품 발견 업무를 본격적으로 시작하기 이전에 팀의 모든 사람이 이러한 네 개의 질문에 대한 답을 알고 이해했다는 것을 분명히 짚고 넘어가야 한다.

이러한 질문에 대해 답하는 것은 제품 관리자의 책임이다. 그리고 이 답변을 준비하는 것은 대개 몇 분 정도밖에 소요되지 않는다. 그리고 나서 제품 관리자는 제품팀과 핵심 이해 관계자들에게 모두가 동일하게 이해할 수 있도록 공유를 해야 한다.

한 가지 경고할 것이 있다. 가끔 CEO나 다른 중역 리더가 보통의 제품 업무를 넘어서서 해야 할 필요가 있는 무언가에 관해 설명할 것이다. 때로는 파트너를 지원하는 것과 같이 전략적인 이유로 특수한 제품 업무를 해야 한다

---

* 옮긴이 'jobs to be done'은 경영 혁신 분야에서 세계적으로 유명한 하버드 경영대학원 교수인 클레이튼 크리스텐슨(Clayton Christensen)의 이론이다. 고객 문제 해결에 접근할 때 함께 참고해 보면 좋은 방법론이다.

는 것도 알아야 한다. 하지만 만일 이것이 자주 발생하면 그건 정말 또 다른 이슈다. 하지만 대개는 드물게 발생한다. 만일 이런 경우라도 너무 스트레스를 받지 마라. 팀에 당신이 가능한 한 많은 맥락을 알려 주어라. 위의 네 개 질문이 여전히 효과적으로 작동할 것이다.

작고 일반적인 규모의 과제에서는 기회 평가만으로도 충분한 경우가 많다. 하지만 보다 규모 있는 과제를 착수할 때는 여러 가지 근거가 필요하며, 해결해야 할 여러 가지 고객 문제가 있거나 다양한 사업 목표들을 상대해야 한다. 아이디어의 가치를 더 효과적으로 전달하려면 이전 장에서 다루었던 네 가지 질문보다 더 많은 것들이 필요하다.

> 보다 규모 있는 과제를 착수할 때는 여러 가지 근거가 필요하며, 해결해야 할 여러 가지 고객 문제가 있거나 다양한 사업 목표들을 상대해야 한다.

이 정도 규모의 일에 해당하는 전형적인 예는 리디자인(redesign)이다. 리디자인에는 몇 가지 목표가 있을 수 있다. 아마도 현재 고객의 경험을 개선하는 동시에 새로운 고객에 대한 성과도 높이려는 의도가 있을 것이다.

아마존은 내가 특히 좋아하는 기술 중심의 제품 회사다. 그들은 지속적으로 혁신해 왔고(그중 몇 가지는 진정한 파괴적 혁신이었다), 규모가 확장되면서도 지속 가능함을 증명해 왔다. 이러한 지속적인 제품 성공에는 다양한 이유가 있다고 생각한다. 리더십부터 인재, 문화, 특히 고객에 집중하는 진정한 열정이 있다. 그리고 아마존이 제품을 만드는 방법의 중심에 있는 몇 가지 기법이 있다. 그중 하나는 **거꾸로 일하기**(working backward)라고 불리는, 언론 홍보를 가정하는 것에서부터 제품 업무를 시작하는 것이다.

제품 관리자가 제품 출시 상황을 상상하여 언론 홍보 내용을 작성하는 것으로서 팀보다 먼저 업무를 구조화해 보는 기법이다. 우리 고객의 삶을 어떻게 나아지게 하는 것인가? 고객에게 실제로 어떤 이득이 있는가? 아마 새롭게 출시하는 제품을 홍보하는 보도 내용을 읽어 본 적이 있을 것이다. 여기서는 실제가 아닌, 완전히 상상해서 지어낸 것이라는 차이가 있을 뿐이다. 이 기법은 우리가 제품을 통해 만들어 내고자 하는 미래의 상태를 설명해 준다.

비록 짧게나마 우리 고객을 위한 효익들을 실제로 읽음으로써, 제품팀이 만들기로 한 모든 기능에 대해 즉각적으로 빠져들도록 매료시킨다. 이 기법은 결과물이 아닌 성과에 대응하고, 성과에 몰입할 수 있도록 하는 데 목적이 있다.

이 언론 기사의 실제 독자는 제품팀, 관련되어 있거나 영향을 받는 팀과 리더들이다. 이 기법은 또한 아주 멋진 에반젤리즘 효과가 있다. 만약 사람들이 이 홍보 기사를 읽고도 제품의 가치를 느끼지 못한다면 제품 관리자가 아직 해야 할 일이 있거나 또는 이 아이디어 자체를 다시 검토해 봐야 한다는 의미다.

어떤 사람들은 이것을 수요를 검증하는(demand-validation) 기법이라고도 생각한다. 만일 당신의 팀이 충분히 설레지 않는다면 진행할 가치가 없다고 볼 수 있기 때문이다. 하지만 이는 수요나 가치를 실제 고객이 아닌 당신의 동료를 통해 검증하는 것이므로 나는 구조화(framing) 기법으로 보는 것이 더 적합하다고 생각한다.

오랜 시간 아마존에서 일했고 몇 년 전에 노드스트롬(Nordstrom)에 합류한 워커 락하트(Walker Lockhart)는 노드스트롬에서 이 기법을 개선한 버전을 나에게 공유해 주었다.

홍보 기사의 형식으로 고객의 효익을 전달하는 것 대신 명확히 정의된 하나의 사용자 또는 고객 페르소나가 가상의 관점으로 작성한 고객 편지 형식을 말한다.

그 편지는 매우 행복해하며 감동한 고객이 CEO에게 보내는 내용이다. 왜 그가 새로운 제품 또는 디자인에 대해 행복해하고 감사해하는지를 설명한다. 고객은 그 제품이 그의 삶을 어떻게 변화시켰거나 나아지게 했는지를 표현한다. 그 편지는 CEO의 답신 또한 포함하고 있다. 이 제품이 비즈니스에 어떻게 기여했는지를 제품팀에 설명하는 내용이다.

이 편지의 형태가 아마존의 상상 언론 기사와 매우 비슷하다는 것을 느꼈을 것이다. 그리고 거의 동일한 사고방식을 유발하는 목적이 있다. 홍보 기사 버전 또한 고객의 인용문을 포함하고 있다.

나는 몇 가지 이유로 이 고객 편지 형태를 홍보 기사보다 더 선호한다. 첫째로, 홍보 기사의 형태는 다소 구시대적이다. 홍보 기사는 업계에서의 역할이 예전만 못하다. 그래서 모두에게 친근하게 받아들여지지 않는다. 둘째, 고객 편지는 고객이 현재 불편해하는 것에 대한 공감을 더 잘 이끌어낼 수 있는 작업이다. 그리고 제품팀이 이러한 고객들의 삶을 어떻게 더 나아지게 할 수 있을지 더 명확하게 드러낸다.

나는 실제 고객 편지들을 사랑한다. 고객 편지가 엄청난 동기부여를 제공함을 알게 되었다. 그리고 심지어 고객 편지가 제품에 대해 다소 비판적이더라도 여전히 관심을 기울여야 한다. 그 편지가 팀이 본능적으로 문제를 이해할 수 있도록 도와주며, 또한 고객을 도우려는 방법을 찾도록 해주기 때문이다.

37

스타트업 캔버스 기법

지금까지 우리는 새로운 기능을 추가하는 것과 같은 보통 규모의 작은 과제
와 리디자인(redesign)과 같이 중간 이상의 큰 규모의 과제를 위한 기법을 살
펴봤다. 이들은 제품팀이 실제로 수행하는 과제 대부분에 적용된다.

하지만 보다 포괄적인 구조화 기법이 필요한 특별한 상황이 있다. 초기 스타
트업의 경우와 같이 새로운 비즈니스를 창출할 수 있는 신규 제품을 생각해
내야 하는 상황이다. 또는 큰 기업에서 회사의 새로운 사업 기회를 고민하게
되었을 때다.

다른 말로 하면 당신이 기존 제품을
개선하는 것이 아니라 완전히 새로
운 제품을 만들어야 하는 상황을 말
한다.

> 당신이 기존 제품을 개선하는 것이
> 아니라 완전히 새로운 제품을 만들
> 어야 하는 상황을 말한다.

이 상황에서는 훨씬 더 넓은 범위의 위험들을 고려해야 한다. 가치 제안을
검증하는 것, 수익을 어떻게 만들어 낼지 이해하는 것, 고객에게 이 제품을
전달하고 판매하는 방안에 대한 계획, 이 제품을 만들고 판매하는 데 드는

비용, 진척 상황에 대한 측정 방법, 사업을 지속하는 데 충분한 규모의 시장 규모 등을 포함한다.

지난 수십 년간 사람들은 이러한 위험들을 설명하고, 그것들을 헤쳐나갈 방안에 관해 설명하는 두꺼운 사업 계획서를 작성해 왔다. 하지만 나를 포함하여 많은 사람은 그러한 방식의 사업계획서는 여러 이유로 도움이 되기보다 해가 되는 경우가 많았음을 언급했다.

스타트업 캔버스는 비즈니스 모델 캔버스의 사촌 정도로 보면 된다. 아울러 린 캔버스(lean canvas)는 이러한 위험들을 초기에 드러내고 팀이 전방에서 맞설 수 있도록 독려하는 가벼운 도구로 보면 된다.

나는 예전 스타일의 사업계획서보다 스타트업 캔버스를 훨씬 더 선호한다. 하지만 많은 스타트업들이 여전히 캔버스를 작성하는 데 너무 많은 시간을 쏟는 일도 발견되곤 한다. 고객이 구매하고 싶어 하는 솔루션을 찾아내는 문제를 피하고 미룬다('가장 큰 위험'에 대한 글 상자 참고).

어떤 규모의 일에도 캔버스를 사용할 수 있다. 다만 기존 제품과 사업에 대한 일이라면 캔버스의 주요한 부분은 바뀌지 않고 중복된다는 것을 곧 알아챌 것이다. 이미 판매 및 유통 모델이 있고, 수익화 전략이 있고, 체계적인 비용 구조가 있을 것이다. 주로 현재 솔루션에 더 많은 가치를 만들어 내기 위해 진행하는 일이다. 이러한 경우는 아마도 앞서 다루었던 기법 중 하나를 먼저 살펴보는 것이 더 적합할 수 있다.

그렇긴 하지만, 스타트업 캔버스를 더욱 간단한 일에 활용할 수 있다. 특히 새로운 제품 관리자의 경우에 말이다. 스타트업 캔버스는 새로운 제품 관리자가 관련된 핵심적인 비즈니스 영역에 대한 이해와 제품에 대한 총체적인 이해를 할 수 있도록 도와준다.

가장 큰 위험

스타트업 캔버스에서 내가 특히 좋아하는 부분은 스타트업 또는 기존 비즈니스에서 새로운 제품이 직면하는 핵심 가정과 위험 요소를 빠르게 짚어 낼 수 있도록 도와준다는 점이다. 이는 정말로 큰 이득이 되는 도구다. 가장 큰 위험을 먼저 알아챌 수 있으니 말이다. 적어도 이론적으로는 그렇다.

실제로 나는 주요한 위험보다 부차적인 위험에 집중하고 있는 기업가나 제품 리더들과 계속 부딪힌다. 위험이란 것이 어느 정도는 주관적이고 정량화할 수 없는 점은 인정한다. 그러므로 당신이 부차적인 위험으로 생각하는 것도 나는 핵심적인 위험으로 생각할 수 있다.

하지만 대개 부차적인 위험에 더 집중하게 되는 주요 원인은 사람들이 자신이 잘 알고 있고 통제 가능하다고 판단되는 영역에 대해 더 집중하게 되는 인간의 본성 때문이다.

> 대개 부차적인 위험에 더 집중하게 되는 주요 원인은 사람들이 자신이 잘 알고 있고 통제 가능하다고 판단되는 영역에 대해 더 집중하게 되는 인간의 본성 때문이다.

당신이 속한 스타트업의 창업자가 비즈니스 배경의 MBA 학위를 받은 사람이라고 하자. 그는 아마 좋은 비즈니스 모델을 제안하는 아이디어와 관련된 위험들은 매우 잘 인지하고 있을 것이다. 그는 차별화된 가치 제안, 가격, 고객 채널, 비용 등에 자주 집중한다. 물론 그것들도 **비즈니스 유효성**을 평가하는 항목으로서 실질적인 위험들이 맞다.

(계속)

하지만 나는 이 사람들을 앉혀 놓고 설명을 할 것이다. 이 항목들도 실질적인 위험이긴 하지만, 현재 단계에서는 탁상공론일 뿐이다. 그러고 나서 내 경험상 스타트업이나 신규 제품이 실패하는 가장 큰 원인이 바로 그들임을 알려 줄 것이다.

당신은 아마 내가 시장의 위험을 이야기하는 것으로 생각할 수 있겠다. 고객의 관심이 충분하지 않은 문제를 해결하는 데 집중하고 있는 위험 말이다. 이것은 매우 실질적인 위험이고 실패한 아이디어에 대한 책임이 될 수 있다. 하지만 대개는 이것이 가장 치명적인 위험은 아니다.

이쯤에서 몇 가지 주의사항을 이야기해야 할 것 같다.

첫째, 내가 만났던 대부분 팀은 진정으로 새로운 문제를 해결하고 있지 않았다. 그들은 장기간 증명된 시장에서 오래된 문제에 매달리고 있었다. 스타트업이나 새로운 제품이 다른 점은 문제를 해결하는 접근 방식, 즉 솔루션이다. 점점 더 높은 빈도로 그들은 새롭게 활용 가능한 기술을 활용하여 혁신적인 방법으로 문제를 해결한다.

둘째, 진정 새로운 시장이라면 오늘날 우리는 이전보다 훨씬 더 훌륭한 수요 검증 기법들이 있다. 만일 당신이 이러한 기법들을 사용하지 않는다면 스스로 위험을 촉진하는 것이다. 이것은 특히 계속 실수다. 비용과 시간 측면에서 매우 효과적인 기법을 사용하지 않는 것에 대한 변명의 여지가 없다.

나는 가장 큰 노력이 필요한 위험을 **가치 위험(value risk)**이라고 생각한다. 스타트업 캔버스에서는 이 항목이 솔루션 위험으로 나타나 있다. 고객에게 설득력 있는 솔루션을 발굴하는 것이다. **이는 고객이 구매하거나 사용을 선택하는 솔루션을 말한다.**

일반적으로 고객을 우리의 신규 제품으로 갈아타게 만드는 것이 얼마나 어려운지 생각해 보자. 다른 제품과 비슷한 기능 수준으로는 어림없다('기능의 동등함'이라고도 한다). 확연하게 느껴지는, **상당한 수준으로 더욱 뛰어나야만 한다.**

(계속)

이는 매우 높은 장벽이다.

하지만 당신이 캔버스를 작성해 본 적이 있다면 솔루션 위험에는 아주 일부만 신경을 쓰게 된다는 것을 느낄 것이다. 이에 대한 공식적인 이유는, 일반적으로 사람들은 특정 접근 방법에 너무 쉽게 사로잡히게 되고, 너무 이른 시점에 스스로 갇히기 때문이다. 냉정하게 말하자면 이와 같은 현상이 발생하면 팀에는 매우 심각한 문제가 된다. 나는 이런 행동을 자주 관찰해 왔다. 이러한 상황의 결과로 솔루션은 캔버스에서 빈약하게 표현된다. 그리고 상대적으로 그들이 더 편하게 느끼는 위험들에 대해 더 집중하려는 경향이 생긴다. 솔루션은 그저 '엔지니어를 위한 일' 정도로 치부해 버린다.

솔루션을 찾는 일을 다른 사람에게 맡기거나 미루지 말자. 우리는 제품 발견을 스타트업에서 가장 중요한 역량으로 받아들여야 한다.

보라, 만일 당신이 고객이 사랑하는 솔루션을 발견할 수 있다면 수익화나 확장에 대한 위험은 충분히 헤쳐나갈 수 있다. 하지만 솔루션이 없는 상태에서 나머지 일은 그저 시간 낭비일 뿐이다. 그래서 당신의 제한된 자원이 돈이건 경영진의 인내심이건 간에 이기는 솔루션을 발굴하는 데 당신의 노력을 집중해야 한다. 가치 위험을 먼저 해결한 다음에 다른 위험들에 집중하라.

중요한 것은 당신이 가격 최적화, 판매 도구, 마케팅 프로그램, 비용 절감 등을 수행하는 데 시간을 쓰면 안 된다는 것이다. 진정으로 가치 있는 제품을 아직 발굴하지 못했다면 말이다.

제품 발견 계획 기법

개요

자, 이제 우리는 제품 발견 업무에 대한 구조화를 완성했다. 이제 솔루션을 찾아내는 일을 시작할 준비가 되었다. 복잡한 과제를 진행하는 경우에는 제품 발견 업무를 자세히 들여다보고 계획하는 방법을 활용하는 것이 도움이 된다.

이번 절에서는 내가 선호하는 두 가지 제품 발견 계획 기법을 설명할 예정이다. 하나는 '스토리 맵(story map)'이라고 부르는 비교적 간단한 것이고, 다른 하나는 다소 복잡한 '고객 발견 프로그램(customer discovery program)'이다. 두 가지 모두 굉장히 강력하고 효과적인 도구다.

하나의 기법을 사용함에 단순히 일이 많다는 이유로 당신이 주저하게 하고 싶지는 않다. 그런데도 만일 제품팀이 한 가지 기법만을 선택할 수 있다면 나는 고객 발견 프로그램을 추천한다고 자주 언급한다. 그렇다. 고객 발견 프로그램은 많은 시간과 노력이 필요하다. 특히 제품 관리자의 어깨가 무겁다. 하지만 내가 가장 선호하는, 성공이 보장된 확실한 이정표다. 내 경력의 많은 성공 또한 이 기법 덕분이다.

38

스토리 맵 기법

스토리 맵은 내가 알고 있는 가장 활용도가 높은 기법 중 하나다. 기본적으로 구조화하고 계획하는 기법이지만, 아이디어를 창출하는 데도 매우 활발히 활용된다. 또한, 프로토타입을 만들 때 디자인 기법으로 사용되며, 팀과 이해 관계자와 의사소통할 때도 매우 훌륭한 도구다. 그리고 제품 업무를 관리하고 구조화할 때도 상당히 실용적인 역할을 한다. 게다가 스토리 맵은 제품 발견과 실행 전반에 걸쳐 지속적으로 도움이 된다.

이것이 많은 이득이 있는 기법이라는 데 당신도 동의할 것이다. 하지만 가장 주목할 만한 사실은 이 기법이 매우 간단하다는 것이다.

스토리 맵은 사용자 스토리의 전형적인 수평 백로그 형태에 대한 불만에서 시작되었다. 그것은 맥락 없이, 단순히 사용자 스토리를 우선순위대로 나열한 것이다. 하나의 스토리가 큰 그림에 어떻게 연계되는지 팀이 어떻게 알 수 있단 말인가? 약간의 맥락만으로 심지어 세세한 우선순위를 가진다는 것이 도대체 어떤 의미인가? 어떤 스토리의 조합이 유의미한 마일스톤(milestone)이나 출시를 구성하는가?

초기 애자일 사상가 중 한 명인 제프 패튼(Jeff Patton)은 이러한 문제 때문에 골치가 아팠다. 그래서 그는 검증된 UX 디자인 기법을 활용하여 애자일 콘셉트에 적용해 보았다. 그렇게 소개된 것이 사용자 스토리 맵(user story map)이다.

이것은 두 축으로 구성된 맵이다. 주요 사용자 활동이 수평축을 따라 대략적인 시간순으로 왼쪽부터 정렬되어 있다. 그래서 만일 10개 정도의 주요 사용자 활동이 있다면 일반적으로 당신이 한다고 생각했을 때를 가정하여 상단의 왼쪽부터 오른쪽으로 나열한다. 혹은 만일 전반적인 시스템을 누군가에게 설명하는 상황이라면 당신이 그들에게 설명하는 순서로 할 수도 있다.

수직축으로 가면 점점 더 구체적인 레벨이 된다. 각각의 중요 활동을 사용자 과업(user task)의 조합으로 구체화해 나가고, 각 과업에 스토리를 추가한다. 핵심적인 과업을 선택적인 과업보다 더 높은 곳에 위치시킨다.

만일 당신이 시스템을 이러한 방식으로 배치해 보면 한눈에 총체적인 시야를 가질 수 있게 된다. 그리고 각 출시와 관련된 목표들을 표현하는 선을 그려 보는 것을 고려하게 된다.

이제 각 스토리는 맥락을 가지게 되었다. 전체 팀이 하나의 스토리가 다른 스토리와 어떻게 맞춰져 있는지를 볼 수 있게 된다. 그리고 이것은 단지 특정 시점의 스냅샷이 아니다. 팀은 시간이 흐름에 따라 시스템이 어떻게 만들어지기를 기대하는지 이해할 수 있게 된다.

우리는 이러한 스토리 맵을 프로토타입을 구상할 때 사용할 수 있다. 그 프로토타입에 대한 피드백을 수집한 뒤 사람들이 실제로 우리 제품 아이디어에 어떻게 반응하는지를 학습할 수 있게 된다. 이를 통해 프로토타입은 피드백 결과를 생생하게 반영하는 도구가 되고, 스토리 맵을 쉽게 갱신할 수 있게 된다. 우리가 제품 발견 업무를 마치고 제품 실행 단계로 넘어갈 때, 각 스토리들이 제품 백로그로 그대로 이동하게 된다.

내가 아는 많은 팀은 높은 충실도(high-fidelity)의 사용자 프로토타입과 스토리 맵을 그들의 필수 도구로 활용한다.

내가 아는 많은 팀은 높은 충실도의 사용자 프로토타입과 스토리 맵을 그들의 필수 도구로 활용한다.

스토리 맵에 관한 제품 관리자를 위한 필독서로는 《사용자 스토리 맵 만들기》(제프 패튼 지음, 인사이트, 2018)를 추천한다.

39 고객 발견 프로그램 기법

제품 조직에서 우리의 역할은 비즈니스를 지속 가능할 수 있게 제품을 만드는 일이다. 정말이다. 모든 것은 뛰어난 제품에 달려 있다.

뛰어난 제품이 없는 상황을 생각해 보자. 마케팅 프로그램은 고객 획득 비용이 지나치게 많이 든다. 영업 조직은 영업 비용을 낮추고, 영업 주기를 늘리고, 가격을 낮출 수 있는 '창의적인' 방안을 만들어 내라고 강요받게 된다. 그리고 고객 만족 조직은 매일 불만이 가득한 고객을 상대해야 하는 고통을 참아야만 한다.

영업 조직이 취약한 제품을 가지고 경쟁하느라 많은 협상에서 패배하게 되므로 비즈니스의 급격한 하락 추세가 유지될 수밖에 없다. 그래서 그들은 무엇을 할까? 우리에게 패배를 안겨 준 경쟁사가 보유한, 당신은 구현하지 않은 기능에 대해 소리를 지르며 요청할 것이다. 이것은 안 그래도 나쁜 상황을 더 악화시킬 뿐이다. 그리고 당신은 영업 중심의 회사에서 일하는 것에 대해 불평하기 시작한다.

여러분 중에서 다수는 방금, 마치 본인 회사의 이야기라고 생각할 수도 있겠다. 안타깝게도 너무도 많은 회사에서 발생하는 현상이다. 특히 직접적인 영업 조직이나 광고 영업 조직이 있는 회사라면 더 두드러진다.

이 책은 어떻게든 이러한 상황을 방지하거나 바로잡기 위한 목적이 있다. 그리고 이번 장은 내가 생각하기에 이를 해결하기 위한 가장 강력한 기법에 관해 이야기할 것이다. 이를 통해 우리는 뛰어나고 유효한 제품이 있음을 증명하고 보장해야 하며, 방금 설명했던 상황이 발생하지 않도록 막아야 한다.

참조 고객의 힘

우리는 마법과 같은 힘을 보유한 행복한 참조 고객에 관해 이야기할 필요가 있다.

먼저, **참조 고객(reference customer)**의 의미에 대해서 분명하게 정의해야 겠다. 이는 실제 고객으로(친구나 가족이 아닌), 실제 제품을 사용하는 고객이며(시험용이나 프로토타입

> 참조 고객보다 제품 조직에 더 효과적인 방법은 거의 없다고 봐도 된다.

이 아닌), **실제 돈**을 내고 제품을 구매한 고객이다(선물로 주고 사용을 유도한 고객이 아닌). 그리고 특히 중요한 것은, 당신의 제품을 얼마나 사랑하는지 **다른 사람들에게 이야기할** 의사가 있는 사람들이다(자발적이고 진정으로).

참조 고객보다 제품 조직에 더 효과적인 방법은 거의 없다고 봐도 된다. 이 방법은 당신의 영업 조직이나 마케팅 조직에 제공할 수 있는 가장 뛰어난 판매 도구다. 그리고 제품 조직과 회사의 나머지 조직 사이의 역학 관계를 완전히 바꿀 수 있다.

훌륭한 영업 사원에게 그녀의 업무를 돕기 위해 당신이 해줄 수 있는 단 하나의 도구가 무엇인지 한번 물어봐라. 그녀는 아마 '행복한 참조 고객'이라고 대답할 것이다.

만약에 당신이 계속 영업 조직을 상대하는 것에 좌절을 느끼고 있었고, 최근 그들은 계약 성사를 위해 심혈을 기울이는 큰 규모의 판매 건이 있다고 하자. 이때 참조 고객은 상황을 반전시킬 방법이다.

참조 고객 없이는, 실제 제품/시장 궁합이 어떤 고객에게 해당하는지 영업팀이 알아내기 매우 어렵다. 그들은 제품 판매에 대한 할당량이 있고, 수수료로 수입을 얻는다. 훌륭한 사례가 없다면 그들은 어떤 방법으로든 판매를 하려고 할 것이다. 참조 고객 없는 이 상황은 그들의 잘못이 아니다. **당신의** 잘못이다.

내가 고객 발견 프로그램을 특별히 선호하는 이유는 이러한 참조 고객을 만들어 내기 위해 설계된 기법이기 때문이다.

우리는 실제 제품을 발견하고 개발하는 것과 함께 참조 고객의 조합을 발굴하고 개발한다.

우리는 실제 제품을 발견하고 개발하는 것과 함께 참조 고객의 조합을 발굴하고 개발한다.

나는 이 기법이 상당한 노력이 필요하다고 미리 경고한다. 주로 제품 관리자에게 해당하는 일이다. 나도 이 기법을 실행하기가 보다 쉬웠으면 좋겠다. 하지만 이 이야기도 함께하고 싶다. 당신이 이 기법을 수행한다는 것은 **앞으로 만들 제품의 성공에 대한 최고의 선행 지표**를 확인하는 것이다.

또 이야기할 것이 있는데, 이 기법은 새로운 것이 아니다. 비록 몇 년에 한

번씩은 몇몇 업계에서 영향력 있는 사람들이 이것의 힘을 재발견하고, 다시금 주목을 받게 되지만 말이다. 그리고 이 기법은 다양한 이름으로 불린다. 어쨌든 실제로 상당한 양의 업무가 필요하지만 않는다면 아마 모두가 이 기법을 활용할 것이라고 확신한다.

제품 유형별로 참조 고객 프로그램에 대한 네 가지 주요한 변형이 있다.

1. 사업자를 위한 제품을 만드는 경우
2. 플랫폼 제품인 경우(예를 들면, API 제품)
3. 내부 직원에게 사용되는 도구를 만드는 경우
4. 소비자를 위한 제품을 만드는 경우

네 가지 변형 모두 핵심적인 개념은 동일하지만, 일부 차이점이 있다. 먼저 기업용 제품을 위한 변형을 설명하고, 다른 경우에 대한 차이점을 알아보겠다.

한 가지 더 강조하고 싶은 점은 이 프로그램을 기능 레벨이나 작은 프로젝트와 같은 업무들을 위해 수행하지 않아야 한다는 것이다. 이 프로그램은 큰 규모의 과제를 위한 일이다. 새로운 제품 또는 비즈니스를 만들거나, 기존 제품을 새로운 시장/지역으로 확장하거나, 기존 제품을 리디자인하는 과제 등이 좋은 예시다.

이 기법을 견인하는 기본적인 원리가 있다. 중요한 신규 제품에 대해 반대하는 가장 공통적인 이유는, 잠재 고객들은 자신과 같은 여러 사람이 이미 성공적으로 그 제품을 사용하고 있다는 것을 보고 싶어 하기 때문이다. 그들은 '참조 고객'을 확인하고 싶어 한다. 일반적으로 더 많은 참조 고객이 있을수록 효과적이다. 하지만 너무 적으면 잠재 고객들은 그 제품이 특별히 일부 한두 명에게만 해당하는 특수한 것이라고 우려할 수 있다.

사업자를 대상으로 하는 제품이나 서비스의 경우에 6명의 참조 고객이 핵심 숫자라는 것을 몇 년 전에 알게 되었다. 통계적으로 매우 유의미하다는 것은 아니다. 자신감이 생기는 수준이라는 의미다. 그리고 그 숫자는 시간이 지나도 여전히 유효하다고 판단된다. 한 번 더 말하지만 6명 이상이라면 더 좋다. 다만 한 명 한 명에 매우 큰 노력이 들기 때문에 6명을 목표로 하는 것이다.

하나의 목표 시장

6명의 고객을 아무나 모집하는 것은 아니다. 목표 시장이나 세그먼트에 해당하는 6명의 참조 고객으로 구성한다. 즉, 6명의 유사 고객을 찾는 것이다. 만일 당신이 두세 개의 서로 다른 시장에 대한 두세 명의 고객으로 구성했다면 이 프로그램은 당신이 원하는 초점을 전달하지 못한다.

제품 비전과 전략에 대한 장에서 우리는 제품 전략이 제품 비전을 추구하는 데 한 번에 하나의 버티컬 시장을 다루는 것으로 살펴보았다. 예를 들어, 처음에는 재무 서비스 산업에 대한 6명의 참조 고객을 구성하고, 그다음에 제조 산업에 대한 6명을 구성하는 것과 같은 방법이다. 또는 같은 방식으로 지역적으로 확장할 수도 있다. 예를 들어, 처음 6명의 참조 고객은 미국에서 확보하고, 그다음은 독일, 브라질 등으로 확장할 수 있다.

나는 제품팀에게 6명의 참조 고객을 확보하기 전까지는 시장에 제품을 출시하지 말라고 최선을 다해 설득한다. 영업이나 마케팅이 성공할 수 있는 증거를 가지기 전까지는 그들이 레이스를 시작하기 원하지 않는다. 이때 참조 고객은 성공을 보장하는 최고의 증거다.

이 기법 이면에 있는 콘셉트는 특정 목표 시장에 대한 참조 고객의 조합을 구성하는 데 집중하고, 영업팀이 그러한 특정 유형의 고객들을 쉽게 따라갈 수 있도록 하는 것이다. 일단 우리가 초기 목표 시장에 대한 참조 고객을 확보하면 다음 목표 시장의 요구에 부합하기 위해 제품을 확장해 나갈 수 있다.

잠재적인 참조 고객 구하기

우리는 보통 6명의 고객만으로 구성하길 원한다. 그래서 보통 6명에서 8명 정도를 모집한다. 한두 명은 적합하지 않거나 가능하지 않은 것으로 판명될 수 있기 때문이다. 우리가 겨냥하고 있는 특정 목표 시장에 속한 사람들을 원한다. 그들은 기존 고객이거나, 잠재 고객이거나, 섞여 있을 수도 있다.

정말로 불편함을 느끼고 있고, 우리가 만들고 싶어 하는 솔루션을 간절히 바라고 있는 잠재 고객을 찾는다. 만일 그들이 다른 경로로 적합한 솔루션을 찾았다면 그들은 이미 그것을 구매했을 것이다.

참조 고객 후보가 기술자라면 먼저 그들을 배제하는 것도 중요하다. 이러한 사람들은 문제 해결의 가치를 간절히 원하기보다는 관련 기술 때문에 주로 관심을 가진다.

우리는 참조 고객들이 우리와 함께 긴밀하게 협업할 수 있는, 사용자와 시간이 있길 바란다. 그들은 제품팀과 함께 시간을 쓸 용의가 있어야 하고, 초기 프로토타입을 시험해 보고, 제품이 그들에게 유효한지 팀이 확신할 수 있도록 도와줘야 한다. 가능하다면 그들이 무대의 주인공이 되었으면 한다. 영업과 마케팅팀에 가장 큰 가치를 제공하기 때문이다.

관계

잠재 고객들이 얻는 혜택은, 그들이 솔루션에 대한 립서비스가 아닌 실제 조언을 받는다는 점이다. 그리고 특히 중요한 점은 그들이 필요했던 솔루션을 실제로 획득한다는 것이다.

제품팀으로서는 사용자 혹은 고객 집단에 빠르게 접근할 기회가 생겼다는 혜택이 있다. 팀은 더 깊이 있게 고객에게 유효한 솔루션을 파악할 수 있게 된다. 제품팀에게 사용자에 대한 접근성을 제공했다. 그리고 그들은 초기 버전 테스트에 동의했다. 그리고 가장 중요한 것은 그들이 제품을 구매하고 공개적인 참조인으로 동의했다는 것이다. 단, 최종적인 제품이 그들을 만족시키는 경우에만 해당한다.

많은 고객에게 성공적으로 판매할 수 있는 **범용적인 제품(general product)**을 만들어 내는 것이 당신의 임무라는 것을 각 참조 고객에게 꼭 설명해야 한다. 당신은 고객별 맞춤형 솔루션을 만들 필요가 없다(그리고 고객들도 그것을 원치 않는다. 더 지원받지 못하는 소프트웨어는 버려질 것이기 때문이다). 하지만 그런데도 당신은 그들과 소수의 다른 사람들에게 매우 효과가 있는 제품을 만들어 내는 데 깊이 몰입해야 한다.

나아가 제품 관리자로서 당신은 6명의 고객이 요청하는 모든 것들을 기능으로 넣으려고 하면 안 된다. 훨씬 마음 편한 방법이긴 하지만, 결국 형편없는 제품이 되어 버린다. 당신이 해야 할 일은 각 잠재 고객을 깊이 탐구하여 6명의 고객 모두를 만족시키는 **하나의 솔루션**을 찾아내는 것이다.

이 기법에 대해 고려해야 할 중요한 것들이 몇 가지 있다.

모든 사람이 동의하지는 않겠지만, 프로그램 참여 전부터 고객이 비용을 지불하는 것은 개인적으로 선호하지 않는다. 그렇게 하면 다른 유형의 관계를 만들어 버린다. 당신은 제품을 함께 만들어 낼 **파트너**를 원하는 것이지 단지 특정 고객을 위한 맞춤형 솔루션을 만드는 것은 원하지 않는다. 당신은 맞춤형 프로젝트를 해주는 판매자가 아니다. 그들이 좋아하는 제품을 제공한 뒤에 그들로부터 돈을 받을 수 있다. 그렇긴 하지만 만일 당신이 현금이 부족한 초기 단계의 스타트업이라면 규칙을 살짝 바꿔야 할 것이다. 고객들이 돈을 제삼자에게 예탁해 두는 것이다.

만일 당신이 중요하고 어려운 문제에 매진하고 있다면 아마 참여하고자 하는 고객에게 오히려 압도된 상태일 수도 있겠다. 이 프로그램이 좋은 기회라는 것을 고객도 잘 알고 있다. 만일 영업 조직이 있는 경우라면 그들은 이를 협상 카드로 사용하려고 할 것이다. 결과적으로 당신이 감당할 수 있는 것보다 더 많은 고객을 포함할 수밖에 없다. 이런 상황에서는 교묘한 대응책이 필요하다. 하지만 무엇보다 중요한 것은, 고객 발견 프로그램은 올바른 조합으로 구성되어야 하며, 8명을 넘지 않도록 해야 한다. 물론 해당 제품을 초기에 구매하기 원하는 고객들을 위해 제한 없는 조기 출시 프로그램을 하는 것은 전혀 문제가 없다. 다만 고객 발견 프로그램에는 적합하지 않다.

많은 경우 이 제품에 특별히 관심 있는 사람들을 만날 수 있겠지만, 그들은 우선 당신의 참조 고객이 있는지 확인하고자 한다. 그들에게 참조 고객이 되어 주기를 바란다고 설명하면 그들은 아마 너무 바쁘다고 이야기할 것이다. 그리고 참조 고객이 생기면 다시 한번 이야기하자고 덧붙인다. 그래도 괜찮다. 그들은 유용한 선례일 뿐이다. 우리는 이 프로그램에 절대적으로 시간을 낼 수 있을 만큼 솔루션에 목말라 있고 간절한 고객들을 찾고 있다. 모든 시장에는 이러한 고객군이 있기 마련이다.

그렇긴 하지만 이 프로그램에 참여하는 네다섯 명의 고객을 구하는 데도 큰 어려움을 겪고 있다면, 당신이 그다지 중요하지 않은 문제를 쫓고 있을 가능성이 크다. 그리고 나중에 이 제품을 판매하는 데 분명 엄청난 어려움을 겪을 것이다. 이것은 당신이 무언가 가치 있는 것에 시간을 쏟고 있는 것이 맞는지 매우 초기에 현실을 확인하는(**수요 검증**이라고 말하는) 방법이다. 만일 고객이 이 문제에 흥미가 없다면 처음부터 계획을 다시 생각해 보는 것이 좋겠다.

고객이 실제 의도한 단일 목표 시장에 속한 것이 맞는지 분명히 확인해야 한다. 이 프로그램의 큰 장점은 강력한 초점이다. 이는 고객들이 하나의 목표 시장에 속해 있다는 뜻이다.

당신은 제품 마케팅 매니저와도 협업이 필요하다. 잠재 고객들을 공개적인 참조 정보로 활용할 수 있도록, 그들이 속한 마케팅 조직으로부터 허락을 받아야 한다. 그리고 당신은 제품 마케팅 매니저가 이 프로그램에 계속 참여하기를 원할 것이다. 그가 당신의 잠재 고객을 훌륭한 영업 무기로서 전환되도록 도와줄 수 있기 때문이다. 하지만 명심할 것은, 그러한 실제 참조 고객을 발굴하는 것은 당신의 몫이라는 점이다. 그들이 사랑하는 제품을 제공해야 한다는 것을 잊지 마라.

이러한 초기 잠재 고객을 제품 발견의 파트너라고 생각하라. 그들과 함께 참여하고 있는 것이다. 그들을 동료로서 대하라. 솔직하게 대화하고, 서로에게 도움을 줘라. 당신이 만들어 낸 관계가 몇 년간 지속할 수 있음을 알게 된다.

제품 발견과 실행 전반에서 이 사람들과 상호작용을 할 수 있다. 그들에게 프로토타입을 보여 주고, 그들의 사용자와 함께 테스트를 수행하고, 수많은 상세 질문들을 수집하고, 그들의 환경에서 초기 버전을 테스트할 수 있다.

전체 출시를 진행하기 **전에** 이 사람들에게 먼저 제품을 출시하라. 제품 출시 전에 이미 그들은 제품 사용에 만족하고 있기 때문에, 출시 시점에 당신의 든든한 지지층이 된다.

지금까지 기업용 제품에 대한 고객 발견 프로그램을 알아보았다. 이제 다른 제품 유형들에 해당하는 이 프로그램의 변형들을 살펴보자.

플랫폼/API 제품

개발자를 위한 제품에서 고객 발견 프로그램은 사업자를 위한 유형과 거의 비슷하다. 가장 큰 차이점이라면 주로 제품팀과 협업을 한다는 것이다(엔지니어 혹은 제품 관리자). 그들은 우리의 제품을 성공적으로 사용하기 위해 API를 활용한다. 결과물은 참조 고객이 아닌 참조 **응용 프로그램**의 조합이다. 우리의 API를 활용해서 만들어진 성공적인 응용 프로그램들을 만들기 위해 집중한다.

내부 고객을 위한 도구

고객 서비스 담당자를 위한 새로운 대시보드(dashboard)와 같은 내부 고객을 위한 도구를 위해, 우리는 6명에서 8명 정도의 신망이 두텁고 영향력 있는 내부 사용자/직원을 선택한다. 다른 사람들이 리더처럼 존경하는 개인들을 발탁한다. 그리고 필요한 제품을 발굴하기 위해 그들과 긴밀하게 업무를 진행한다. 분명히 그들은 고객도 아니고 비용을 내지도 않는다. 대신 우리는 훌륭한 도구를 만들기 위한 제품 발견 과정의 전반에서 우리와 매우 밀접하게 협업해 달라고 요청한다. 그들의 제품이 준비되었다고 판단하면 우리는 그 새로운 도구를 그들이 얼마나 사랑하는지 동료들에게 말해 달라고 부탁한다.

소비자 제품

소비자 제품에도 일반적으로는 같은 콘셉트가 적용된다. 하지만 6개의 사업자 고객들과 긴밀한 협업을 집중하는 것이 아닌(다양한 고객에게 접근할 수 있는 각각의 사업자 고객), 약 10명에서 50명 정도 되는, 더 큰 수의 소비자들을 대상으로 한다. 그들이 우리 제품을 사랑하게 되는 수준까지 도달하도록 함께 참여한다. 한 가지 강조하고 싶은 것은, 소비자 제품을 대상으로 할 때는 훨씬 넓게 제품 아이디어를 테스트할 수 있도록 이 프로그램을 보완해야 한다는 점이다. 보통은 해당 제품을 전혀 접해 본 적이 없는 사람들도 포함한다. 하지만 점점 더 깊이 알아갈 수 있는 작은 규모의 잠재 고객과 함께하는 것은 큰 도움이 될 때가 많다. 그것이 이 프로그램의 목적이다.

마케팅 측면에서는, 소비자가 제품을 구매하거나 사용하기로 할 때 기업 제품의 구매자가 참조 고객을 원하는 것처럼 하지는 않는다. 대신 그들은 소셜 미디어, 언론, 기타 영향력 있는 사람들에게 영향을 받는다. 그리고 그들이 당신의 제품에 관한 신문 기사를 볼 때 가장 처음으로 확인하는 것이 실제 사용자에 관한 내용일 것이다.

요약

지금까지 살펴봤듯이 비록 큰 노력이 필요하더라도(특히 제품 관리자에게) 이 강력한 기법은 당신이, 고객이 사랑하는 제품을 만드는 데 확실한 도움을 준다.

기억하라. 이 기법은 앞으로 필요하게 될 제품을 발견하도록 설계된 것이 아니다. 대신 당신이 참조 고객을 만드는 데 필요한 제품 아이디어를 찾을 수 있도록 목표 고객들에 대한 접근성을 제공해 주기 위해 고안된 것이다.

제품/시장 궁합 정의하기

엄청나게 중요한 개념인 제품/시장 궁합을 정의하는 데는 다양한 방법들이 있다. 안타깝게도 대부분 방법은 매우 주관적이다.

진정으로 제품/시장 궁합은 '눈으로 볼 수 있을 때 비로소 알 수 있다'라는 콘셉트에 해당한다. 그것은 더 행복한 고객, 낮은 이탈률, 더 빠른 판매 기간, 더 급속한 자연 성장을 보여 주는 개념이다. 하지만 이 모든 것들은 각각의 임계치를 정의하기 까다로운 개념들이다.

(계속)

기업들은 흔히 제품/시장 궁합이 그들에게 어떤 의미이며, 그들이 달성한 상태인지 아닌지에 대해 수많은 시간 동안 논쟁하는 데 시간을 쏟는다. 제품/시장 궁합을 진단하는 데 가장 보편적으로 사용되는 것은 션 엘리스(Sean Ellis)* 테스트라고 알려진 기법이다. 이 방법은 당신의 사용자에 대한 설문조사를 수행하는 것이다(이때 사용자는 목표 시장에 해당하고, 최근에 당신의 제품을 최소 두세 번은 사용한 사람이어야 한다. 데이터 분석을 통해 그들이 최소한 제품의 핵심 가치를 경험했는지는 알 수 있을 것이다).

> 제품/시장 궁합은 '눈으로 볼 수 있을 때 비로소 알 수 있다'라는 콘셉트에 해당된다. 그것은 더 행복한 고객, 낮은 이탈률, 더 빠른 판매 기간, 더 급속한 자연 성장을 보여 주는 개념이다.

그들에게 이 제품을 더 이상 사용할 수 없게 되면 어떤 기분일지를 물어보게 된다(선택지는 다음 네 가지다. '매우 실망스럽다', '다소 실망스럽다', '상관 없다', '사용하지 않기 때문에 전혀 관계없다'). 일반적으로 40% 이상의 사용자가 매우 실망스럽다고 하면 당신이 제품/시장 궁합을 달성했을 가능성이 충분하다고 본다.

이것은 매우 유용한 도구이면서도 제품의 유형이나 표본의 규모에 따라 여러 가지 주의사항도 있음을 예상할 수 있다. 나는 소비자 제품이나 서비스에서 이 테스트를 매우 선호한다. 하지만 기업용 제품에 대해 내가 고객 발견 프로그램을 선호하는 이유는 이것이 매우 실용적이고 효과적인 제품/시장 궁합의 정의라고 생각하기 때문이다.

만일 특정 목표 시장에 있는 6명의 참조 고객들이 원하는 수준에 도달했다면 우리는 보통 그 시장에 대한 제품/시장 궁합을 달성했다고 선언할 수 있을 것이다.

(계속)

---

* [옮긴이] 션 엘리스는 드롭박스 마케팅 신화의 주역이자, 그로스 해킹이라는 방법론의 창시자다.

명심할 것이 있다. 제품/시장 궁합은 제품을 만드는 일이 완료되었다는 의미가 아니다. 심지어 한참 모자라는 단계다. 제품을 지속해서 개선하는 데 몇 년간은 더 지속해야 한다. 하지만 일단 우리가 6명의 참조 고객을 확보했다면 우리는 공격적이고 효과적으로 우리 제품을 목표 시장의 다른 고객에게 판매할 수 있게 된다.

그래서 각각의 참조 고객은 진정으로 중요한 마일스톤이다. 예를 들어, B2B 스타트업이 특정 목표 시장에서 6명의 참조 고객을 확보하는 것은 해당 제품 조직에 아마도 가장 중요하고 의미 있는 사업성과 마일스톤이며, 진짜로 축하할 만한 가치가 있는 사건일 것이다.

— CHAPTER —

40 사례 소개: 마티나 로칭고, 마이크로소프트

1993년 기능을 기준으로 마이크로소프트 역사상 가장 큰 규모의 릴리스로 기록된 워드(Word) 6.0이 출시되었다. 모든 신규 기능을 만들어 내는 것과 함께 팀은 또 다른 큰 목표가 있었다. 그들의 코드 베이스가 각 플랫폼(윈도우, 도스, 맥)별로 분기되어 있었으므로 마이크로소프트가 워드를 만들어나가는 일은 상당히 느리고 값비싼 비용을 치러야만 했다. 코드를 통합하는 일은 마이크로소프트의 개발 시간을 대폭 줄여 줄 것으로 기대되었다. 그리고 워드가 각 플랫폼별로 동일한 기능을 가지고 있었으므로 이 작업이 제품을 개선해 줄 것으로 스스로 확신을 가지고자 했다.

또한, 한 번 출시하는 데 상당한 중압감이 있었으므로 하나의 코드 베이스를 통해 효율을 개선할 수 있음을 의미했다.

그 당시에 맥용 워드는 상대적으로 시장 규모가 작았다. 당시 10억 달러 이상인 윈도우의 시장 규모에 비해서 6,000만 달러밖에 되지 않았다. 기억할지 모르겠지만, 그때는 윈도우가 시장을 절대적으로 지배하고 있었고, 애플의 미래는 불확실했다. 하지만 맥 커뮤니티는 플랫폼에 대한 열정적인 팬들 덕분에 여전히 강력했다. 그리고 그들은 윈도우에 대해서는 아주 작은 관심뿐이었다.

새로 출시한 파워맥(PowerMac)은 엄청나게 빠른 칩과 풍부한 메모리를 내세우며, 시장에서 인기를 끌었다. 맥팀의 대부분 구성원은 새로운 파워맥을 사용하고 있었다. 왜냐하면 초기 워드 6.0 베타는 보통의 맥에서 너무 느리게 작동했기 때문이다. 물론 대부분의 맥 사용자는 새로운 파워맥이 아닌 보통의 맥을 이용했다. 하드웨어의 업그레이드 주기가 지금보다 훨씬 더 느렸던 시절이다.

그래서 마이크로소프트가 '맥을 위한 모든 기능이 갖추어진 워드프로세서'라고 주장한 워드 6.0이 출시되었을 때 사용자들의 맥에서는 **기어 다니는** 수준이었다. 시작하는 데만 2분 정도가 걸렸을 정도다.

맥 커뮤니티의 뉴스 카테고리에 게시물이 올라오기 시작했다. 마이크로소프트가 '맥을 죽이려고 한다'는 글이었다. 항의 투서가 모든 곳에 퍼지기 시작했고, 심지어 빌 게이츠에게 직접 이메일이 전달되기도 했다. 빌 게이츠는 팀에게 이메일을 전달하며, "이 사건은 마이크로소프트 주식의 가격을 떨어지게 만들 것이다. 바로 잡아달라"고 언급했다.

스탠퍼드 대학을 갓 졸업한 젊은 제품 관리자였던 마티나 로쳉고(Martina Lauchengco)는 이 상황을 반전시키는 일을 맡았다.

팀은 곧바로 깨달았다. 비록 코드 베이스를 통합하는 목표도 중요한 가치가 있을지 모르겠지만, 제품의 성과가 나쁘다면 허울뿐인 결과다. 더욱이 사용자들은 같은 기능이 아닌 그들의 디바이스나 플랫폼만이 가진 차별성에 가치를 둔다. 고객들은 모든 플랫폼을 위한 통합 제품을 동시에 제공받는 것보다 시간이 조금 더 걸리더라도 특정 플랫폼에 최적화된 솔루션을 사용하는 것을 선호했다.

제품팀은 성능에 집중적으로 쏟아붓던 노력을 멈추고, 맥에서 할 수 있는 장점을 살펴보기 시작했다. 맥 사용자들은 윈도우 사용자들보다 상대적으로 훨씬 많은 폰트를 가지고 있었으므로 팀은 맥에서 언제 어떻게 폰트를 읽는지 특별히 관찰했다. 그리고 맥 키보드의 모든 단축키가 여전히 잘 작동하는지를 확인했다.

그들은 단어 수에 집중했다(그것은 모든 언론인이 하루에 10번 정도 사용하는 기능이었다). 언론인들은 그들의 성과 지표로서 단어 수를 사용했으므로 반드시 번개처럼 빠르게 작동하도록 만들고자 했다. 그들은 결국 윈도우의 동일한 기능보다도 더 빠르게 동작하도록 만들었다.

그 결과 몇 개월이 지나지 않아 모든 가입 고객을 대상으로 워드 6.1를 출시했다. 마티나의 서명이 있는 사과 편지와 다음 구매를 위한 할인 쿠폰도 함께 포함되었다.

그 출시 버전은 사용자 인식의 문제를 해결하는 데 성공했다. 그보다 더 중요한 것은 진정으로 매킨토시를 위해 이전보다 엄청나게 나아진 버전을 만들었다는 사실이다. 매킨토시팀이 충분히 자랑스러워할 만한 제품이었고, 팀이 느끼기에 시장에 먼저 제공했어야 하는 제품이었다.

이것은 엄청난 압박이 자주 발생하는 상황에서도 고객을 위해 올바른 제품을 만드는 것이 얼마나 어려운 일인지를 보여 주는 좋은 사례다. 그리고 뛰어난 제품 관리자가 어떤 대처 방안을 찾아내는지도 명확하게 알 수 있다.

그 후 몇 년간 마이크로소프트는 다시 코드 베이스를 분기하도록 결정한 것뿐만 아니라 심지어 각 팀을 다른 사업부 및 다른 근무 장소로 완전히 분리했다. 매킨토시팀이 맥의 모든 것을 수용하도록 했다. 전략적으로 완전히 180도 달라졌다.

이것이 마이크로소프트와 애플 모두에게 얼마나 중요했는지는 감히 짐작

> 이것은 엄청난 압박이 자주 발생하는 상황에서도 고객을 위해 올바른 제품을 만드는 것이 얼마나 어려운 일인지를 보여 주는 좋은 사례다.

하기 어렵다. 심지어 20년이 지난 현재까지도 많은 사업자와 고객들은 워드와 나머지 오피스 프로그램들을 맥을 사용하는 데 절대적인 필수 프로그램으로 생각하고 있다. 당시의 선택이 애플과 마이크로소프트에게 수십억 달러를 안겨 주었다. 현재 전 세계적으로 **10억 대 이상의 맥 또는 PC**가 오피스 프로그램을 사용하고 있다.

마티나는 제품 관리자와 제품 마케팅 직무에서 놀라운 경력을 이어갔다. 마이크로소프트에서 넷스케이프로 이동한 뒤 넷스케이프 브라우저의 마케팅을 책임졌다. 그리고 라우드클라우드(Loudcloud)로 옮겼다. 지금은 SVPG의 파트너로 10년 이상 나와 함께하고 있다. 그녀는 또한 캘리포니아 대학 버클리 캠퍼스(University of California, Berkeley)에서 마케팅을 가르치고 있다.

한 가지 덧붙이면 마케팅 전문가가 제품 관리에도 뛰어난 경우만큼 강력한 효과를 발휘하는 경우도 거의 없을 것이다. 그 둘의 조합은 놀랍다.

아이디어 발상 기법

개요

제품 아이디어를 생각해 내는 데 수많은 기법들이 있다. 내가 좋아하지 않았던 아이디어 발상 기법은 거의 없었다. 나에게 보다 적절한 질문은 다음과 같았다. '우리 리더가 지금 당장 집중하라고 요청한 힘든 비즈니스 문제가 있습니다. 이를 해결하는 데 정말 도움이 될 만한 아이디어의 유형은 어떻게 만들어 낼 수 있을까요?'

> 우리 리더가 지금 당장 집중하라고 요청한 힘든 비즈니스 문제가 있습니다. 이를 해결하는 데 정말 도움이 될 만한 아이디어의 유형은 어떻게 만들어 낼 수 있을까요?

놀랍게도 대다수 기업은(제품 관리에 훌륭한 기업을 제외하고) 실제 제품팀이 스스로 아이디어 발상을 충분히 하지 않는다. 아이디어가 제품 로드맵상에 있는 우선순위화된 기능 목록의 형태로 제품팀에 이미 전달되었기 때문이다. 제품 로드맵에 있는 대부분 아이템은 대형 고객(또는 잠재 고객)이나 회사의 주요한 이해 관계자와 임원으로부터 요청받은 것들이다. 불행하게도 우리가 찾고 있는 수준의 아이디어는 거의 드물다.

일반적으로 제품팀에게 솔루션이 아닌 실제 해결해야 하는 비즈니스 문제가 주어졌고, 제품팀이 그들의 업무를 충실히 하면서 실제 사용자 또는 고객과 직접 자주 상호작용한다면 충분한 양과 질의 제품 아이디어를 얻는 것은 전혀 문제가 아니다.

내가 선호하는 몇몇 기법들이 있다. 이것들은 매우 가능성 있고, 적절한 제품 아이디어를 끊임없이 제공한다.

그런데 한 가지 중요한 유의사항이 있다. 당신이 이러한 기법을 사용하게 된다면 발견한 많은 아이디어 덕분에 매우 들뜨게 될 것이라고 나는 확신한다. 하지만 그렇다고 당신이 그 아이디어들을 바로 실행에 옮기라는 의미는 아니다. 많은 경우 그 아이디어들이 가치 있고, 고객에게 사용성이 충분하고, 엔지니어가 실현할 수 있고 사업에 유효한지를 확인하기 위해 여전히 테스트해야만 한다.

고객 인터뷰

고객 인터뷰는 이 책에서 다루는 것 중 가장 기본적인 기법이다. 나는 이 기법을 설명해야 할 필요가 없었으면 한다. 제품 관리자들이라면 당연히 고객 인터뷰 방법을 잘 알고 있고, 자주 하고 있다고 믿고 싶기 때문이다.

하지만 현실은 이런 경우가 별로 없다. 혹은 고객 인터뷰를 할 때 제품 관리자는 참여조차 하지 않는다. 그래서 학습 결과를 충실하게 이해하지 못하거나 필요한 수준으로 중요하게 여기지 않게 된다(제품 발견 원칙의 10번 '공유 학습'을 참조).

하지만 모든 제품 관리자에게 고객 인터뷰가 가장 강력하고 중요한 기술이라는 사실을 부인할 수 없다. 그리고 제품의 돌파구가 되는 다수의 아이디어를 만들어내는 원천이나 영감을 자주 제공한다. 나중에 당신의 제품 아이디어를 정성적으로 테스트하는 기법에 관해 다룰 때 이러한 역량은 전제 조건이 된다.

> 모든 제품 관리자에게 고객 인터뷰가 가장 강력하고 중요한 기술이라는 사실을 부인할 수 없다. 그리고 제품의 돌파구가 되는 다수의 아이디어를 만들어내는 원천이나 영감을 자주 제공한다.

고객 인터뷰는 여러 가지 형태가 있다. 그래서 단 하나의 기법이라고 보기는 어렵다. 비공식적인 경우가 있고, 더 공식적인 형태도 있다. 어떤 경우는 사용자 조사 방법을 이면에 적용하고(내가 가장 좋아하는 방법은 **맥락질문법** (contextual inquiry)이다), 다른 경우는 단순히 사무실을 벗어나서 몰랐던 것을 학습한다.

모든 사용자 또는 고객과의 상호작용에서 우리는 항상 가치 있는 통찰을 배울 기회를 가지고 있다. 다음은 내가 항상 이해하고자 노력하는 것들이다.

- 당신이 목표로 했던 고객들이 맞는가?
- 당신이 생각했던 문제를 고객들이 실제로 가지고 있는가?
- 고객이 이 문제를 지금은 어떻게 해결하고 있는가?
- 그들을 전환하려면 무엇이 필요한가?

이러한 답변들을 찾아내는 데는 수많은 방법이 있다. 그리고 사용자 연구원의 도움을 받을 수 있다면 그들이 업무를 이끌어 나가도록 하면 된다. 이러한 학습 기회를 통해 가장 많은 것을 뽑아내는 몇 가지 방법이 있다.

빈도(frequency) 정기적인 고객 인터뷰 일정을 수립하라. 고객 인터뷰를 그저 가끔 수행해서는 안 된다. 최소한 매주 2시간에서 3시간 정도는 진행해야 한다.

목적(purpose) 인터뷰를 하는 동안에는 무엇인가 증명하려고 해서는 안 된다. 단지 고객을 이해하고 빠르게 학습하기 위해 노력하면 된다. 이러한 마음가짐이 매우 중요하다는 점을 잘 알아야 한다.

사용자와 고객 모집하기(recruiting user and customer) 이와 관련해서는 사용성 테스트 기법에 대해 다룰 때 더 자세히 이야기할 것이다. 하지만 지금 한 가지만 이야기하면 당신의 목표 시장에 해당하는 고객들과 주로 이야기를 나누라는 것이다. 한 시간 정도를 고객과 함께하게 될 것이다.

장소(location) 고객이 태어나고 자란 거주지에서 관찰하는 것은 항상 놀라운 효과가 있다. 그들의 환경을 단순히 관찰하는 것만으로도 상당한 학습을 할 수 있다. 하지만 당신의 사무실로 초대하거나 편한 장소에서 만나는 것 또한 괜찮다. 만일 당신이 이를 영상 통화로 할 수밖에 없다면 최선은 아니겠지만, 아무것도 하지 않는 것보다는 훨씬 낫다.

준비(preparation) 사전에 그들의 문제가 무엇이라고 생각하는지 분명히 해두어라. 그리고 당신이 어떻게 그것을 확인하거나 반박할지 생각해 두어라.

누가 참여하는가(who should attend) 나는 세 명의 사람을 인터뷰에 데리고 가는 것을 가장 선호한다. 즉, 제품 관리자, 제품 디자이너, 그리고 팀에 속한 한 명의 엔지니어(보통 참석을 희망하는 사람 중 한 명씩 돌아가면서 선택한다)다. 대개 디자이너가 주도하고(보통 그들이 이를 제대로 하는 방법에 대한 경험이 많기 때문이다), 제품 관리자는 기록하고, 엔지니어는 관찰한다.

인터뷰(interview) 자연스럽고 편안하게 유지하도록 하라. 제약을 두지 않은 열린 질문을 하고, 그들이 지금 겪고 있는 일을 학습하는 데 초점을 맞추어라(그들의 희망 사항에 시간을 많이 쓰지 마라. 비록 그것이 흥미로운 주제일지라도 말이다).

후속 업무(afterward) 모두가 같은 내용을 듣고, 같은 배움을 가졌는지 동료
들과 공유한다. 만일 인터뷰를 하는 중에 고객과 약속한 것이 있다면 그
것을 지키도록 하라.

나는 인터뷰 노력이 시간 대비 훌륭한 결
과물을 계속 만들어 낸다고 주장한다.
제품 발견의 중요한 질문에 대한 해답을
얻는 매우 핵심적인 일이다. 그리고 나는

> 나는 인터뷰 노력이 시간 대비
> 훌륭한 결과물을 지속적으로
> 만들어 낸다고 주장한다.

고객 인터뷰를 통해 제품 아이디어의 테스트 기회를 가지는 것을 굉장히 좋
아한다. 보통은 핵심 질문에 대한 답변을 먼저 처리한 후에 아이디어를 얻
는 시간을 가진다. 나는 고객 인터뷰 활용을 정말 좋아하며, 이것은 엄청난
기회를 제공해 준다.

사용성과 가치를 테스트하는 것에 관해 설명할 때 아이디어 테스트와 관련
한 기법에 대해 알게 될 것이다. 인터뷰를 마치고 바로 마무리할 필요가 없
으며, 최신의 제품 아이디어에 대한 사용자 테스트를 이어서 진행할 수 있
다는 정도만 짚고 넘어가겠다.

안내인 테스트(concierge test)는 높은 품질의 제품 아이디어를 빠르게 도출하기 위해 사용되는 기법이다. 그러면서도 고객에 대한 이해와 공감을 높일 수 있어서 팀의 사기 진작과 뛰어난 솔루션을 만들어 내는 데 효과적이다.

안내인 테스트는 오랜 기간 사용된 방법으로, 새롭게 이름이 붙은 것이다. 안내인 테스트는 기본적으로 우리가 고객의 과업을 개인적으로, 수동으로 수행해 주는 것이다. 마치 당신이 호텔 안내인을 찾아가서 인기 있는 공연의 표를 구해 줄 수 있는지 요청해 보는 것과 같다. 당신에게 그 표를 구해 주기 위해 안내인이 실제로 무엇을 하는지는 자세히 알 수가 없다. 하지만 그가 뭔가를 하고 있다는 것은 알 것이다.

이 기법에서 **당신**은 안내인이 된다. 사용자나 고객들이 원하는 일을 당신이 직접 해준다. 아마도 그들에게 먼저 설명을 요청해야 할 것이다. 하지만 당신은 그들의 입장이 되어서 그들이 하고자 하는 과업을 직접 수행한다.

똑같지는 않지만, 고객 서비스 또는 고객 만족 담당자와 함께하는 시간을 보내는 것과 비슷하다. 이 방법도 나름의 가치가 있고, 제품 아이디어의 좋은 원천이 되기도 한다. 하지만 이는 특정 문제를 가지고 전화한 고객을 한 번 도와주는 것으로 끝이다.

안내인 테스트는 실제 사용자와 고객에게 찾아가서 그들이 어떻게 과업을 수행하는지 보여 주기를 요청해야 한다. 그러면 그들이 과업을 어떻게 수행하는지 당신은 학습할 수 있게 된다. 그 결과로서 당신은 훨씬 나은 솔루션을 그들에게 제공하도록 일을 실행할 수 있게 된다.

> 안내인 테스트는 실제 사용자와 고객에게 찾아가서 그들이 어떻게 과업을 수행하는지 보여 주기를 요청해야 한다. 그러면 그들이 과업을 어떻게 수행하는지 당신은 학습할 수 있게 된다. 그 결과로서 당신은 훨씬 나은 솔루션을 그들에게 제공하도록 일을 실행할 수 있게 된다.

만일 당신이 **내부 사용자**를 위한 도구를 만들고 있더라도(아마 회사 직원이 사용자일 것이다), 동일하게 적용된다. 동료에게 찾아가서 그들이 어떻게 과업을 수행하고 있는지 가르쳐 달라고 요청한다.

공유 학습의 원칙과 같이 제품 관리자와 제품 디자이너, 엔지니어가 안내인 테스트를 해본다면 최선의 가치를 얻을 수 있을 것이다.

43

고객 일탈 행동의 힘

역사적으로, 훌륭한 팀들이 제품 기회들을 찾아내기 위해 사용하는 두 가지 주요한 접근 방법이 있다.

1. 시장 기회를 평가하고, 주요한 문제가 존재하면서도 잠재 수익성이 뛰어난 영역을 선택한다.

2. 기술이나 데이터가 지금 가능하게 해주는 것들을 살펴보고, 주요한 문제와 그것이 맞아떨어지는지 확인해 본다.

첫 번째 방법은 시장을 따르는 것으로, 두 번째는 기술을 따르는 것으로 볼 수 있다. 어느 방법이건 당신이 이기는 제품을 만드는 데 도움을 준다.

하지만 오늘날 가장 성공적인 회사 중 일부는 세 번째 접근 방법을 택하고 있다. 비록 모든 기업에 적합하지는 않을지 몰라도 나는 이 방법을 제안한다. 이 방법은 매우 강력한 기법임에도 아직 업계 내에서 충분히 활용되지 않고, 인정받지 못하고 있다.

세 번째 대안은 고객이 애초에 우리가 계획하고 공식적으로 제공하는 문제 해결 이외의 목적으로 제품을 사용하는 것을 수용하거나 심지어 권장하는 것이다.

내 오랜 친구인 마이크 피셔(Mike Fisher)는 《고객 일탈 행동의 힘(The Power of Customer Misbehavior)》이라는 책을 출간했다. 이 책은 주로 이베이와 페이스북의 입소문을 통한 성장 이야기를 다루고 있다. 하지만 몇 가지 다른 좋은 사례들 또한 포함하고 있다.

> 세 번째 대안은 고객이 애초에 우리가 계획하고 공식적으로 제공하는 문제 해결 이외의 목적으로 제품을 사용하는 것을 수용하거나 심지어 권장하는 것이다.

초기에 이베이에는 항상 '나머지 모두(Everything Else)' 카테고리가 있었다. 이 곳은 이베이가 사람들이 거래할 것으로 예상하지 못하는 것들을 사고팔 수 있는 공간이었다. 비록 우리가 많은 예측을 하지만(지금까지도 수천 개의 카테고리가 있다), 때로 혁신은 사람들이 무엇을 하기 **원하는지** 관찰하는 데서 비롯된다.

우리는 초기부터 이베이에서 가장 혁신적인 일들이 활발히 일어나는 곳은 바로 여기임을 알아챘다. 그리고 이베이의 거래 서비스를 활용하여 어떤 것이라도 사고팔 수 있도록 만들기 위해 고객들을 응원하고 육성할 수 있는 모든 방안을 생각해 보았다.

비록 이베이는 원래 전자제품이나 수집품과 같은 물건의 거래를 촉진하기 위해 설계된 것이었지만, 곧 사람들은 공연 표나 미술품, 심지어 자동차까지 거래하기 시작했다. 지금은 놀랍게도 이베이가 전 세계에서 가장 큰 중고차 거래 회사 중 하나가 되었다.

당신이 예상하듯이 안전하게 차를 구매하고 운송하는 것과 표를 사서 하루 잘 쓰고 가치가 없어지는 것 사이에는 매우 중대한 차이가 있다. 하지만 그렇게 되기 위해서는 팀이나 회사가 예상하지 못한 아이템과 방법으로 고객이 거래하는 수요가 먼저 발생해야 한다.

어떤 제품팀들은 의도하지 않는 유스 케이스(use case)로 제품을 사용하는 고객들을 발견할 때 속상해하기도 한다. 이 걱정은 대개 제품을 지원해야 하는 의무와 엮여 있다. 하지만 나는 이 특별한 경우가 매우 전략적이고 투자할 만한 가치가 있는 지원사항이 될 수 있다고 제안한다. 만일 당신의 고객이 예측하지 못한 방법으로 당신의 제품을 사용하고 있다면 이는 잠재적으로 매우 소중한 정보가 된다. 그들이 무슨 문제를 해결하기 위해서 그랬는지, 왜 그들이 당신의 제품이 적합한 수단이라고 생각했는지, 더 깊게 파헤쳐 보고 학습해 볼 수 있다. 이를 충분히 실행하면 당신은 곧 잠재적으로 매우 큰 제품 기회가 될 수 있는 패턴을 발견할 것이다.

개발자 일탈 행동의 힘

비록 이베이의 사례가 최종 사용자(구매자와 판매자)를 목적으로 활용된 것이었지만, 같은 콘셉트가 제품의 서비스 중 일부 혹은 전체를 프로그래밍 인터페이스(공개 API)로 공개하는 트렌드의 이면에도 깔려 있다.

공개 API와 함께 개발자 커뮤니티에 기본적으로 다음과 같이 이야기한다. '우리가 제공할 수 있는 서비스들이 여기 있습니다. 아마 당신은 이러한 서비스를 활용해서 우리가 미처 생각하지 못했던 놀라운 무언가를 할 수 있을 겁니다.'

페이스북의 플랫폼 전략은 이에 대한 좋은 사례다. 그들은 소셜 그래프(social graph)에 대한 접근을 허용해서 개발자들이 이 자원을 활용해 할 수 있는 일이 어떤 유형의 것들일지 발견하고자 했다.

나는 한 회사 제품 전략의 일환으로서 공개 API 활용을 적극 지지하는 오랜 팬이다. 나는 진심으로 혁신적인 제품 아이디어가 나오는 지속 가능한 최고의 원천은 바로 개발자들이라고 생각

> 나는 진심으로 혁신적인 제품 아이디어가 나오는 지속 가능한 최고의 원천은 바로 개발자들이라고 생각한다.

한다. 그들은 지금 가능한 것이 무엇인지 알 수 있는 최고의 위치에 있고, 수많은 혁신이 이러한 통찰 덕분에 생겨났다.

44

핵 데이

핵 데이(hack day)에 대한 다양한 변형들이 있지만, 이번 장에서 나는 내가 선호하는 기법을 설명하겠다. 이는 긴급한 비즈니스 또는 고객의 문제를 해결하는 데 초점을 맞추어 다양하고 높은 잠재성을 가진 아이디어를 빠르게 획득할 수 있는 기법이다.

핵 데이는 직접적인 유형과 **간접적인** 유형으로 크게 구분된다. 간접적인 핵 데이는 최소한 회사의 미션과 대략적인 관련이 있기만 하면 사람들이 원하는 어떤 제품 아이디어라도 탐색할 수 있다.

직접적인 핵 데이는 특정 고객의 문제(예를 들어, 배우고 사용하기 너무 어렵거나 하는 데 너무 오래 걸리는 일) 또는 할당받은 사업 목표(예를 들어, '고객 이탈률 낮추기' 또는 '고객의 생애 가치 높이기')가 주어진다. 그리고 우리는 제품팀 사람들에게 자체적으로 팀을 구성해서 주어진 목표를 대상으로 하는 원하는 어떤 아이디어라도 실행해 볼 수 있다.

이것의 목적은 스스로 만들어진 각 그룹이 그들의 아이디어를 탐색하고, 평가를 받을 만한 프로토타입과 같은 형태를 만들어 내는 것이다. 그리고 결과물이 적절하다면 실제 사용자에게 테스트해 보는 것이다.

이러한 직접적인 핵 데이에는 두 가지 주요한 장점이 있다. 첫 번째는 실용성이다. 이 기법은 엔지니어가 아이디어 발굴 단계에 참여하도록 촉진한다. 내가 이 책에서 몇 번이나 언급했듯이 많은 최고의 아이디어들은 팀의 엔지니어로부터 나온다. 그래서 우리는 이런 일이 생기도록 신경 써야 한다. 물론 이런 일은 계속 일어나야 하지만, 이 기법은 더 확실한 상황을 만들어 준다.

두 번째 장점은 문화적인 것이다. 이것은 용병이 아닌 미션팀을 만드는 데 내가 가장 좋아하는 기법 중 하나다. 엔지니어들은 준비가 되어 있지 않더라도 비즈니스 맥락을 이해하기 위해 깊이 빠져들게 되고, 혁신에 대해 더 큰 역할을 수행하게 된다.

> 이것은 용병이 아닌 미션팀을 만드는 데 내가 가장 좋아하는 기법 중 하나다.

프로토타이핑 기법

개요

우리가 기술을 통해 문제를 해결한 이래
로 다양한 형태의 프로토타입들이 늘 주
위에 존재했다. 프레드 브룩스(Fred Brooks)

> 버리기 위해 계획하라.
> 어쨌든 결국 그렇게 될 것이다.

의 유명한 인용구를 보자. "버리기 위해 계획하라. 어쨌든 결국 그렇게 될
것이다(Plan to throw away; you will, anyhow)."

프레드의 인용구가 처음 언급되었을 때(무려 1975년이었다!) 지금만큼이나 의
미심장했다. 그리고 그동안 많은 것들이 변했다. 프로토타입을 구현하고 테
스트를 하기 위해 우리가 가진 도구와 기법은 엄청난 발전이 있었다.

그렇긴 하지만, 나는 제품팀이나 심지어 리더라고 생각하는 사람들도 **프로
토타입**이라는 개념이 무엇을 의미하는지에 대해 매우 좁은 해석을 하고 있
다는 것을 계속 관찰해 왔다.

내가 사람들을 통해 보통 알게 되는 사실은 그들이 프로토타입이라는 개념
을 처음으로 보이는 제품의 유형과 관계 지으려고 한다는 것이다. 만일 처음

보게 된 제품이 실현 가능성을 테스트하기 위한 것이라면 그것이 그들이 생각하는 프로토타입이다. 만일 처음 보는 제품이 사용성 테스트를 위해 사용되는 것이라면 이것 또한 프로토타입이라고 생각한다.

하지만 사실 프로토타입에는 수많은 다른 형태들이 있고, 각각은 차별화된 특징이 있으며, 각기 다른 것들을 테스트하기 위해 맞추어져 있다. 그리고 사실 몇몇 사람들은 즉시 해결해야 하는 업무에 대해 잘못된 유형의 프로토타입을 사용하면서 어려움에 스스로 빠진다.

이번 장에서 나는 프로토타입의 주요한 종류들을 간략히 짚어 보고자 한다. 그리고 이어지는 장에서는 각 프로토타입의 종류에 대해 더 깊이 설명할 것이다.

실현 가능성 프로토타입

이것은 엔지니어에 의해 제작된다. 무언가가 실현 가능한지를 판단하기 전에 제품 발견 기간 동안 기술적인 실현 가능성의 위험에 대해 대응하기 위함이다. 가끔 엔지니어는 새로운 기술을 실험해 보기도 한다. 때로는 그것이 새로운 알고리즘일 수도 있다. 흔히 그것은 성능을 평가하는 것이다. 실현 가능성의 위험을 파악할 수 있도록 개발자에게 충분히 코드를 작성하게 해보자는 것이 기본적인 생각이다.

사용자 프로토타입

사용자 프로토타입은 모의실험이다. 사용자 프로토타입은 폭넓은 형태로 존재한다. 의도적으로 종이에 스케치한, 마치 와이어프레임처럼 보이는 형태부터(**낮은 충실도의 사용자 프로토타입**이라고 한다), 실제 제품과 비슷하게 보이고 느껴져서 단지 모의실험이라고 하기 어려울 정도의 형태(**높은 충실도의 사용자 프로토타입**이라고 한다)를 가진 범위까지 존재한다.

라이브 데이터 프로토타입

라이브 데이터 프로토타입(live-data prototype)은 약간 설명하기 복잡하지만, 몇몇 상황에서는 매우 중요한 도구가 된다. 라이브 데이터 프로토타입의 중대한 목적은 실제 데이터를 수집하여 우리가 무언가를 증명할 수 있게 하거나 최소한 일부 증거라도 수집하기 위함이다(보통 기능, 디자인, 업무 프로세스와 같은 아이디어가 실제로 유효한 것이 맞는지 알아채기 위함이다). 여기에는 두 가지 의미가 있다. 첫째, 우리의 실제 데이터 소스에 접근할 수 있는 프로토타입이 필요하다. 둘째, 일부 유용한 정보를 얻기 위해 충분한 양의 실제 트래픽을 프로토타입으로 전송할 수 있어야 한다.

핵심은 우리가 이를 위해 상업적으로 유효한 제품을 구현하고, 테스트하고, 배포할 필요는 없다는 것이다. 그러려면 너무 오랜 시간과 비용이 필요하며, 커다란 낭비가 발생할 것이다. 라이브 데이터 프로토타입은 사업적으로 유효한 제품을 구현하는 데 필요한 비용의 아주 일부분 정도만으로 가능하다. 적은 비용은 이 도구를 아주 강력하게 만들어 준다.

혼합 프로토타입

서로 다른 프로토타입 유형의 부분을 조합한, 다양한 혼합 형태들 또한 존재한다. 예를 들어, 우리가 검색과 추천에서 연관도에 집중하여 업무를 추진하고 있다고 하자. 우리는 아마 라이브 데이터 소스에 접근하는 프로토타입이 필요할 것이다. 하지만 라이브 트래픽을 전송할 필요는 없다. 이 경우 우리는 무언가를 증명하고자 하는 것은 아니며, 사용자 행동의 결과를 관찰하고 토의하는 과정에서 많은 학습을 얻을 수 있다.

제품 발견은 가장 빠르고 적은 비용으로 우리의 아이디어를 테스트하는 것임을 다시금 명심하라. 그래서 특정 아이디어나 상황에 따라 당신의 필요에 가장 부합하는 프로토타입을 선택하고 싶어 할 것이다.

우리 모두 각자의 선호가 있지만, 훌륭한 제품팀들과 경쟁하고 있다면 각 프로토타입을 모두 능숙하게 다룰 줄 알아야 한다.

44장에서 살펴봤듯이 프로토타입에는 다양한 형태가 있다. 그중 최선의 선택은 현재 다루고 있는 위험이 무엇인지, 제품의 유형이 무엇인지에 달려 있다. 하지만 모든 형태의 프로토타입은 공통으로 각자의 특징과 장점들이 있다. 다음은 프로토타입을 사용하는 다섯 가지 원칙이다.

1. 어떤 형태의 프로토타입이건 가장 중요한 목적은 실제 제품을 만드는 것보다 시간과 노력의 측면에서 훨씬 더 적은 비용으로 학습하는 것이다. 모든 형태의 프로토타입은 **최소한** 최종 제품보다는 작은 규모의 시간과 노력을 해야 한다.

> 어떤 형태의 프로토타입이건 가장 중요한 목적은 실제 제품을 만드는 것보다 시간과 노력의 측면에서 훨씬 더 적은 비용으로 학습하는 것이다.

2. 모든 프로토타입의 핵심적인 장점은 단순히 대화하거나 적는 것보다 훨씬 더 깊은 수준으로 문제에 대해 생각할 수 있도록 해준다는 것임을 알아야 한다. 이러한 이유로 프로토타입을 자주 만드는 행위는 많은 이슈를 드러나게 해준다. 그렇지 않으면 훨씬 나중까지 모른 채로 남아 있을 것이다.

3. 마찬가지로 프로토타입은 또한 팀 협업에 매우 강력한 도구다. 제품팀의 멤버들과 사업 파트너들은 공동의 이해를 발전시키기 위해 프로토타입을 함께 체험할 수 있다.

4. **충실도**의 단계에 따라 매우 다양한 수준의 프로토타입이 있다. 충실도는 주로 프로토타입이 얼마나 실제와 같은 모습인지를 말한다. 적절한 수준의 충실도란 존재할 수 없다. 어떤 경우는 전혀 실제와 같은 모습이 아니어도 괜찮은 프로토타입을 원할 때도 있고, 때로는 매우 현실적이어야 하는 경우도 있다. 의도한 목적에 맞는 **올바른** 수준의 충실도를 만드는 것이 원칙이다. 그리고 낮은 충실도는 높은 충실도보다 더 빠르고 저렴하다는 것을 알고 있다. 그래서 높은 충실도의 프로토타입은 꼭 필요한 경우만 진행해야 한다.

5. 프로토타입의 주요한 목적은 제품 발견 단계에서 하나 혹은 그 이상의 제품 위험(가치, 사용성, 실현 가능성, 유효성)을 해결하기 위해서다. 하지만 많은 경우 프로토타입은 또 다른 효익을 제공한다. 바로 엔지니어와 그 외 조직 전체에 무엇이 만들어져야 하는지 효과적으로 커뮤니케이션할 수 있다는 것이다. 이는 흔히 **기능 명세만큼의 프로토타입** (as prototype as spec)으로 언급된다. 많은 경우 프로토타입은 이 정도로 충분하지만, 어떤 경우에는(특히 엔지니어가 같은 장소에 근무하지 않거나 제품이 특히 복잡한 경우) 프로토타입이 추가 상세 내용으로 보완될 필요가 있을 것이다(보통 유스 케이스, 비즈니스 규칙 그리고 인수 기준 등이 포함된다).

실현 가능성
프로토타입 기법

엔지니어가 당신의 제품 아이디어를 검토할 때 대부분은 실현 가능성에 대해 실제 우려할 만한 것이 없다고 말한다. 왜냐하면 전에도 비슷한 것들을 여러 차례 만든 경험이 있기 때문이다.

하지만 엔지니어들이 특정 문제를 해결하던 중 중대한 실현 가능성의 위험이 포함된 것을 발견하는 경우가 몇 가지 있다. 일반적인 사례는 다음과 같다.

- 알고리즘에 대한 우려
- 성능에 대한 우려
- 확장성의 우려
- 내고장성의 우려
- 사용해 본 적 없는 기술 이용
- 사용해 본 적 없는 제삼자의 컴포넌트나 서비스 이용
- 사용해 본 적 없는 기존 시스템 이용
- 다른 팀이 새롭게 만든 것 또는 관련 변경사항에 의존

이러한 위험의 유형에 대처하는 데 사용되는 주요한 기법은 한 명 또는 그

이상의 엔지니어가 **실현 가능성 프로토타입**(feasibility prototype)을 만드는 것이다.

그것은 실제 전형적인 코드 작업이므로 엔지니어가 프로토타입을 제작할 것이다. 대부분 프로토타입이 제품 디자이너에 의해 사용되는 특수 목적의 도구들에 의해 만들어지는 것과는 대조적이다. 실현 가능성 프로토타입은 상업적으로 출시 가능한 제품과는 거리가 멀다. 실현 가능성 위험을 완화하려는 목적에 필요한 수준의 코드를 작성하는 것이다. 이는 일반적으로 최종 출시 제품을 만드는 데 필요한 작업 중 단지 일부의 비율만이 해당된다.

> 실현 가능성 위험을 완화하기 위한 목적에 필요한 수준의 코드를 작성하는 것이다.

게다가 대부분 실현 가능성 프로토타입은 의도적으로 버려지는 코드다(빠르고 지저분하게 작업하는 것이 정상이다. 그래도 괜찮다). 단지 데이터를 수집하는 목적으로 충분한 수준이면 된다. 예를 들어, 특정 성능이 수용 가능한지 아닌지 정도를 보여 줄 수 있으면 된다. 사용자 인터페이스, 오류 처리 및 제품화하는 데 포함되는 일반적인 어떤 일도 해당하지 않는다.

내 경험으로는 실현 가능성 프로토타입을 만드는 데 보통 하루 또는 이틀 정도의 시간이 필요하다. 당신이 머신러닝 기술을 활용하는 새로운 접근 방법을 찾는 것과 같이 주요한 신기술을 탐색하는 경우라면 실현 가능성 프로토타입은 엄청나게 긴 시간이 소요될 수도 있다.

실현 가능성 프로토타입을 만드는 데 걸리는 시간의 추정은 엔지니어가 제공한다. 하지만 팀이 그 시간을 실제 사용할지 여부는 프로토타입을 수행할 만한 가치가 있는지에 대한 제품 관리자의 결정에 의존한다. 제품 관리자는 아마 이 문제와 관련된 다른 시도들에서 기술적인 실현 가능성 위험이 없었다는 이유로 프로토타입을 생략하자고 할 수도 있다.

이러한 실현 가능성 프로토타이핑 업무를 실제로 하는 사람이 엔지니어이긴 하지만, 그것은 제품 실행 업무가 아닌 제품 발견 업무로 간주한다. 이접근 방법 또는 아이디어를 계속 진행할지 말지에 대한 결정으로 일은 끝이다.

나는 많은 팀이 실현 가능성 위험에 대한 충분한 고려 없이 제품 실행을 진행하는 것을 보았다. 당신은 제품팀이 무언가를 만들고 출시하는 데 필요한 업무량이 완전히 과소 추정되었던 사례를 들었던 적이 있을 것이다. 이때도 근본적인 원인은 실현 가능성의 위험이다.

엔지니어가 단순히 추정에 대한 경험이 부족해서 그럴 수도 있다. 엔지니어와 제품 관리자가 필요할 것들에 대해 충분하지 않게 이해하고 있거나, 제품 관리자가 엔지니어에게 제대로 조사를 수행할 만한 충분한 시간을 제공하지 않았을 수도 있다.

CHAPTER 47

사용자 프로토타입 기법

사용자 프로토타입은 제품 발견에서 사용되는 가장 강력한 도구 중 하나이며, 일종의 시뮬레이션이다. 그것은 교묘한 속임수이며, 가면이다. 막후에서 비밀리에 진행되는 것이다. 다른 말로 하면 만일 당신이 전자상거래 사이트의 사용자 프로토타입을 사용하고 있다면 카드 정보를 원하는 횟수만큼 입력할 수 있다. 하지만 실제로 당신은 아무것도 살 수 없다.

사용자 프로토타입은 폭넓은 종류가 있다.

그 스펙트럼의 한끝은 낮은 충실도의 사용자 프로토타입이다. 낮은 충실도의 사용자 프로토타입은 실제 제품과 같은 모습이 아니다. 그것은 기본적으로 상호작용이 가능한 와이어프레임이다. 많은 팀이 제품에 대해 충분히 생각해 볼 수 있도록 이러한 방법을 사용한다. 그리고 다른 용도로 사용되기도 한다.

하지만 낮은 충실도의 사용자 프로토타입은 정보 및 작업 흐름과 같이 제품의 한 가지 차원만을 표현한다. 몇 가지 중요한 예를 들면, 낮은 충실도의 프로토타입은 시각 디자인이나 실제 데이터가 만들어 내는 차이 등의 영향을 전혀 활용할 수 없다.

스펙트럼의 다른 끝에는 높은 충실도의 사용자 프로토타입이 있다. 높은 충실도의 사용자 프로토타입도 여전히 시뮬레이션이다. 하지만 정말 실제 제품처럼 보이고 느껴진다. 잘 완성된 높은 충실도의 프로토타입은 그것이 진짜가 아니라는 것을 알아채려면 자세히 들여다보아야 한다. 당신이 보고 있는 데이터 또한 실제처럼 보이지만 진짜는 아니다. 라이브 데이터가 아니라고 보면 된다.

전자상거래 사용자 프로토타입의 예를 들어 보겠다. 특정한 유형의 산악자전거를 내가 검색할 때마다 항상 같은 조합의 산악자전거의 목록이 보인다. 하지만 자세히 들여다보면 그것들은 내가 요청한 실제 자전거들이 아니다. 그리고 나는 내가 검색할 때마다 어떤 가격이나 스타일을 지정하더라도 항상 같은 자전거의 조합이 결과로 나오는 것을 알아챘다.

만일 당신이 검색 결과의 연관성에 대해 테스트를 하고 있다면 프로토타입은 그 일을 처리하기 위한 올바른 도구가 아니다. 하지만 전반적인 쇼핑 경험이나 사람들이 원하는 산악자전거를 찾는 방법에 대해 알아내고자 한다면 프로토타입은 매우 적합한 도구가 될 수 있을 것이다. 그리고 매우 빠르고 쉽게 제작할 수 있다.

모든 종류의 디바이스와 모든 수준의 충실도를 충족할 수 있는 사용자 프로토타입 제작을 위한 여러 가지 도구가 있다. 그 도구들은 주로 제품 디자이너를 위해 개발된 것들이다. 사실 당신의 제품 디자이너들은 이미 하나 이상의 즐겨 쓰는 사용자 프로토타입 도구가 분명히 있을 것이다.

사용자 프로토타입의 주요한 한계점은 그것이 무언가를 **증명해** 주지 않는다는 점이다. 당신의 제품이 팔릴지 팔리지 않을지와 같은 문제를 증명할 수는 없다.

초보 수준의 많은 사람은 높은 충실도의 프로토타입을 만들 때 옆길로 빠질 때가 많다. 그들은 제품을 엄청나게 좋아한다고 말할 만한 사람 10~15명을 함께 모아 두고, 그 앞에서 프로토타입을 설명한다. 그러고서는 제품을 검증했다고 생각해 버린다. 안타깝지만 잘못된 실행을 하는 것이다. 모든 사람들은 온갖 종류의 것들을 이야기할 수 있으며, 개인마다 다르게 행동할 수 있기 때문이다.

가치를 검증하는 데는 훨씬 더 나은 기법들이 있다. 그래서 사용자 프로토타입은 가치 검증에는 적절하지 **않다는** 점을 이해하는 것이 중요하다.

사용자 프로토타입은 제품팀에 매우 중요한 기법이다. 그래서 이를 위한 팀의 역량을 계발하고, 모든 수준의 충실도를 가진 사용자 프로토타입을 제작해 보는 경험을 가지는 것은 충분한 가치가 있다. 이어지는 장에서는 몇 가지 유형의 검증에서 사용자 프로토타입이 핵심이며, 또한 매우 중요한 의사소통 도구임을 알게 될 것이다.

> 사용자 프로토타입은 제품팀에 매우 중요한 기법이다. 그래서 이를 위한 팀의 역량을 계발하고, 모든 수준의 충실도를 가진 사용자 프로토타입을 제작해 보는 것은 충분한 가치가 있다.

라이브 데이터 프로토타입 기법

가끔 제품 발견 단계에서 확인된 중요한 위험에 대응하기 위해 우리는 실제 사용자의 데이터를 수집할 수 있어야 한다. 하지만 확장할 수 있고 출시 가능한 실제 제품을 만드는 시간과 비용을 사용하기 이전에 제품 발견 단계를 진행하면서 이러한 증거를 수집해야 한다.

내가 선호하는 사례들은 게임 역학, 검색 결과의 연관성, 다양한 소셜 기능, 제품 퍼널(product funnel, 가입-활성화-유지 등 사용자의 행동에 따라 단계적으로 참여를 높이는) 작업 등에 적용하는 경우다.

라이브 데이터 프로토타입은 매우 제한적으로만 실행한다. 보통은 실제 제품을 만드는 데 필요한 유스 케이스의 모든 조합, 자동화 테스트, 분석 도구, 세계화 및 지역화, 성능과 확장성, 검색 엔진 최적화(SEO, Search Engine Optimization) 작업 등에 대해서는 전혀 고려하지 않는다.

라이브 데이터 프로토타입은 최종적인 제품보다 훨씬 더 적은 수준으로 구현되며, 품질/성능/기능성에 대한 기준이 현저하게 낮다.

라이브 데이터 프로토타입을 제작할 때 엔지니어는 모든 유스 케이스를 다루지는 않는다. 세계화나 지역화에 필요한 일은 하지 않고, 성능이나 확장성에 대해 처리하지 않으며, 자동화 테스트를 작성하지 않는다. 오직 우리가 테스트하고자 하는 특정한 유스 케이스를 위한 장치만을 포함한다.

라이브 데이터 프로토타입은 제품을 제작하는 데 필요한 노력의 아주 일부로 가능하며(내 경험상 최종 제품을 실행하는 데 필요한 일의 5~10% 정도 수준이다), 그에 비해 상당히 큰 가치를 얻을 수 있다. 하지만 당신이 명심해야 할 두 가지 큰 제약사항이 있다.

- 첫째, 이것은 코드다. 그래서 디자이너가 아닌 엔지니어가 제작해야만 한다.
- 둘째, 이것은 상업적으로 출시 가능한 제품이 아니다. 출시 준비가 된 상태가 아니며, 이것으로 사업을 진행할 수는 없다. 라이브 데이터가 잘 수행되어서 곧바로 제품화를 위해 나아가기로 의사결정을 했다면 당신은 제품 실행을 위한 일에 필요한 충분한 시간을 엔지니어에게 제공해 주어야 한다. 제품 관리자가 "이것이면 충분하다"라고 엔지니어에게 말하는 것은 분명히 잘못된 것이다. 그 판단은 제품 관리자의 의지대로 되는 것이 아니다. 그리고 제품 관리자는 핵심적인 임원 및 이해관계자들에게 라이브 데이터 프로토타입의 한계점을 확실하게 이해시켜야 한다.

현재 라이브 데이터 프로토타입을 제작할 수 있는 기술은 너무 좋아져서 우리는 보통 2~3일에서 일주일 정도의 시간이면 원하는 것을 만들어 낼 수 있다. 그리고 일단 만들고 나면 매우 빠르게 반복할 수 있다.

다른 장에서 우리는 정량적인 검증 기법에 대해서 살펴볼 것이고, 이러한 라이브 데이터 프로토타입을 활용할 수 있는 다양한 방법에 대해 알게 될 것이다. 지금 알아야 할 것은 제한된 양의 트래픽을 보낼 수 있고, 라이브 데이터 프로토타입이 어떻게 사용되었는지에 대한 분석 데이터를 수집할 수 있다는 것이 핵심이다.

> 제한된 양의 트래픽을 보낼 수 있고, 라이브 데이터 프로토타입이 어떻게 사용되었는지에 대한 분석 데이터를 수집할 수 있다는 것이 핵심이다.

실제 사용자는 라이브 데이터 프로토타입을 현실 세계의 작업에 사용한다는 것이 중요하다. 이를 통해 실제 분석 데이터를 만들어 내고, 기존의 제품 또는 기대 수준과 비교를 할 수 있게 된다. 새로운 시도가 과연 더 나은 성과를 내는지 살펴볼 수 있는 것이다.

CHAPTER

49

혼합 프로토타입 기법

지금까지 우리는 순수한 시뮬레이션인 사용자 프로토타입, 기술적인 위험을 다루는 실현 가능성 프로토타입, 그리고 제품이나 아이디어의 효과에 대한 근거를 수집하거나 통계적으로 유의미한 증명을 하기 위해 설계된 라이브 데이터 프로토타입에 대해서 살펴보았다.

이러한 세 가지 프로토타입의 범주로 대부분 상황에 잘 활용할 수 있는 반면, 폭넓고 다양한 조합의 혼합 프로토타입(hybrid prototypes) 또한 세 가지 프로토타입들의 다른 특성들을 다양한 방식으로 결합한다.

내가 가장 선호하면서도 특별히 제품 발견 단계에서 빠르게 학습할 수 있는 강력한 도구인 혼합 프로토타입은 '오즈의 마법사(Wizard of OZ) 프로토타입'이라고 불리는 것이다. 오즈의 마법사 프로토타입은 높은 충실도 사용자 프로토타입의 프런트엔드 사용자 경험을 활용하되 보이지 않는 곳에서 실제 사람이 수동으로 조정하는 것을 말한다(물론 실제 제품으로 만들 때는 자동화되어야 하는 것들이다).

오즈의 마법사 프로토타입은 확장 가능성이 **전혀** 없다. 그리고 유의미한 양의 트래픽을 보내지도 않는다. 하지만 우리 관점에서 매우 빠르고 쉽게 만들 수 있다는 것이 장점이고, 사용자 측면에서는 실제 제품처럼 보이고 작동한다는 것이 장점이다.

예를 들어, 지금 당신이 고객을 위한 실시간 채팅 응대와 같은 서비스를 사용하고 있다고 가정해 보자. 하지만 이 서비스는 고객 서비스 직원이 사무실에 있는 동안에만 가능하다. 사실 당신의 고객은 전 세계에서 언제든 당신의 제품을 사용하고 있으므로 언제든지 도움이 되는 답변을 제공할 수 있는 자동화된 채팅 기반의 시스템을 개발하고 싶어 한다.

당신은 어떤 유형의 질문들을 일상적으로 받고 어떻게 그들이 대답하는지에 대한 이야기를 고객 서비스 직원과 먼저 이야기를 나눠 보아야 한다(빠르게 학습하기 위해서는 **안내인 테스트**를 해보는 것도 도움이 된다). 그리고 당신은 이러한 자동화에 대한 문제를 해결할 수 있는 방안을 찾으려고 할 것이다.

이때 한 가지 방법은 간단한 채팅 기반의 인터페이스를 제공하는 오즈의 마법사 프로토타입을 제작해서 매우 빠르게 학습하고, 몇 가지 접근 방법들을 테스트해 보는 것이다. 실제로는 제품 관리자 또는 팀의 다른 멤버가 숨어서 고객의 요청을 확인하고 답변을 구성한다. 곧 우리는 시스템이 작성하는 답변에 대한 실험을 시작하고, 아마도 알고리즘을 통한 라이브 데이터 프로토타입을 사용할 수 있을 것이다.

이러한 타입의 혼합 프로토타입은 제품 발견에 '**확장성을 고려하지 않고 만든다**'라는 철학을 따르는 뛰어난 사례다. 조금만 영리하게 실행하면 우리는 매

> 이러한 타입의 혼합 프로토타입은 제품 발견에 '확장성을 고려하지 않고 만든다'라는 철학을 따르는 뛰어난 사례다.

우 신속하게 학습할 수 있게 해 주는 도구들을 빠르고 쉽게 제작할 수 있다. 이를 통해 주로 정성적인 학습을 해내며, 우리에게 가장 큰 통찰을 자주 제공한다고 인정할 수밖에 없다.

제품 발견 테스트 기법

개요

제품 발견 단계에서 우리는 주어진 비즈니스 문제를 해결하고 있으므로 필연적으로 좋은 아이디어와 나쁜 아이디어를 빠르게 구별하기 위해 노력한다. 하지만 그것이 진정 의미하는 바가 무엇인가?

> 제품 발견 단계에서 우리는 주어진 비즈니스 문제를 해결하고 있으므로 필연적으로 좋은 아이디어와 나쁜 아이디어를 빠르게 구별하기 위해 노력한다.

우리는 제품 발견 업무를 수행하면서 답변해야 하는 네 가지 유형의 질문에 대해 생각한다.

1. 사용자 또는 고객이 이 제품을 사용하거나 구매할 것인가? (가치)
2. 사용자가 이 제품의 사용 방법을 이해할 수 있는가? (사용성)
3. 우리가 이것을 만들 수 있는가? (실현 가능성)
4. 이 솔루션이 우리의 사업에 유효한가? (사업 유효성)

우리가 진행하는 많은 일은 이러한 질문 대부분 혹은 전부에 대해 매우 간단하고 낮은 위험이 있음을 기억하라. 당신의 팀은 자신감이 있다. 이와 같은 일들은 전에도 여러 번 했고, 실행 단계로 바로 진행을 할 것이다.

제품 발견의 주요 활동들은 이러한 질문들이 다소 명확하지 않은 경우에 필요하다.

이러한 질문들을 답변하는 것에 대해 정해진 것은 없다. 하지만 많은 팀은 다음과 같은 논리 체계를 따른다.

첫째, 우리는 보통 가치를 평가할 것이다. 이것은 흔히 답변하기 가장 어려우면서도 중요한 질문이다. 솔루션이 가치가 없다면 나머지는 크게 의미가 없다. 우리는 사용자나 고객이 그것의 가치를 알아보기 전에 사용성에 대응하려고 할 수도 있다. 어떤 경우든지 사용성과 가치는 동일한 사용자와 고객을 대상으로 동시에 평가하는 것이 일반적이다.

일단 사용자가 생각하기에 진정으로 가치 있는 것이라고 판단되면 우리의 사용자가 그것을 어떻게 사용하는지 이해할 수 있도록 하는 방식으로 그것을 디자인한다. 그리고 나서 보통은 엔지니어와 함께 그 방법을 리뷰하며, 기술적인 실현 가능성의 관점에서 이것을 만들 수 있는 것인지에 대해 확인한다.

만일 우리가 실현 가능성에 대해서도 위험이 없다면 우려 사항을 제기할 만한 비즈니스의 중요 기능 담당자(법무, 마케팅, 영업, CEO 등)에게 그것을 보여 준다. 우리는 흔히 이러한 사업 위험들을 마지막에 확인한다. 그 이유는 해당 제품이 가치가 있는지 자신 있는 상태가 아니라면 조직 전체의 섣부른 움직임을 만들고 싶지 않기 때문이다. 또한, 가끔은 살아남은 그 아이디어가 최초의 아이디어와 비슷한 모습이 아닐 수도 있고, 본래 아이디어들이 비즈니스 이해 관계자들로부터 도출된 것일 수도 있다. 이해 관계자들에게 고객에게 어떤 것이 유효했고 어떤 것이 기대와 달랐는지, 그리고 왜 어떻게 지금의 결과가 도출되었는지에 대한 증거를 보여 줄 수 있다면 훨씬 효과적일 것이다.

사용성 테스트는 일반적으로 가장 원숙하고 복잡하지 않은 형태의 제품 발견 테스트이고, 오랜 기간 존재해 왔다. 도구들은 계속 진보해 왔고 팀들은 이전보다 훨씬 더 자주 사용한다. 그리고 이것은 대단히 어려운 기법이 아니다. 요즘 두드러지게 달라진 점은 프로토타입을 활용하여 실제 제품을 만들기 전인 제품 발견 단계에서 사용성 테스트를 실행하는 것이다. 마지막에 사용성 테스트를 하면 이슈를 수정하기에는 너무 늦어서 막대한 낭비 또는 더 심각한 상황을 초래한다.

당신의 회사가 사용자 리서치 전문 조직이 있을 정도로 큰 규모라면 당신의 팀을 위해 이들의 시간을 어떻게 해서든 확보해야 한다. 그들은 사용자 연구에 매우 뛰어난 사람들이다. 그래서 그들의 시간을 충분히 얻지 못하더라도 이들과 좋은 관계를 만든다면 당신에게 큰 도움이 될 것이다.

당신의 조직이 외부의 업체를 사용하는 예산이 배정되어 있다면 당신의 팀을 위해 테스트를 수행해 줄 수 있는 많은 사용자 리서치 업체 중 하나를 이용할 수도 있다. 하지만 대부분의 업체가 요구하는 비용을 고려하면 당신이 필요한 수준으로 이러한 유형의 테스트를 할 만큼 여유가 없을 가능성이 크다. 다른 대부분 기업과 마찬가지로 가용 자원이 매우 적고, 심지어 예산도 부족할 것이다. 하지만 그렇다고 포기할 수는 없다.

그래서 나는 이 테스트를 당신이 직접 하는 방법을 설명하고자 한다.

당신은 전문적인 훈련을 받은 사용자 연구원만큼 능숙할 수 없다. 특히 처음인 경우는 말이다. 그리고 그것에 대한 요령을 얻을 수 있는 몇 가지 훈련을 받을 수도 있겠다. 하지만 대부분은 당신 스스로 제품에 대한 심각한 이슈나 문제가 되는 요소들을 여전히 발견할 수 있다는 것을 알게 될 것이다. 그것이 중요한 사실이다.

비공식적인 사용자 조사를 수행하는 방법에 대한 훌륭한 책들이 다양하게 있으므로 여기서 그 내용을 다루지는 않겠다. 대신에 중요한 요점들만을 강조하려고 한다.

테스트할 사용자 모집하기

당신은 테스트 주제들을 먼저 모아야 할 것이다. 당신이 사용자 연구원과 함께하고 있다면 아마 그들이 당신 대신 사용자들을 모집하고 계획을 세울 것이다. 이는 매우 큰 도움이 된다. 만일 당신이 스스로 해야 하는 경우라면 몇 가지 선택지가 있다.

- 이전 장에서 설명했던 고객 발견 프로그램(customer discovery program)을 진행했다면 당신은 이미 충분한 준비가 되어 있는 것이다. 다만 이는 기업용 제품을 만들고 있는 경우에 해당된다. 만일 당신이 소비자

제품을 만들고 있다면 해당 프로그램의 참여자를 더 보완해야 할 것이다.

- 사용자 모집을 위해 크레이그리스트(Craigslist, 미국의 온라인 벼룩시장 사이트)에 테스트 주제를 광고하거나 구글 애드워즈와 같은 SEM(Search Engine Marketing, 검색 엔진 마케팅) 캠페인을 활용할 수 있을 것이다 (SEM은 당신의 제품과 비슷한 제품을 사용하려고 하는 순간의 사용자를 찾을 때 특히 효과가 높다).

- 기존 제품 사용자들의 이메일 주소 목록을 가지고 있다면 거기서 선택을 할 수 있다. 제품 마케팅 매니저가 보통 그 목록을 좁혀 나가는 데 도움을 줄 것이다.

- 회사 홈페이지를 통해 자발적인 지원자를 요청해 볼 수도 있다. 많은 주요 기업들이 실제로 이렇게 하고 있다. 목표로 하는 시장에 속한 사람들을 선택할 수 있도록 지원자들을 살펴보고 가려내야 한다는 것을 꼭 명심하라.

- 항상 사용자들이 모이는 곳을 찾아가라. 기업용 소프트웨어를 위한 무역 박람회나 전자상거래를 위한 쇼핑센터, 판타지 스포츠를 위한 스포츠바 등에서 당신은 아이디어를 얻을 수 있다. 만일 당신의 제품이 진짜 필요한 것을 다룬다면 보통 1시간 정도 시간을 낼 수 있는 사람들을 모으는 것에는 큰 어려움이 없을 것이다. 소정의 선물을 챙겨가라.

- 당신이 있는 장소로 사용자의 방문을 요청하는 경우라면 그들의 시간에 대한 충분한 보상을 제공해야 할 것이다. 보통은 서로가 편한 장소인 스타벅스 같은 곳을 테스트 장소로 잡는다. 실제 이러한 방식이 보편화되면서 보통 **스타벅스 테스트(Startbucks testing)**라고 부른다.

테스트 준비하기

- 우리는 보통 **높은 충실도의 사용자 프로토타입**으로 사용성 테스트를 수행한다. 낮은 혹은 중간 충실도의 사용자 프로토타입으로도 사용성에 대한 유용한 피드백을 일부 얻을 수 있지만, 사용성 테스트에 이은 가치 테스트를 위해 제품이 더 현실적으로 만들어질 필요가 있다(그 이유에 대해서는 나중에 더 자세히 살펴보겠다).

- 대부분의 경우 사용성 테스트 그리고/혹은 가치 테스트를 할 때 제품 관리자, 제품 디자이너, 팀의 엔지니어(이러한 테스트에 참석을 희망하는 엔지니어 중에서)가 함께한다. 나는 엔지니어들이 돌아가며 참석하는 것을 선호한다. 지난번에 언급했듯이 엔지니어가 있을 때 마법 같은 일들이 자주 발생한다. 그래서 나는 가능하면 언제든지 엔지니어가 함께하기를 권유한다. 실제 테스트를 하는 데 도움을 주는 사용자 연구원이 있다면 보통은 그들이 테스트의 주체가 된다. 하지만 분명히 제품 관리자와 디자이너도 모든 테스트 장소에 함께 있어야 한다.

- 테스트를 원하는 과업들의 조합을 사전에 정의해 두어야 한다. 대개는 이러한 과업은 꽤 명확한 편이다. 예를 들어, 당신이 스마트폰의 알람 시계 앱을 개발하고 있다고 해 보자. 당신의 사용자는 알람을 설정하고, 스누즈 버튼을 찾아 누르는 것과 같은 행동이 필요할 것이다. 다소 불분명한 과업들도 있겠지만, 대부분의 시간 동안 사용자가 수행할 주요한 과업에 집중하라.

- 어떤 사람들은 여전히 제품 관리자와 제품 디자이너가 이러한 유형의 테스트를 객관적으로 수행하기에는 너무 가까이서 업무를 수행하며, 아마 감정이 상한다거나 듣고 싶은 것만 들을 수도 있다고 생각한다.

우리는 이러한 장애물을 두 가지 방식으로 피할 수 있다. 첫째, 제품 관리자와 디자이너들이 사용성 테스트를 직접 수행할 수 있도록 훈련을 받는 것이다. 그리고 둘째, 그들이 아이디어에 더 빠져들기 전에 테스트를 빠르게 수행해 버리는 것이다. 훌륭한 제품 관리자는 처음에는 제품에 대해 잘 이해하지 못할 것이고, 처음에는 누구도 올바르게 이해하지 못한다고 알고 있다. 그들은 이러한 테스트를 통해 학습하는 것이 성공적인 제품을 만드는 지름길임을 알고 있다.

- 한 명이 사용성 테스트를 진행하고, 다른 한 명은 기록을 작성해야 한다. 그리고 팀의 멤버들이 같은 것을 관찰하고 같은 결론을 가지고 있는지 확인하기 위해 사후에 요약 보고를 하는 한 사람이 더 있으면 큰 도움이 된다.

- 공식적인 테스트 실험실은 보통 한쪽 면이 유리창인 거울과 스크린 화면 및 사용자를 바라보는 카메라가 있는 폐쇄회로 비디오 모니터가 갖추어져 있다. 이러한 장비들이 있다면 좋겠지만, 나는 스타벅스의 작은 테이블에서 프로토타입 테스트를 수행한 일이 셀 수 없을 정도로 많다. 그저 테이블과 서너 개의 의자만 있으면 충분하다. 사실 여러모로 스타벅스에서 하는 테스트를 실험실보다 더 선호한다. 실험실은 사용자들이 마치 실험용 쥐처럼 느끼기 때문이다.

- 정말 효과적인 테스트가 가능한 또 다른 환경은 바로 고객의 업무 공간이다. 실행하는 데 시간 소모는 다소 크겠지만, 그들의 사무실에서 단지 30분만으로도 많은 것을 알아낼 수 있다. 그들은 자신의 업무 영역에 대해서는 달인이며, 말하기를 매우 좋아한다. 게다가 그 제품을 어떻게 사용하는지에 대해 떠오르게 해주는 모든 단서가 그 장소에 있다. 또한, 그들의 업무 공간이 어떤 모습인지를 보면서도 학습할 수 있다. 얼마나

큰 모니터를 사용하는지? 그들의 컴퓨터나 네트워크 연결은 얼마나 빠른지? 업무를 수행할 때 다른 동료들과 어떻게 의사소통을 하는지?

- 이런 타입의 테스트를 원격에서 수행하는 도구들이 있으며, 나도 사용을 권장하는 편이다. 다만 그것들은 주로 사용성 테스트만을 위해 설계되었으며, 보통 함께 이어지는 가치 테스트에 해당하지는 않는다. 그래서 나는 원격 사용성 테스트는 대체재보다 보완재의 성격을 가진다고 본다.

프로토타입 테스트하기

이제 당신은 프로토타입이 준비되었고, 테스트 대상자들을 확보했으며, 수행할 과업과 질문들을 준비했고, 실제 테스트를 진행하는 데 필요한 조언과 기법의 조합을 가지고 있다.

본격적으로 실행하기 전에 우리는 오늘 이 문제에 대해 사용자들이 어떻게 생각하는지 학습할 기회를 갖고 싶다. **고객 인터뷰 기법**에서 살펴본 핵심 질문들을 기억할 것이다. 우리는 사용자나 고객이 우리

> 우리는 사용자나 고객이 우리가 생각했던 문제를 실제로 가졌는지, 그들이 이러한 문제를 지금은 어떻게 해결하고 있는지, 그들을 전환시키려면 무엇이 필요한지에 대해 학습하고자 한다.

가 생각했던 문제를 실제로 가졌는지, 그들이 이러한 문제를 지금은 어떻게 해결하고 있는지, 그들을 전환하려면 무엇이 필요한지에 대해 학습하고자 한다.

- 실제 사용성 테스트를 당신이 처음 시작할 때 참여자들에게 이것은 단

지 프로토타입이며, 매우 초기 제품 아이디어고, 실제 제품이 아님을 분명히 밝혀야 한다. 그리고 나쁜 의견이든 좋은 의견이든 솔직한 의견을 말하고, 그로 인해 전혀 감정이 상하는 일은 없을 것이라고 설명하라. 당신은 프로토타입에서 아이디어를 테스트하는 것이지, **대상자**를 테스트하는 것이 아니다. **그들은** 당락이라는 것이 없다. 오직 프로토타입이 성공거나 실패한다.

- 테스트를 본격적으로 하기 전에 한 가지 더 유념할 것이 있다. 참여자들이 프로토타입의 랜딩 페이지(landing page)*부터 무언가를 이야기할 수 있는지를 확인하라. 특히 무엇이 가치가 있고 그들에게 매력적인지를 알아내라. 한 번 더 언급하지만, 일단 그들이 테스트를 시작하게 되면 처음 제품을 접하는 방문자로서의 맥락은 잃어버리게 되는 것이다. 그 기회를 놓치지 마라. 랜딩 페이지는 기대사항과 실제 제품 사이의 차이를 연결하는 데 엄청나게 중요하다는 것을 깨닫게 될 것이다.

- 테스트할 때 당신의 사용자가 **비평가의 태도**가 아닌 **사용자의 태도**를 유지하기 위해 할 수 있는 모든 일을 해야 한다. 문제는 사용자들이 그들에게 필요한 과업을 하기 쉽다는 것이다. 사용자가 해당 페이지의 무언가가 형편없거나, 이동해야 한다고 말거나, 바뀌어야 한다고 생각하는 것은 문제가 되지 않는다. 가끔 잘못된 테스터는 사용자에게 다음과 같이 물어본다. "현재 페이지에서 바꾸고 싶은 세 가지가 있다면 무엇인가요?" 나로서는 그 사용자가 혹시 제품 디자이너가 아닌 경우에는 그러한 질문에 전혀 관심이 없다. 만일 사용자들이 진정 원하

---

* 옮긴이 광고, 콘텐츠, 검색 엔진 등을 통해 접속 사용자가 최초로 도달하게 되는 페이지를 말한다.

는 것을 스스로 알 수만 있다면 소프트웨어는 아마 제작하기 더 쉬워질 것이다. 그래서 그들이 무슨 말을 하는지보다 그들이 무엇을 하는지를 관찰하라.

- 테스트를 진행하는 중에 당신이 습득해야 할 중요한 기술은 침묵을 지키는 것이다. 우리는 누군가가 힘들어하는 것을 볼 때 대부분 사람은 그 사람을 돕고자 하는 자연적인 충동을 가지고 있다. 당신은 그러한 충동을 억누를 필요가 있다. 끔찍하게 말을 잘하는 사람이 되느냐는 당신에게 달려 있다. 침묵에 익숙해져라. 침묵을 당신의 친구로 만들어라.

- 당신이 찾고 있는 세 가지 중요한 케이스가 있다. (1) 사용자가 모든 과업을 전혀 문제없이, 도움 없이 해내는 것이다. (2) 사용자들이 약간은 허우적거리고 불평을 하지만, 결국은 모든 과업을 끝낸다. (3) 사용자가 크게 좌절하고, 결국 포기한다. 가끔 사람들이 너무 빨리 포기를 해서, 당신은 아마 사용자들이 조금 더 오래 시도해 보도록 독려할 것이다. 하지만 사용자가 진정 그 제품을 버리고 경쟁사로 옮길 것 같은 지점에 도달했다고 판단이 든다면 그때는 그가 정말로 포기한 상황으로 간주해도 된다.

- 일반적으로 당신은 어떤 식으로든 도움을 주거나 **증인을 심문하는 형태**는 피하길 원할 것이다. 만일 사용자가 페이지를 아래위로 스크롤하면서 분명하게 무언가를 바라보고 있는 것을 관찰했다면 그녀가 보고 있는 것이 구체적으로 무엇인지 물어보는 것은 괜찮다. 그것은 당신에게 매우 가치 있는 정보이기 때문이다. 몇몇 사람들은 사용자들에게 그들이 무슨 생각을 하고 있는지 계속해서 이야기해 보라고 요청한다. 하지만 나는 이러한 방식이 자연스러운 행동이 아니므로 사용자들을 비

판적인 태도로 바뀌게 할 소지가 있다는 것을 알고 있다.

- 앵무새처럼 행동하라. 이렇게 하면 여러 측면에서 도움이 된다. 먼저, 주도하는 것을 피할 수 있다. 만일 사용자들이 침묵하고 당신이 불편해서 참을 수 없다면 그들이 무엇을 하고 있는지 물어봐라. "당신은 우측에 있는 목록을 보고 있군요." 이러한 질문은 즉각적으로 그들이 무엇을 하고자 했는지, 그들이 무엇을 찾고 있었는지, 또는 그 어떤 것이든지 당신에게 말하도록 해 준다. 만일 그들이 질문하면 먼저 답변을 제공하는 대신 그들에게 그 질문을 다시금 재생할 수 있다. 그들이 "이것을 클릭하면 새로운 항목을 만들게 되나요?"라고 물으면 당신은 되물을 수 있다. "당신은 이것을 클릭하는 것이 새로운 항목을 만들게 되는지가 궁금하군요?" 보통 그들은 당신의 질문에 답변하기를 원하므로 그 질문부터 대응할 것이다. "네, 그럴 거라고 생각해요." 앵무새처럼 고객의 질문을 다시 되묻는 것은 그들의 의견에 개인적인 가치 판단을 하지 않도록 하는 데 도움이 된다. 당신이 "훌륭해요!"라고 말하고 싶은 욕구가 있다면 대신 이렇게 말할 수 있다. "당신은 새로운 항목을 만들었습니다." 끝으로, 핵심 내용을 앵무새처럼 따라 하는 것은 당신의 기록자를 위해서도 도움이 된다. 왜냐하면 그녀는 중요한 것을 작성하는 데 시간이 더 필요하기 때문이다.
- 근본적으로 당신은 목표 사용자가 이 문제에 대해 어떻게 생각하는지에 대한 이해를 얻고자 한다. 그리고 소프트웨어가 나타내는 모델이 프로토타입의 어느 지점에서 그 문제에 대한 사용자의 방식과 일치하지 않거나 모순되는지를 확인하려고 노력한다. 이는 직관에서 어긋나는 것을 의미한다. 운이 좋게도 당신이 이것을 찾아내면 보통은 수정하기 어렵지 않고 당신의 제품을 위한 큰 발견이 될 수도 있다.

- 당신은 몸짓과 말투를 통해 많은 것을 전달할 수 있음을 알게 될 것이다. 사용자들이 당신의 아이디어를 좋아하지 않으면 매우 명백하게 드러나며, 그들이 순수한 목적으로 그랬다는 것도 확실히 알 수 있다. 만일 그들이 본 것이 마음에 든다면 제품이 출시될 때 이메일로 알려달라고 거의 항상 요청한다. 그리고 만일 그들이 정말 좋아한다면 제품 출시 전에 당신에게서 제품을 먼저 구하려고 노력한다.

학습 내용 요약하기

핵심은 당신의 사용자와 고객에 대한 더 깊은 이해를 얻고자 하는 것이다. 물론 프로토타입에서 문제가 되는 요소를 확인하고, 이를 고치는 것도 필요하다. 아마도 명칭, 흐름, 시각 디자인, 멘탈 모델과 관련된 이슈일 것이다. 당신이 생각하기에 이슈라고 확인되면 즉시 프로토타입을 수정하라. 모든 테스트 참여자들에게 동일한 테스트를 유지해야만 하는 법칙은 없다. 그러한 발상은 정성적인 테스트 유형의 역할에 대한 잘못된 이해에서부터 발생한다. 우리는 지금 뭔가를 증명하고자 하는 것이 아니다. 단지 빠르게 학습하기 위해 노력하고 있다.

한 명의 테스트 참여자 혹은 하나의 테스트 조합이 완료될 때마다 누군가가 (보통 제품 관리자나 디자이너) 핵심적으로 학습한 내용을 이메일로 요약해서 제품팀에 공유한다. 작성하는 데 오래 걸리고 방대한 리포트 작성은 잊어버려라. 그것은 거의 아무도 읽지 않을뿐더러 테스트가 끝나는 시점에는 사용되었던 프로토타입이 한참 동안 진행이 되었으므로 팀에 공유될 때는 더는 쓸모가 없게 된다. 정말 아무에게도 가치가 없는 정보다.

가치 테스트

고객이 우리 제품을 사야 할 의무는 없고, 사용자가 우리의 기능을 사용해야만 하는 것은 아니다. 그들이 진정으로 **가치**를 인식할 때 비로소 선택받을 수 있다. 이 문제에 대해 다른 방식으로 생각을 해 보자면, 누군가 우리 제품을 '사용할 수 있다'는 것이 그들이 우리 제품을 **선택할 것**이라는 의미는 아니다. 특히나 이미 다른 제품이나 시스템을 사용하고 있는 고객이나 사용자를 자사 제품으로 전환하고자 하는 경우는 더욱 그렇다. 그리고 대부분은, 사용자나 고객은 무언가로부터 전환되었다고 보면 된다. 심지어 그것은 스스로 만든 솔루션일 수도 있다.

> 누군가 우리 제품을 '사용할 수 있다'는 것이 그들이 우리 제품을 '선택할 것'이라는 의미는 아니다.

많은 기업과 제품팀은 그들이 해야 하는 일이 기능을 완전히 갖추는 것으로 생각한다(**기능의 동등함**이라고 한다). 그리고 그들은 심지어 낮은 가격에도 왜 제품이 팔리지 않는지를 이해하지 못한다.

고객이 당신의 제품을 구매하는 동기가 생기려면 당신의 제품을 **월등히 나은** 것으로 인식해야만 한다. 그리고 기존 솔루션에서 느끼고 있던 불편함과 장애 요소를 처리해 주어야 한다.

훌륭한 제품팀은 그들 대부분 시간을 가치를 만드는 데 쏟아붓는다는 것이 앞서 길게 설명한 모든 내용의 요약이다. 가치가 있는 제품이라면 나머지 문제는 모두 해결하면 된다. 그런데 가치가 없다면 사용성, 신뢰성, 성능이 아무리 좋아도 소용이 없다.

가치에는 몇 가지 요소가 있으며, 그것들을 각각 테스트하는 기법들이 존재한다.

수요 테스트

때로는 우리가 만들고자 하는 것에 **수요**가 있는지 불확실할 때가 있다. 다른 말로 하면 어떤 문제에 대해 놀라운 솔루션을 찾을 수 있지만, 고객들이 과연 그 문제에 관심이 있을 것인가? 새로운 제품을 사거나 전환할 만큼 충분한 관심이 있는가? 이러한 수요 테스트의 개념은 제품 전체에서부터 기존 제품의 구체적인 기능 레벨까지 해당한다.

대부분의 경우 당신의 제품은 예측과 측정할 수 있는 수요를 가진 기존 시장에 진입한다. 그래서 수요가 안정되었을 때가 많다. 하지만 그렇다 해도 수요가 있을 것이라고 그저 단정 지을 수는 없다. 그 상황에서 진정한 도전은 과연 우리가 다른 솔루션보다 가치의 관점에서 명백하게 더 나은 솔루션을 만들어 낼 수 있느냐는 것이다.

정성적인 가치 테스트

정성적인 가치 테스트의 가장 공통적인 방식은 행동이 아닌 그들의 **대답**에 집중하는 것이다. 고객이 이 제품을 사랑하는지? 그들은 비용을 낼 의사가 있는지? 사용자들이 이것을 선택할지? 그리고 (가장 중요한 질문으로) 선택하지 않는다면 왜 그런지?

정량적인 가치 테스트

많은 제품의 경우 이 솔루션이 근본적인 문제를 얼마나 잘 해결하는지, 즉 **효과**를 테스트해 봐야 한다. 몇몇 제품 유형들은 이것이 매우 객관적이고 정량적으로 드러난다. 예를 들어, 광고 기술 분야의 경우 발생한 매출을 직접 측정할 수 있으며, 다른 솔루션들과 쉽게 비교할 수 있다. 반면 게임과 같은 유형의 제품은 객관성이 훨씬 덜하다.

52

수요 테스트 기법

가장 크게 시간과 노력이 낭비되는 경우이자 수없이 많은 스타트업 실패의 원인은 팀이 제품을 디자인하고 구현해서 마침내 출시했을 때 사람들이 그것을 사지 않는 것을 깨닫는 것이다. 사용성, 신뢰성, 성능에 대한

> 가장 크게 시간과 노력이 낭비되는 경우이자 수없이 많은 스타트업 실패의 원인은 팀이 제품을 디자인하고 구현해서 마침내 출시했을 때 사람들이 그것을 사지 않는 것을 깨닫는 것이다.

테스트를 포함하여 그들이 해야 한다고 생각한 모든 것을 했음에도 불구하고 말이다.

더 심각한 것은 그들이 시험 버전에서 상당한 사람들이 사용했고, 어떠한 이유로 실제 구매는 하지 않은 문제가 아니라는 점이다. 그런 경우라면 보통은 구매하지 않은 이유에서부터 해결해 나가면 된다. 현실은 그들이 시험 버전에서조차 사용을 원하지 않았다는 것이다. 이런 경우는 대개 엄청난 수준의 치명적 문제 상황이다.

당신은 가격, 포지셔닝, 마케팅 등에 대해 실험을 하겠지만, 결국 이런 것들은 사람들이 충분히 고민하는 문제가 아닌 것으로 결론을 내게 된다.

내 경험상, 이 시나리오에서 최악인 부분은 바로 이 문제를 쉽게 피할 수 있다는 것이다.

내가 방금 설명했던 문제는 스타트업에서 완전히 새로운 제품을 만들 때와 같이 제품 레벨에서 발생할 수도 있고, 기능 레벨에서 발생할 수도 있다. 기능 레벨의 사례는 아주 맥이 빠질 정도로 흔히 발생한다. 매일 새로운 기능은 출시되지만, 실제 사용되지 않는다. 그리고 이러한 기능 레벨의 문제는 더 쉽게 방지할 수 있다.

당신이 새로운 기능에 대해 고려하고 있다고 가정해 보자. 아마 중요한 고객이 그것을 요청했거나, 당신이 경쟁사의 새로운 기능을 확인했거나, 혹은 CEO의 특별한 관심사가 생겨서 그럴 것이다. 당신은 팀과 그 기능에 대해 이야기를 나누었고, 엔지니어는 당신을 가리키며 구현 비용이 상당히 크다고 말한다. 불가능하지는 않지만, 그렇다고 쉽지도 않은 일이다. 사용되지 않을 수도 있는 기능 하나를 위해 그 많은 시간을 할애하고 싶지는 않을 만큼 충분히 어려운 일이다.

수요 테스트 기법은 **가짜 문 수요**(fake door demand) 테스트라고 불린다. 이 기법은 버튼이나 메뉴를 사용자 경험상 있어야 할 것으로 판단되는 정확한 위치에 넣어 보는 것이다. 하지만 사용자가 그 버튼을 클릭하면 새로운 기능이 실제로 작동하는 것이 아니다. 대신 사용자를 특별한 페이지로 보내고, 새 기능을 추가하는 것의 가능성을 연구하고 있다고 설명하면서 이것에 대한 고객의 의견을 기대한다. 그 페이지는 또한 사용자가 자진 참여할 방법을 안내한다(이메일이나 전화번호와 같은 정보를 제공한다).

이 방법이 효과적일 수밖에 없는 핵심은 사용자들이 버튼을 클릭할 때까지 테스트 상황임을 알 수 있는 어떠한 시각적인 표시가 없다는 것이다. 버튼에 대한 클릭률(CTR, Click-Through Rate)을 기대 수준 혹은 다른 기능들과 비교할 수 있게 해 주는 매우 유용한 데이터를 빠르게 수집할 수 있다는 것이 장점이다. 그리고 그들이 무엇을 기대했는지에 대해 더 많이 이해할 수 있도록 고객과 추가적인 커뮤니케이션을 할 수 있다.

동일한 콘셉트가 전체 제품에도 적용된다. 페이지에 버튼을 추가하는 것 대신 새로운 서비스의 퍼널에 랜딩 페이지를 구현하는 것이다. 이를 **랜딩 페이지 수요 테스트**라고 부른다. 마치 우리가 해당 서비스를 실제로 출시하는 것과 같이 그 신규 서비스를 정확히 설명한다. 차이점은 사용자들이 버튼을 누르면 시험 버전에 가입하는 것 대신(또는 그 어떤 동작이 발생하는 것 대신) 사용자는 당신이 새로운 서비스를 만드는 가능성에 대해 연구 중임을 설명하는 페이지를 보게 된다. 그리고 당신은 새로운 서비스에 대해 그들이 의사가 있는지 이야기를 나누고자 할 것이다.

위 두 가지 형태의 수요 테스트를 이용해서 우리는 모든 사용자에게 적용할 수도 있고(초기 스타트업의 경우), 특정 조건에 해당하는 일부 사용자에게만 적용할 수도 있다(큰 기업의 경우).

이것이 매우 쉽게 활용할 수 있다는 것을 알고, 매우 실용적인 다음의 두 가지를 빠르게 수집할 수 있기를 희망한다. (1) 수요에 대한 훌륭한 근거와 (2) 이 새로운 기능에 대해 당신과 이야기할 준비가 되어 있고, 의사가 있는 사용자의 목록이다.

실제로는 수요가 문제가 되는 경우는 많지 않다. 사람들은 분명히 시험 버전에 등록할 것이다. 문제는 사람들이 우리 제품을 써 보고서 관심을 보이지 않는 것이다. 최소한 그들이 현재 사용하는 제품에서 전환을 만들어 내기에 충분한 관심이 없는 것이다. 그래서 이를 해결하기 위한 목적으로, 이어지는 장들에서 정성적인 그리고 정량적인 기법을 소개할 것이다.

위험을 싫어하는 회사에서의 제품 발견 테스트

스타트업이 제품을 발견하는 방법에 대해서는 많은 자료가 있다. 나를 포함한 많은 사람이 작성한 것들이다. 스타트업에는 많은 도전이 있지만, 가장 중요한 것은 생존이다.

제품의 시각에서 스타트업의 진정한 장점은, 끌어안고 가야 하는 레거시가 없고, 꼭 지켜야만 하는 매출도 없고, 보호해야 하는 명성도 없다. 이는 우리가 매우 빠르게 나아가는 것을 가능하게 해주고, 큰 손해 없이 상당한 위험을 감수할 수 있다.

하지만 일단 당신의 제품이 유효한 사업을 유지할 만큼 발전했다면(축하한다!) 이제는 무언가 잃을 것이 있고, 제품 발견을 하는 몇몇 관점이 바뀔 필요가 있다는 사실이 새삼스럽지 않을 것이다. 내 목표는 이러한 상황에서의 차이점을 강조하고, 큰 기업에서 제품 발견의 기법들이 어떻게 수정되어야 하는지를 설명하는 것이다.

이러한 기법을 큰 기업에 적용하는 것에 대해 다른 사람들이 작성한 자료들이 있다. 하지만 전반적으로 내가 봤던 조언들에서 특별히 인상 깊었던 적이 없다. 대부분의 제안은 팀을 보호받을 수 있는 구조로 분리해 내고, 그 팀에 보호막을 제공해서 그들이 갑자기 혁신할 수 있도록 하라는 것이다. 무엇보다도, **특수한** 혁신 조직에 속해 있지 않은 사람들에게 이러한 설명이 무슨 의미인가? 회사의 기존 제품에는 무엇을 설명할 수 있는가? 그리고 일부 관심을

(계속)

끌었다고 하더라도, 기존 제품팀이 이러한 조언을 얼마나 잘 받아들이리라 생각하는가? 이러한 이유로 인해 나는 이른바 기업 혁신 조직이라고 부르는 형태를 지지하지 않는다.

나는 오랫동안 제품 발견의 기법과 빠른 테스트 및 학습이 단지 스타트업이 아닌 큰 기업들에도 틀림없이 적용된다는 것을 주장해 왔다. 애플, 아마존, 구글, 페이스북, 넷플릭스와 같은 최고의 제품 기업들은 이러한 종류의 혁신이 일상화된 기업들의 훌륭한 사례들이다. 이 기업들에 혁신은 단지 일부 사람들이 승인을 받고 밀어붙이는 것이 아니다. 모든 제품팀의 책임이다.

더 자세히 이야기하기 전에, 기술 기업에서 가장 핵심적인 요소를 강조하고자 한다. 만일 기업이 혁신을 멈추면, 그 기업은 사라진다. 당장은 아니더라도 기존 솔루션의 최적화에만 몰두하고 혁신을 멈추고 있다면 경쟁사의 먹잇감이 되는 것은 시간문제다.

> 기술 기업에서 가장 핵심적인 요소를 강조하고자 한다. 만일 기업이 혁신을 멈추면, 그 기업은 사라진다.

나는 우리의 제품이 계속 나아갈 수 있게 해야만 하고, 고객을 위해 더 높은 가치를 제공해야 하는 것에 대해서는 타협의 여지가 없다고 생각한다.

그렇긴 하지만, 우리는 책임감 있는 방식으로 혁신을 수행해야 한다. 책임감이 있다는 의미는 큰 두 가지 운명을 함께 짊어져야 한다는 말이다. 바로 매출과 브랜드를 지켜내는 것과 직원과 고객을 지켜내는 것이다.

> 우리는 책임감 있는 방식으로 혁신을 수행해야 한다.

매출과 브랜드를 보호하라

기업은 명성을 쌓았고 매출을 만들어 냈다. 이제 이러한 명성과 매출을 지키는 방식으로 제품 발견을 해내는 것은 제품팀의 몫이다. 우리는 이렇게 할 수

(계속)

있는 전보다 많은 기법을 가지고 있다. 저비용/저위험의 프로토타입을 만드는 다양한 기법, 최소 투자와 제한된 노출을 통해 무언가를 증명하는 기법 등이 있다. 우리는 라이브 데이터 프로토타입과 A/B 테스트 프레임워크를 매우 좋아한다.

대부분의 시도는 브랜드나 매출에 위험을 주지는 않지만, 만일 그런 경우가 있다면 우리는 이러한 위험을 줄여 주는 기법을 활용해야 한다. 많은 경우 1% 이하의 고객에 대한 A/B 테스트를 노출하는 것이면 괜찮다.

하지만 때로는 우리가 더욱 보수적으로 접근해야 하는 상황도 있다. 그런 경우라면 우리는 초대에 의해서만 라이브 데이터 테스트를 하거나 비밀 유지 계약(NDA, Non-Disclosure Agreement)을 따르는 고객 발견 프로그램의 고객들을 활용할 수도 있다. 책임감 있는 방식의 실험과 학습을 지향하는 동일한 철학을 가진 다른 기법들은 얼마든지 많다.

직원과 고객을 보호하라

매출과 브랜드를 지키는 것과 더불어, 우리는 직원과 고객 또한 보호해야 한다. 만일 우리의 고객 서비스팀, 전문 서비스팀 또는 영업 사원이 지속적인 변화의 사각지대에 있다면 그들이 업무를 제대로 수행하기 힘들고, 고객을 잘 관리하기가 매우 어려워진다.

마찬가지로, 고객들 또한 제품이 마치 움직이는 목표물처럼 느껴져서 끊임없이 다시 배워야 하는 상황에서 행복을 느끼지 못할 것이다.

이것이 우리가 고객 영향도를 진단하는 것을 포함하여 완만한 배포(gentle deployment)를 실행하는 이유다. 비록 이러한 방식이 선뜻 납득되지 않겠지만, 지속적 배포(continuous deployment)는 매우 강력하고 완만한 배포 기법이다. 특히 고객 영향도 진단과 연계하여 적절하게 사용했을 때는 우리의 고객을 보호할 수 있는 강력한 도구가 된다.

(계속)

한 번 더 말하면 대부분의 실험과 변화는 이슈가 되지 않는다. 하지만 고객과 직원을 위해 선제적으로 대비하고 변화에 세심하게 대응하는 것은 우리의 책임이다.

오해는 하지 마라. 큰 기업에서 혁신한다는 것이 쉽다고 주장하는 것이 아니다. 절대 쉽지 않다. 하지만 그 이유가 제품 발견의 기법이 혁신하는 데 장애물이기 때문은 아니다. 기법은 고객에게 더 높은 가치를 끊임없이 제공하는 데 매우 중요하다. 큰 기업에서는 보통 혁신을 방해하는 더 광범위한 이슈들이 있다.

만일 당신이 큰 기업에 속해 있다면 소소한 최적화를 넘어서서 지속적으로 제품이 개선될 수 있도록 적극적으로 움직여야만 한다는 것을 분명히 알아야 한다. 그리고 브랜드와 매출, 직원과 고객을 보호하는 방법으로 제품 발견과 실행 업무를 해야 한다는 사실도 잊어서는 안 된다.

정량적인 테스트는 무슨 일이 일어나고 있는지(혹은 일어나고 있지 않은지)를 말해 주지만, **왜** 그런 일이 생기는지를 설명해 주지는 않는다. 그리고 그 상황을 바로잡기 위해 무엇을 해야 하는지도 알 수 없다. 그래서 우리는 정성적인 테스트가 필요하다. 사용자와 고객이 우리가 희망하는 방향으로 반응하지 않는다면 왜 그런 경우가 발생하는지 알아내야 한다.

다시 상기하자면 정성적인 테스트는 무언가를 증명하는 것이 아니다. 그것은 정량적인 테스트의 목적이다. 정성적인 테스트는 빠른 학습과 통찰에 관한 것이다.

정성적인 사용자 테스트를 수행할 때 어느 한 사용자로부터만 답을 찾으려 하면 안 된다. 각 사용자와의 테스트가 마치 퍼즐의 조각들이라고 보면 된다. 결국 어디서부터 잘못된 것인지 이해할 수 있는 충분한 퍼즐을 맞춰 보게 된다.

나는 이것이 쉽지 않은 요구라는 것을 알고 있다. 그렇지만 실제 사용자 및 고객과 제품 아이디어에 대한 정성적인 테스트를 하는 것은 당신과 제품팀 모두에게 **가장 중요한 단 하나의 제품 발견 활동**이라고 생각한다. 그리고 나는 제품팀이 **매주 최소 두 번 내지 세 번의 정성적인 가치 테스트를 진행**하는 것이 매우 중요하고 큰 도움이 된다고 강하게 이야기한다. 이제 그 방법을 설명하겠다.

> 실제 사용자 및 고객과 제품 아이디어에 대한 정성적인 테스트를 하는 것은 당신과 제품팀 모두에게 가장 중요한 단 하나의 제품 발견 활동이라고 생각한다.

먼저 인터뷰하기

우리는 일반적으로 짧은 사용자 인터뷰를 먼저 시작한다. 우리가 생각했던 문제를 사용자가 가지고 있는 것이 맞는지, 지금은 그 문제를 어떻게 해결하고 있는지, 현재 솔루션에서 전환을 시키려면 무엇이 필요한지 등을 확인한다('고객 인터뷰 기법'을 참조).

사용성 테스트

정성적으로 가치를 테스트하는 훌륭한 기법들이 많이 있다. 하지만 그것들 모두 당신의 제품이 무엇인지, 어떻게 작동하는지 사용자가 먼저 이해를 하고 있어야 한다는 전제 조건이 있다. 이러한 이유로 항상 가치 테스트에 앞서 사용성 테스트가 선행된다.

사용성 테스트를 통해 사용자가 우리 제품을 사용하는 방법을 알아낼 수 있는지 확인하고자 한다. 하지만 더 중요한 것은 사용성 테스트 후에 당신의 제품이 무슨 목적이고 어떤 의미로 사용되는지에 대해 사용자가 알아야한다는 점이다. 그래야만 우리는 사용자와 가치에 대해서(혹은 가치의 부족함에 대해) 생산적인 대화를 나눌 수 있다.

설명한 바와 같이 가치 테스트를 준비하는 것은 사용성 테스트에 대한 준비를 포함하게 된다. 사용성 테스트를 어떻게 준비하고 진행하는지에 대해서는 지난 장에서 설명하였고, 지금은 가치 테스트를 하기 **전에** 반드시 사용성 테스트를 수행해야 하며, 즉시 이어서 진행하는 것이 중요하다는 점을 다시 강조하고자 한다.

만일 사용자와 고객이 제품을 사용하는 방법을 습득할 기회도 주지 않은 상태에서 가치 테스트를 시도한다면 그 가치 테스트는 마치 사람들이 가상으로 당신의 제품을 이야기하고 어떻게 작동하는지 상상하는 포커스 그룹과 같이 되어 버린다. 분명히 하자면 포커스 그룹은 시장의 통찰을 얻는 데 도움이 되지만, 우리가 제공해야 할 제품을 발견하는 데는 도움이 되지 않는다('제품 발견 원칙'의 1번 항목을 참조).

사용성 테스트에 최소한 제품 관리자와 제품 디자이너는 필수로 참여해야 한다. 그리고 몇 차례 강조했듯이 엔지니어 중 한 명이 정성적인 테스트에 함께 참여하여 직접 관찰하면 항상 마법과 같은 일을 자주 만들어 낸다. 그래서 가능한 한 이러한 기회를 만드는 것은 충분한 가치가 있다.

사용성과 가치를 테스트하기 위해서는 사용자가 앞서 설명한 프로토타입 중 하나를 사용할 수 있어야 한다. 가치 테스트에 초점을 맞출 때는 **보통 높은 충실도의 사용자 프로토타입**을 활용한다.

높은 충실도는 매우 사실적으로 느껴져야 하며, 가치 테스트에 특히 중요한 요소임이 밝혀졌다. 라이브 데이터 프로토타입 또는 혼합 프로토타입 또한 사용할 수 있다.

가치 테스트의 구체적인 방법

당신이 사용자 또는 고객과 마주 앉아서 가치 테스트를 할 때 문제는 사람들이 일반적으로 친절하다는 것이다. 그리고 그들은 **진짜** 생각을 말하려고 하지 않는다. 그래서 가치를 테스트할 때는 모든 상황에서 그 사람이 **당신에게 친절하지 않도록** 설계해야 한다.

가치 입증을 위해 돈을 사용하기

가치를 측정하는 데 내가 선호하는 한 가지 방법은 사용자가 그 솔루션에 돈을 낼 의사가 있는지를 확인하는 것이다. 심지어 돈을 받을 의도가 없는 상황에서도 말이다. 우리는 그 자리에서 신용 카드를 꺼내고 그 제품을 사고 싶다고 말하는 사용자를 찾고 있다(하지만 실제로 카드 정보를 원하는 것은 아니다).

만일 값비싼 기업용 제품이라면(신용 카드로 결제할 수준을 넘어서는) 당신은 사람들에게 '강제력이 없는 구매 의향서'에 서명해 달라고 요청할 수 있다. 이 또한 사람들이 진지하게 구매를 생각하는지 알 수 있는 좋은 신호다.

가치 입증을 위해 평판을 이용하기

사용자가 제품을 위해 '지불'할 수 있는 다른 방법들도 있다. 그들의 평판을 지불할 의사가 있는지 확인할 수 있다. 그들이 친구나 동료나 상사에게 그 제품을 추천할 의향이 얼마나 있는지 물어보는 것이다(보통 0점에서 10점의 단위로 측정한다). 소셜 미디어에 공유해 달라고 요청할 수도 있다. 추천을 위해 상사나 친구 이메일을 입력해 달라고 요청할 수도 있다(비록 우리가 실제 이메일을 저장하지는 않지만, 사람들이 그것을 제공할 의사가 있는지는 매우 의미 있다).

가치 입증을 위해 시간 이용하기

특히 기업용 제품에 대해서는 이 일과 관련하여 상당 시간을 할애해 줄 수 있는지 물어볼 수 있다(그것이 실제 필요 없더라도). 이 또한 사람들이 가치를 지불하는지 보는 하나의 방법이다.

가치 입증을 위해 접근성 이용하기

사람들에게 전환하고자 하는 기존 제품의 로그인 정보를 요청해 볼 수도 있다(기존 제품에서 현재 제품으로 이동시켜야 하는 것이 있다는 핑계를 댈 수 있다). 마찬가지로, 실제 그들의 로그인 계정과 비밀번호를 원하는 것은 아니다. 단지 그들이 기존 제품에서 우리의 제품으로 즉시 전환할 만큼 충분한 가치를 느끼고 있는지 알고 싶은 것이다.

프로토타입 반복하기

가치 테스트는 무언가를 증명하고자 하는 것이 아님을 기억하라. 빠른 학습을 위한 것이다. 해결할 어떠한 문제를 가지고 있다고 생각하는 순간이나 뭔가 다른 접근 방법을 시도하고 싶을 때 하는 것이다.

예를 들어, 당신이 프로토타입을 서로 다른 두 명에게 보여 주었는데 각각의 반응이 확연하게 차이가 있다고 해 보자. 그러면 왜 그런지를 밝히는 것이 당신의 일이다. 아마 다른 문제를 가진, 다른 분류의 고객일 것이다. 개인의 능력이나 분야에 대한 지식에 차이가 있는 고객들일 수도 있다. 혹은 현재 사용하고 있는 솔루션에 차이가 있을 수 있다. 한 명은 현재 솔루션에 만족하고 있고 다른 한 명은 그렇지 않은 경우다.

다루고 있는 문제에 관심 있는 사람을 모집할 수 없다고 판단할지도 모르겠다. 혹은 당신의 목표 사용자가 이것의 가치를 느낄 수 있을 정도의 충분한 사용성이 있게 하는 방법을 알아내지 못한다고 생각할 수도 있겠다. 그런 경우라면 거기서 멈추고 그 아이디어를 잠시 넣어 두는 것도 가능하다. 어떤 제품 관리자들은 이를 큰 실패로 여긴다. 하지만 나는 그렇게 생각하지 않는다. 고객에게 가치가 없는(그리고 사지도 않을) 제품을 만들고 전달하는 데 소모되는 비용 낭비와 엔지니어팀이 다른 무언가를 만들 수 있는 기회비용을 절약해 주는 훌륭한 선택이다.

이러한 종류의 정성적인 테스트는 놀라울 정도로 쉽고 효과적이다. 이를 증명할 수 있는 최고의 방법이 있다. 당신의 제품 또는 프로토타입을 스마트폰이나 랩톱에 탑재하고, 아직 그것을 본 적이 없는 사람에게 찾아가서 한 번 써보게 하는 것이다.

한 가지 중요하게 언급해야 할 것이 있다. 제품 관리자로서 당신은 모든 정성적인 가치 테스트에 반드시 참여해야 한다. 누군가에게 대신 부탁하지 말아야 하며, 당연히 외부 업체에 맡기려고 하지도 마라. 당신은 가능한 한 많은 사용자와 직접 상호작용하는 경험을 하고, 아이디어에 대한 사용자 의견을 전달하면서 팀에 기여할 수 있다. 만일 당신이 나와 함께 일을 하고 있다면 매달 급여가 지급될지는 이 업무를 제대로 하느냐에 달려 있다.

> 제품 관리자로서 당신은 모든 정성적인 가치 테스트에 반드시 참여해야 한다. 누군가에게 대신 부탁하지 말아야 하며, 당연히 외부 업체에 맡기려고 하지도 마라.

54

정량적인
가치 테스트 기법

정성적인 테스트가 빠르게 학습하고 커다란 통찰을 얻는 것에 관한 것이라면, 정량적인 기법은 근거를 수집하는 것이다.

> 정성적인 테스트가 빠르게 학습하고 커다란 통찰을 얻는 것에 관한 것이라면, 정량적인 기법은 근거를 수집하는 것이다.

우리는 때로 **통계적으로 유의미한 결과**를 도출할 수 있을 정도로 충분한 양의 데이터를 수집한다(특히 일간 트래픽이 많은 소비자 서비스인 경우). 그리고 어떤 경우에는 **근거**로 활용될 수 있을 최소 수준으로 기준을 낮추어서 실제 사용 데이터를 수집한다. 이때는 다른 요소들을 함께 종합적으로 고려하여 정보에 기반한 의사결정을 할 수 있다.

이는 전에 다루었던 라이브 데이터 프로토타입의 주요한 목적이다. 다시 이야기하자면 라이브 데이터 프로토타입은 제품 발견 단계에서 실제 사용 데이터를 수집하기 위해 제한된 사용자 그룹을 대상으로 특정 사용 시나리오를 노출하려는 의도가 있는 프로토타입 형태의 일종이다.

이러한 데이터를 수집하는 몇 가지 핵심적인 방법이 있다. 그리고 우리에게 적합한 기법의 선택은 사용 가능한 트래픽의 양, 가용한 시간, 위험 감수 수준 등을 기준으로 한다.

실제 스타트업 환경에서 우리는 충분한 트래픽과 시간이 없다. 하지만 위험에 대해서는 충분히 감내할 수 있다(우리는 아직 잃을 것이 별로 없기 때문이다).

보다 안정된 회사에서는 충분한 트래픽이 있고, 어느 정도 시간을 할애할 수 있다(대부분의 경우는 경영진의 인내심을 걱정한다). 그리고 대개 회사는 위험에 대해 더욱 부정적이다.

A/B 테스트

정량적인 가치 테스트의 가장 대표적인 방법이 바로 A/B 테스트다. 우리가 A/B 테스트를 사랑하는 이유는, 사용자는 그가 보고 있는 제품이 어느 버전인지 알지 못하기 때문이다. 이 방법을 사용하면 우리가 이상적으로 찾고 있는 예측성 높은 데이터를 얻을 수 있다.

가치 테스트에서 다루는 A/B 테스트는 **최적화 A/B 테스트**(optimization A/B test)와는 약간 차이가 있는 유형임을 잘 알아야 한다. 최적화 테스트는 CTA(Call To Action, 버튼과 같은 행동에 대한 요청)를 대상으로 실험하는 것이다. 버튼에 대한 색상을 다르게 처리하는 것이 그 대상이다. 개념적으로는 같지만, 실제로 일부 차이점이 있다. 최적화 테스트는 보통 표면적인 것을 대상으로 낮은 위험 수준의 변화이며, 분할 테스트(50:50)로 자주 실행한다.

반면 **제품 발견 단계에서의 A/B 테스트**는 사용자의 99%에게는 기존 제품이 보이고, 라이브 데이터 프로토타입은 단지 1% 이하의 사용자에게만 노출된다. 우리는 A/B 테스트를 보다 밀착해서 관찰한다.

초대 테스트

당신의 회사가 위험에 대해 훨씬 더 부정적이거나, 1%의 사용자에게만 노출하기에는 충분한 트래픽이 없거나(심지어 10%를 해도), 혹은 유용한 결과를 가능한 한 빠르게 얻고 싶다면 사용자를 **초대하는 테스트**를 통해 근거를 수집하는 방법이 효과적이다. 이 방법은 당신이 확보한 사용자 또는 고객에게 연락을 해서 새로운 버전을 시도하는 일에 초대하는 것이다. 당신은 그들에게 이것이 실험적인 버전이며, 참여를 선택하는 경우 쉽게 참여할 수 있음을 설명한다.

참여자들이 만든 데이터는 진정한 블라인드 테스트인 A/B 테스트만큼 예측성이 있지는 않다. 이런 방식으로 참여한 사람들은 일반적으로 얼리 어답터(early adopter, 초기 수용자)임을 인지해야 한다. 다만 그런데도 우리는 라이브 데이터 프로토타입을 활용하는 실제 고객들을 모집하고, 정말 흥미로운 데이터를 수집할 수 있다.

사용자들이 좋아할 것으로 예상한 기능을 초대 그룹과 같은 제한된 사람들이 쓸 수 있도록 만들고 나서 그들이 실제 만족을 느끼지 못하는 상황을 수도 없이 봐왔다. 불행히도 이러한 정량적인 테스트는 그들이 사용하지 않는다는 사실만을 알게 될 뿐이다. 그 이유는 알 수가 없다. 그것에 대해서는,

우리가 기대한 만큼 사용자들이 관심을 기울이지 않는 이유를 빠르게 파악하고 학습할 수 있는 정성적인 테스트를 함께 수행할 때 파악할 수 있다.

고객 발견 프로그램

초대 테스트의 다른 형태는 아이디어 발상 기법 절에서 살펴봤던 '제품 발견 프로그램'의 멤버들을 활용하는 것이다. 사용자들은 새로운 버전의 테스트에 이미 참여하고 있고, 그들과 긴밀한 관계를 맺고 있으므로 비교적 쉽게 다른 추가적인 테스트를 실행할 수 있다.

기업용 제품의 경우 나는 실제 사용 데이터를 수집하는 주요한 기법으로 이 방법을 자주 사용한다. 우리는 고객 발굴 프로그램을 통해 고객들이 라이브 데이터 프로그램을 자주 사용하도록 한다. 그리고 이러한 사용 데이터를 우리의 전체 고객과 비교해 본다.

분석 정보의 역할

오늘날 우리가 제품을 만드는 방식에서 큰 변화 중 하나는 바로 우리가 분석 정보를 사용한다는 것이다. 이 시대의 유능한 제품 관리자는 데이터에 친숙하고, 빠르게 학습하고 개선하기 위해 분석 정보를 활용하는 방법을 잘 알고 있기를 기대한다.

나는 몇 가지 요인으로 인해 이러한 변화가 발생했다고 본다.

(계속)

첫째, 기술 제품의 시장 범위가 글로벌 접근성의 개선, 기기 간의 연결 방법, 순전한 데이터 양의 급속한 증가 등으로 인해 비약적으로 확장되었고, 이는 우리에게 흥미롭고 통계적으로 유의미한 결과를 훨씬 빠르게 제공해 준다.

둘째, 이러한 데이터에 접근하고 학습하는 도구들이 상당히 개선되었다. 데이터 도구들이 데이터를 빠르게 학습하고 데이터에 익숙해지는 데 당신을 도와주는 역할을 한다는 인식이 증가하였다는 점도 중요한 변화다.

> 이 시대의 유능한 제품 관리자는 데이터에 친숙하고, 빠르게 학습하고 개선하기 위해 분석 정보를 활용하는 방법을 잘 알고 있기를 기대한다.

뛰어난 제품팀이 분석 정보를 사용하는 다섯 가지 주요한 용도가 있다. 각각의 용도에 관해서 내용을 자세히 들여다 보자.

사용자와 고객의 행동을 이해

사람들이 분석 정보에 대해 생각을 할 때 그들은 사용자 분석 정보를 먼저 떠올린다. 하지만 그것은 분석 정보의 한 유형일 뿐이다. 사용자 분석 정보는 우리 사용자와 고객이 제품을 어떻게 사용하고 있는지 이해하는 것이다(유념할 것은, 최소한 B2B 맥락에서는, 한 명의 고객에게 다수의 사용자가 있을 수 있다). 우리는 사용자 정보를 분석함으로써 사용되지 않는 기능을 확인하거나, 우리가 기대한 수준으로 기능이 사용되는지 검증하거나, 단순히 사용자들이 말하는 것과 실제로 하는 행동 사이의 차이점에 대해 더욱 잘 이해할 수 있다.

훌륭한 제품팀들은 위와 같은 목적으로 사용자 분석 정보를 수집하고 사용한 지 30년 정도 되었다. 웹이 출현하기 전인 순수한 시절에는 데스크톱과 서버를 통해 홈을 호출하여 사용자 행동 분석 정보를 업로드한다. 이후 해당 정보는 제품팀이 개선사항을 만들어 내는 데 사용되었다. 사용자 분석 정보는 나에게 제품을 만드는 데 타협할 수 없는 극소수의 항목이다. 당신이 새로운

(계속)

기능을 추가하고자 한다면 그 기능의 사용에 대한 최소한의 기본적인 분석 정보를 심어 두어야 한다고 생각한다. 그렇지 않으면 그 기능이 기대한 만큼 사용되는지를 나중에 어떻게 확인할 수 있겠는가?

제품의 진행 상황을 측정

나는 오랫동안 제품팀을 이끄는 데 데이터의 활용을 강력하게 지지해 왔다. 어떤 기능이 효과가 있는지 혹은 없는지에 대해 누군가 최선을 다해 추정하는 것보다는 차라리 제품팀에 측정 가능한 사업 목표들을 제시하는 것을 훨씬 더 선호한다. 그러고 나서 팀이 그러한 목표를 달성하기 위한 최선의 방법은 무엇인지를 스스로 결정하도록 한다. 결과물이 아닌 성과에 집중하는 것은 제품을 만드는 중요한 트렌드 중 하나다.

제품 아이디어가 효과가 있는지 검증

요즘 (특히 소비재 기업들은) A/B 테스트 실행을 통해 새로운 기능, 새로운 버전의 과업 흐름, 새로운 디자인의 영향을 완전히 독립적으로 적용할 수 있고, 그 결과를 비교할 수 있다. 이 테스트는 우리의 아이디어가 실제 효과가 있는지를 증명할 수 있게 해준다. 그렇다고 모든 변경에 적용할 필요는 없다. 높은 위험이 있거나, 높은 개발 비용이 예상되거나, 사용자 행동의 변경을 해야 하는 경우에 엄청나게 강력한 도구가 될 수 있다. 심지어 통계적으로 유의미한 결과를 확보하기에는 트래픽의 양이 부족하거나 시간이 많이 소요되는 경우에도 우리는 여전히 라이브 데이터 프로토타입을 통해 실제 데이터를 수집하고, 훨씬 더 나은 정보에 기반한 의사결정을 할 수 있다.

제품 의사결정에 영향

내 경험상 과거에 제품을 만드는 데 최악의 상황은 사람들의 의견에 의존한다는 점이다. 그리고 보통은 조직에서 더 높은 사람이 말하는 것이 더 인정받는 의견이 된다는 것이다.

(계속)

요즘은 '데이터가 의견을 압도한다(Data beats opinions)'는 태도를 기반으로 간단히 테스트를 수행하며, 어느 정도의 데이터를 수집하고 나서 그 데이터를 의사결정에 활용한다. 물론 데이터가 전부는 아니며, 우리는 그것의 노예가 아니다. 하지만 나는 최고의 팀들이 테스트 결과에 근거한 분석 정보를 통해 의사결정하는 것을 수없이 보았다. 나는 팀들이 데이터를 보고 얼마나 자주 깜짝 놀라는지, 데이터에 의해 그들의 마인드가 얼마나 변했는지 이야기하는 것을 꾸준히 듣고 있다.

제품 업무에 영감을 불어넣기

비록 앞서 나열한 분석 정보의 역할 모두 훌륭하게 생각하지만, 개인적으로 내가 가장 선호하는 내용은 이제 설명할 마지막 역할이다. 우리가 취합하는 데이터(모든 원천으로부터)는 금광이 될 수도 있다. 데이터가 중요한 질문을 던지는 것으로 귀결되는 경우가 자주 있다. 그리고 데이터를 탐색하는 것을 통해 우리는 매우 강력한 제품 기회들을 찾을 수도 있다. 내가 알고 있는 현재 진행 중인 몇몇 최고의 제품 개발 업무들은 모두 데이터에서 영감을 얻은 것들이다. 그렇다. 우리는 흔히 사용자 관찰을 통해 뛰어난 아이디어를 얻고, 또한 새로운 기술을 적용하는 것으로부터 뛰어난 아이디어를 얻게 된다. 데이터 자체를 깊이 학습하는 것은 획기적인 제품 아이디어를 이끌어 내는 통찰을 제공해 줄 수 있다.

이것이 가능한 이유는 데이터가 종종 우리의 허를 찌르기 때문이다. 우리는 제품이 어떻게 사용될지에 대한 가설들을 가지고 있다(심지어 대부분은 우리가 의식하지 못하는 것들이다). 그리고 실제 데이터를 확인해 보면 그러한 가정들과 관계없는 결과에 놀라게 된다. 이렇게 놀라는 것들이 진정한 진척을 만들어 내는 것이다.

기술 제품 관리자가 제품에 중요한 분석 정보의 유형을 폭넓게 이해해야 한다는 것은 매우 중요하다. 많은 사람이 지나치게 좁은 시야를 가지고 있다. 대

(계속)

부분 기술 제품에 해당하는 핵심적인 분석 정보의 조합은 다음과 같다.

- 사용자 행동 정보(클릭 경로, 참여 행동)
- 비즈니스 정보(활성 사용자, 전환율, 생애 가치, 잔존율)
- 재무 정보(평균 판매 가격, 결제 정보, 주문 완료 소요 시간)
- 성능(로딩 시간, 가동 시간)
- 운영 비용(스토리지, 호스팅)
- 시장 진출 비용(고객 획득 비용, 영업 비용, 캠페인 비용)
- 감성적인 분석 정보(순 추천 고객 지수, 고객 만족도, 설문 조사)

부디 위 목록에서 제품팀이 활용할 수 있는 분석 정보의 힘을 느꼈기를 바란다. 하지만 우리에게 데이터의 역할이 중요한 만큼 분석 정보를 다룰 때 중요하게 명심해야 할 것이 있다. 바로 데이터는 **'무슨 일'**이 일어나고 있는지에 대한 어둠을 밝혀 주지만, **'왜'** 그런지를 설명해 주지는 못한다. 정량적인 테스트 결과에 관해 설명할 수 있으려면 정성적인 기법이 필요하다.

계기 비행(계기판에 의존하는 비행술)

놀랍게도 나는 여전히 제품에 대한 분석 정보를 수집하는 환경을 갖추고 있지 않거나, 그들의 제품이 어떻게 사용되고 있는지 알지 못하는 수준을 가진 많은 제품팀을 만나곤 한다.

내가 이끌었던 팀 혹은 참여했던 팀들은 지금까지 분석 정보를 오랫동안 활용해 왔으므로 이러한 정보가 없는 상황은 상상할 수도 없다. 심지어 실제 분석 정보가 없던 시절에는 제품이

> 나는 여전히 제품에 대한 분석 정보를 수집하는 환경을 갖추고 있지 않거나, 그들의 제품이 어떻게 사용되고 있는지 알지 못하는 수준을 가진 많은 제품팀을 만나곤 한다.

어떻게 사용되는지, 어떤 기능이 실제로 고객에게 도움이 되었는지, 판

(계속)

매를 완료하기 위해 우리가 생각했던 어떤 것이 있었어야 했는지와 같은 생각을 어떻게 했는지 기억하기조차 어렵다.

클라우드 기반의 제품과 서비스에서는 가장 쉽게 분석 정보를 활용할 수 있다. 우리 대부분은 웹 분석 도구를 사용한다. 그리고 때로는 직접 만든 도구를 사용하기도 한다.

훌륭한 제품팀은 이러한 분석을 오랜 기간 수행해 왔다. 클라우드 기반의 사이트뿐만 아니라 설치형 모바일 또는 데스크톱 애플리케이션도 포함된다(직접 설치하는 소프트웨어, 하드웨어, 디바이스가 주기적으로 홈을 호출하여 사용 데이터를 팀에게 제공한다). 일부 기업들은 매우 보수적이며, 데이터를 보내기 전에 권한을 묻기도 한다. 그렇지만 대부분은 조용히 처리한다.

우리는 모두 익명으로 된 데이터를 수집하고 통합해야 한다. 그래서 개인이 식별 가능한 정보가 있으면 안 된다. 하지만 가끔 정신없이 사업에 몰두하던 기업이 원 데이터를 그대로 보내는 바람에 큰 문제를 겪고 있는 상황을 뉴스에서 본 적이 있을 것이다. 언론들은 우리가 이러한 데이터를 추적하는 것이 비도덕적인 목적이라고 생각하지만, 최소한 내가 알고 있는 혹은 함께 일한 회사들은 단지 더 가치 있고 사용성이 우수한 제품을 만들기 위해 활용하는 것이다. 분석 정보는 이를 위해 오랜 기간 사용된 매우 중요한 도구다.

분석에 대한 전반적인 업무의 진행 방식은, 먼저 제품이 어떻게 사용되는지에 대해 무엇을 알고 싶은지 스스로 물어본 다음에 제품 정보를 수집하기 위한 조치를 취한다(이때 필요한 기술은 무엇을 수집하고 어떤 도구를 사용하는지에 따라 다르다). 그리고 최종적으로 다양한 형태의 온라인 리포트를 만들어 내고 이러한 데이터를 해석한다.

새로 추가한 모든 기능에 대해 우리가 기대한 대로 그것이 작동하는지, 의도하지 않은 유의미한 결과가 있는지를 즉시 알 수 있도록 하는 데 필요한 측정 장치가 준비되어 있는지 반드시 확인해야 한다. 솔직히 그러한 측정 도구 없

(계속)

이는, 나는 해당 기능을 출시하지 않을 것이다. 그 기능이 효과가 있는지를 어떻게 알 수 있다는 말인가?

대부분의 제품 관리자들이 아침에 가장 먼저 할 일은 지난밤에 무슨 일이 일어났는지 확인하기 위해 분석 정보를 살펴보는 것이다. 보통은 몇 개의 테스트가 거의 항상 돌아가고 있으므로 그들은 무슨 일이 발생했는지 매우 관심이 높다.

물론 모든 것들이 매우 강력한 방화벽에 의해 통제되는 환경들도 있다. 하지만 그런 상황에도 팀에 전달되기 전에(전자 문서나 필요한 경우 출력 보고서로), 검토와 승인을 위한 주기적인 사용 리포트를 얻어 낼 수 있다.

나는 고객에게 영향이 없는 기능들을 제거함으로써 제품을 철저히 단순하게 만드는 것을 추구한다. 하지만 무엇이 사용되고 있고 어떻게 사용되고 있는지 알지 못하는, 실제 무슨 일이 일어나고 있는지 모르는 상태에서, 이러한 제거 작업을 하는 과정은 매우 고통스럽다. 우리가 제안한 이론이나 결론을 뒷받침하는 데이터가 없다면 경영진은 (정당하게) 결정을 망설이게 된다.

먼저, 이러한 분석 데이터를 확보하는 것이 시작점이라고 생각한다. 그러고 난 후 그 데이터를 얻을 수 있는 최선의 방식을 역으로 찾는 방안을 마련하라.

참고 우리는 분석 정보를 흔히 핵심 성과 지표(KPIs, Key Performance Indicators)라고 부른다.

CHAPTER 55

실현 가능성 테스트

우리가 실현 가능성의 검증에 대해 이야기할 때 엔지니어는 이와 관련한 몇 가지 질문들에 대해 답을 얻기 위해 정말 노력한다.

- 우리는 이것을 **어떻게** 만들지 알고 있는가?
- 우리 팀이 이것을 만들만한 **기술**을 가지고 있는가?
- 우리가 이것을 만드는 데 필요한 충분한 **시간**이 있는가?
- 우리가 이것을 만드는 데 **아키텍처**의 변화가 필요한가?
- 이것을 만드는 데 필요한 모든 **컴포넌트**를 구할 수 있는가?
- 이것을 만드는 데 포함된 **의존성**을 잘 이해하고 있는가?
- **성능**에 부합할 것인가?
- 우리가 필요한 수준으로 **확장**할 것인가?
- 이것을 테스트하고 운영하는 데 필요한 **인프라**를 가지고 있는가?
- 우리가 이것을 제공하는 데 드는 **비용**을 감당할 수 있는가?

겁을 주려는 의도는 없다. 대부분의 제품 아이디어들에 대해 제품 발견 단계에서 엔지니어들에 관해 그들은 곧바로 이러한 질문들을 고려하고 간단하게 "문제없다"고 대답할 것이다. 그 이유는 우리가 하는 대부분의 일은 완전히 새로운 것이 아니며, 엔지니어들은 보통 비슷한 것을 전에도 여러 번 만들어 봤기 때문이다.

하지만 여기에 해당하지 않는 경우가 분명히 발생한다. 이런 경우에는 일부 또는 많은 질문에 대해 엔지니어들이 대답하기 매우 어려워하게 된다.

한 가지 일반적인 사례는 많은 팀이 머신러닝 기술을 평가할 때다. 구매할지 직접 만들지를 고려하고, 그 기술이 특정 업무에 즉시 사용할 수 있는 적합한 것인지를 평가한다. 그리고 보다 일반적으로는 그것의 잠재성을 이해하려고 노력한다.

여기에 당신이 생각해 보아야 하는 매우 현실적이고 중요한 조언들이 있다. 주간 계획 미팅을 열고 아이디어 덩어리들을 엔지니어에게 내밀고 그들에게 시간이나 스토리포인트 또는 노력의 단위로 표현된 어떤 형태든 좋으니 추정의 결과를 전달할 것을 요구한다. 이런 식으로 하면 거의 확실하게 잘못된 길로 가버린다. 당신이 엔지니어에게 조사하고 생각할 시간도 주지 않는다면 매우 높은 확률로 보수적인 답변을 들을 수밖에 없다. 어느 정도는 당신을 가버리게 하려는 의도가 있다.

하지만 팀이 이러한 아이디어에 대해 사용자 대상(프로토타입을 활용하여) 테스트를 했고 엔지니어도 함께 참여해 왔다면 엔지니어들은 이슈가 무엇인지 사람들이 이러한 아이디어에 대해 어떻게 느끼는지를 봤을 것이다. 그래서 그들은 아마도 기술적인 이슈에 대해 이미 생각을 하고 있었을 것이다. 엔지니어가 미리 고민하는 것이 가치 있는 일이라고 생각한다면 그들이 조사하고 생각할 시간을 제공해 주는 것이 필요하다.

그들에게 해야 할 질문은 "이것을 할 수 있나요?"가 아니다. 대신 아이디어를 자세히 살펴보고, 다음과 같은 질문에 대답해 주기를 요청한다. "이 아이디어를 진행할 최선의 방법은 무엇인가요? 그것을 하는 데 얼마나 걸릴까요?"

가끔은 엔지니어가 찾아와서 한 개 또는 그 이상의 질문들에 대한 답을 얻기 위해 **실현 가능성 프로토타입(feasibility prototype)**을 만드는 것이 필요하다고 이야기할 것이다. 그런 경우라면 먼저 그 아이디어가 제품 단계에서 그만큼의 조사가 필요한 잠재적인 가치가 있는지 고려한다. 그렇다고 판단되면 엔지니어의 프로토타입 진행을 응원해 주면 된다.

실현 가능성을 평가하는 데 마지막으로 언급하고 싶은 한 가지가 있다. 나는 엔지니어가 조사를 위한 추가적인 시간이 필요하다고 말하는 제품 아이디어는 무조건 배제하는 제품 관리자들을 많이 보았다. 이러한 제품 관리자들에게 이 상황은 이미 너무 위험이 크고 시간이 소요되는 것을 의미한다.

나는 이들에게 개인적으로 이러한 아이디어를 선호하는 몇 가지 이유를 이야기한다. 첫째, 최고의 제품 아이디어들은 **오직 지금 가능한** 문제 해결의 방식을 바탕으로 한다. 그것은 새로운 기술을 의미하며, 그 기술을 조사하고 학습하는 시간이 필요하다. 둘째, 엔지니어에게 심지어 하루 이틀 정도만 주어져도 그들은 실현 가능성의 질문에 대한 훌륭한 답변뿐만 아니라 문제를 해결하는 더 나은 방법을 찾아서 돌아올 때가 많다. 셋째, 이러한 종류의 아이디어는 팀에게 학습하고 실력을 뽐낼 기회가 되므로 흔히 동기부여가 높다.

> 최고의 제품 아이디어들은 '오직 지금 가능한' 문제 해결의 방식을 바탕으로 한다. 그것은 새로운 기술을 의미하며, 그 기술을 조사하고 학습하는 시간이 필요하다.

하드웨어 제품에 대한 발견

요즘 수많은 기술 중심의 제품은 하드웨어 요소를 가지고 있다. 전화기에서부터 시계, 로봇, 자동차, 의료 기기, 심지어 온도 조절 장치까지 스마트 기기는 우리 주변 어디에나 있다.

그러면 하드웨어 제품을 추가로 다룬다는 것이 지금까지 우리가 논의한 모든 것에 어떻게 영향을 줄 것인가?

먼저 명백한 차이점이 몇 가지 있다. 필요한 기술의 차이, 산업 디자인의 필요성, 그리고 비록 계속 나아지고는 있지만, 소프트웨어보다는 제조하는 데 훨씬 오래 걸린다는 점 등이 있다.

비록 일부 추가적인 도전 사항들이 있기는 하지만, 우리가 지금까지 논의했던 대부분 영역이 여전히 유효하다. 더욱이 하드웨어를 다룰 때는 우리가 논의했던 제품 발견의 기법이 훨씬 더 중요하다. 특히 프로토타입의 역할이 더욱 그렇다.

그 이유는, 하드웨어는 실수가 초래하는 결과가 시간과 비용의 차원에서 훨씬 치명적이기 때문이다. 반면 소프트웨어는 보통 이슈를 수정하는 것이

> 하드웨어는 실수가 초래하는 결과가 시간과 비용의 차원에서 훨씬 치명적이기 때문이다.

상대적으로 낮은 비용으로 가능하다. 하드웨어는 그렇게 쉽게 바꿀 수 없다.

특히 하드웨어는 기술적인 실현 가능성의 위험과 사업적 유효성의 위험이 더 크다. 예를 들어, 하드웨어의 경우는 훨씬 더 복잡한 부품에 대한 분석, 제조 비용, 예측이 필요하다. 그렇긴 하지만 3D 프린팅 기술의 출현으로 인해 하드웨어 기기에 필요한 프로토타이핑이 엄청난 도움이 되고 있다.

요점은 하드웨어 제품이 가치, 사용성, 실현 가능성, 유효성 위험에 대해 훨씬 더 적극적인 대응이 필요하며, 실제 생산을 시작하기 전에 훨씬 더 높은 수준의 자신감을 가지고 기준을 높여야 한다는 것이다.

사업 유효성 테스트

고객이 사랑하면서도 엔지니어가 만들어 출시할 수 있는 제품을 찾아내기 위해 노력한다는 것 자체가 충분히 어려운 일임은 의심의 여지가 없다. 많은 제품들이 여기까지도 도달하지 못한다.

하지만 실제 이 정도로는 충분하지 않다. 솔루션이 **당신의 비즈니스에도 효과**가 있어야만 한다. 그리고 미리 경고하자면 이것은 생각보다 훨씬 더 어려운 경우가 많다.

많은 제품 관리자들이 사업 유효성을 검증하는 것이 가장 꺼려지는 일이라고 나에게 고백한다. 비록 나도 이해는 하지만, 그들에게 다음과 같은 메시지를 전달한다. 사업 유효성을 다루는 것이야말로 좋은 제품 관리자와 위대한 제품 관리자의 차이를 만들어 내는 것이며, 그리고 무엇보다도 진정으로 **제품의 CEO(CEO of the product)**가 된다는 것을 의미한다.

> 무엇보다도 진정으로 제품의 CEO(CEO of the product)가 된다는 것을 의미한다.

사업을 만들어 낸다는 것은 항상 쉽지 않은 일이다. 유효한 비즈니스 모델을 가지고 있어야만 한다. 생산, 유통, 판매 등에 필요한 비용이 제품이 만들어내는 수익보다 아주 낮아야만 가능한 일이다. 제품을 판매하고 있는 국가가 정한 법의 테두리 안에서 운영되어야만 한다. 사업적인 합의나 제휴가 끝날 때까지 이끌고 가야 한다. 회사의 모든 제품이 형성한 브랜드 약속에 맞추어져야만 한다.

지금까지 치열하게 일구어낸 회사의 매출, 명성, 직원, 고객을 지켜내기 위해 도움을 주어야 한다.

이번 장에서 나는 기술 중심의 제품 회사에 있는 주요한 이해 관계자들을 지정하여 그들의 고민과 제약사항에 대해 살펴보고, 제품 관리자가 사업적 유효성을 각각의 영역에서 어떻게 테스트하는지에 관해 설명할 것이다.

이러한 사업적 유효성 영역의 목록은 매우 일반적이고, 전부 혹은 대부분은 아마 당신의 제품에 해당하는 사항일 것이다. 또한, 특정 회사의 경우는 해당 사업에서 두드러진 하나 혹은 그 이상의 특별한 이해 관계자가 있는 경우도 있다. 향후 설명할 목록에 해당하지 않는다고 해서 제품 관리자가 대응해야 하는 중요한 영역이 아니라는 의미는 아니다.

당신이 절대로 발생하기 원치 않는 일이 있다. 팀이 계속 전진하면서 솔루션을 상용화하고 고객에게 전달하기 위한 준비를 마쳤는데, 결국 이러한 제약사항 중 하나가 어긋나서 판매할 수 없다는 것을 알아 버린 것이다. 절대 이러한 실수를 하지 마라. 그리고 혹시 이런 일이 발생하면 그것은 제품 관리자의 몫이다. 관련 있는 각각의 제약사항들을 확실히 이해하고 적극적으로 행동을 취하는 것은 제품 관리자의 역할이다.

마케팅

우리는 제품 마케팅에 대해 이해 관계자라기보다는 제품팀의 일원으로 보는 것이 더 적합하다는 논의를 이전에 했다. 그렇지만 일반적으로, 마케팅은 판매를 가능하게 해주고, 회사의 브랜드와 명성에 신경 쓰며, 시장에서의 경쟁과 차별화에 초점을 맞춘다. 마케팅은 시장에 적합하고 설득력 있으며, 시장 진출을 위한 채널에 부합하는 제품을 원한다. 그래서 당신이 고려하고 있는 무언가가 시장에 위험을 초래할 것 같은지가 그들의 핵심적인 관심사다.

만일 당신이 만들자고 제안하는 것이 판매 채널과 주요한 마케팅 프로그램에 영향을 주거나, 또는 잠재적으로 브랜드 약속(당신의 고객이 회사에 기대하는 범위)을 벗어나는 경우 당신은 이러한 상황을 마케팅 담당자와 상의해야 한다. 그리고 제품 구현을 고려하기 **이전에** 당신이 제안하는 것이 무엇인지 그들에게 프로토타입을 보여 주어야 한다. 그들이 걱정하는 것에 대한 대처 방안을 찾기 위해 함께 협력하라.

영업

만일 당신의 회사가 직접 판매 조직이 있거나 광고 영업 조직이 있다면 이는 제품 조직에 큰 영향을 미친다. 성공적인 제품은 보통 영업 채널의 강점과 제약사항을 고려하여 설계되어야 한다.

예를 들어, 직접 판매 채널에 큰 비용이 소모된다면 이는 높은 가치의 제품과 가격대가 필요하다. 또는 특정 기술이 필요한 영업 채널을 만들어 두었을 수도 있다. 만일 새로운 제품이 전혀 다른 기술과 지식을 필요로 한다면 영업 조직은 아마도 그 제품을 완강히 거부할 것이다.

만약에 당신이 제안하는 제품이 판매 역량이 검증된 기존 영업 채널에서 벗어난다고 판단되면 제품 구현을 시작하기 이전에 영업 리더들과 마주 앉아서 그들에게 당신이 제안하고자 하는 것을 보여 주어라. 그리고 함께 이 제품을 효과적으로 판매할 방안이 있을지 파악하라.

고객 만족

몇몇 기술 회사들은 고객을 돕기 위해 **하이터치 모델**(high-touch model, 고객과 매우 밀접한 관계를 맺는 것)이라는 방식으로 운영한다. 그리고 일부는 **로우터치 모델**(low-touch model, 고객과 접점을 줄이는 방식)을 사용한다. 먼저 당신은 회사의 고객 만족 전략이 무엇인지를 이해하고, 당신의 제품이 그 전략에 부합하는지를 반드시 확인해야 한다.

다시 한번 이야기하지만, 당신이 변화를 수반하는 무언가를 제안한다면 리더와 마주 앉아서 어떤 선택지가 있을지 상의해야 한다.

덧붙이자면 만약에 당신이 하이터치 서비스 모델을 적용하고 있다면 고객 만족(CS, Customer Success) 담당자들은 제품의 통찰과 프로토타입 테스트에 특별히 큰 도움이 된다.

재무

재무는 보통 몇 가지 종류의 제약사항들과 고려사항들이 해당한다. 그중에서도 새로운 제품을 만들고, 판매하고, 운영하는 비용을 감당할 수 있는지가 중요하다. 하지만 비즈니스 분석 정보와 보고서는 흔히 재무와 관련이 있으며, 투자자 홍보 및 다른 우려 사항과 관련한 고유의 제약사항들이 있을 수도 있다.

만일 비용의 문제가 포함되어 있다면 재무 부서의 누군가와 상의를 해라. 그 비용을 설계하는 것은 당신이 사업적으로 유효한 계산을 하고 있음을 리더에게 설명하는 데 중요한 일이다.

법무

많은 기술 중심의 회사들은(특히 시장을 파괴하기 위해 치열하게 노력하고 있는 회사들은) 법무가 엄청나게 중요한 역할이 될 수 있다. 개인정보보호, 회계 감사, 지적 자산, 경쟁사 등의 이슈들은 모두 법무와 관련된 공통적인 제약사항이다. 법무팀의 누군가와 가능하면 빠르게 만나 당신이 제안하는 것에 관해 설명하고, 그들이 예상하는 어떠한 이슈가 있는지 혹은 당신이 알아야 하는 특별한 영역이 있는지에 대해 상의해 보라. 그러면 당신은 엄청난 시간을 절약하고, 큰 고민에서 해방될 수 있을 것이다.

사업 개발

대부분 기업은 다양한 유형의 파트너와 사업적으로 긴밀한 관계를 맺고 있다. 그리고 보통은 이면 계약을 통해 의무사항과 제약사항들이 정의되어 있다. 때로는 이러한 합의가 회사가 경쟁하는 데 큰 손해를 끼치기도 한다. 그들이 크게 이기는 경우가 있는 것이다. 어떤 경우이건 당신의 제품과 관련된 이러한 사업 관계와 당신이 제안하는 것이 미치는 영향을 이해해야 한다.

보안

우리는 보통 보안 부서를 이해 관계자라기보다는 기술 조직의 필수적인 부분으로, 결국 그래서 제품팀의 한 부분으로 생각한다. 하지만 보안과 관련된 문제는 많은 기술 중심의 기업에 너무나도 중요하므로 나는 그 영역을 별도로 정의하는 것이 더 유용하다고 생각한다. 만약에 당신이 제안하는 것이 무엇이건 보안과 조금이라도 관련이 있다면, 기술 리더 및 보안 부서의 리더와 함께 앉아서 그 아이디어가 무엇인지, 당신이 그들의 고민을 어떻게 대응할지에 대해 함께 이야기를 나누어라.

CEO/COO/GM

당연히 모든 회사에는 해당 사업 부문을 책임지는 CEO나 총괄 대표(GM, General Manager)가 있다. 그들은 보통 이러한 제약사항들에 대해 잘 알고 있고, 늘 신경을 쓰고 있다. 그리고 제품 관리자가 이러한 이슈를 모르고 있거나 대응할 계획을 하고 있지 않다면, 그들은 제품 관리자나 제품팀을 신뢰하지 않을 것이다.

CEO의 관점에서 제품 관리자가 비즈니스 이슈에 대해 충분한 학습을 했는지, 서로 다른 비즈니스의 측면들을 이해하고 있는지 알아채는 데는 그리 오랜 시간이 걸리지 않는다.

사업 유효성을 검증한다는 것은 당신의 팀이 제안하는 솔루션이 이러한 각 비즈니스 영역의 제약 범위 내에 있는지 확실히 확인하는 것을 말한다. 이에 영향을 받는 이해 관계자들에게는 제안 내용을 검토할 기회가 있는지, 그들이 우려하는 것이 다루어지는지가 중요하다.

사용자 테스트 vs 제품 데모 vs 워크스루

이 책 전반에 걸쳐 나는 '프로토타입 보여 주기'를 설명했다. 실제로 프로토타입을 보여 주는 데는 세 가지 다른 종류의 기법이 있다. 상황에 맞는 적합한 기법을 사용하도록 유의해야 한다.

> 프로토타입을 보여 주는 데는 세 가지 다른 종류의 기법이 있다. 상황에 맞는 적합한 기법을 사용하도록 유의해야 한다.

사용자 테스트(user test)는 우리가 제품 아이디어를 실제 사용자와 고객에게 검증하는 것이다. 그것은 정성적인 사용성과 가치를 테스트하는 기법이며, 사용자가 주체다. 이 기법의 목적은 사용성과 프로토타입 혹은 제품의 가치를 검증하는 것이다.

제품 데모(product demo)는 당신의 제품을 잠재 사용자와 고객에게 '판매'하거나 당신의 회사에 제품을 전파할 때 사용된다. 이는 판매 혹은 설득의 도구

(계속)

다. 제품 마케터가 보통 세심하게 제품 데모의 시나리오를 제작한다. 하지만 제품 관리자도 가끔 제품 데모를 요청받기도 한다. 특히 중요한 고객이나 임원을 대상으로 할 때는 제품 관리자가 데모를 이끌어 나간다. 제품 데모의 목적은 프로토타입 또는 제품의 가치를 **자랑하는** 것이다.

워크스루(walkthrough, 자세한 설명)는 이해 관계자에게 프로토타입을 보여줄 때 그들이 잘 이해하는지 분명히 하고, 우려가 될 수 있는 모든 사항을 기록하는 것이다. 이 기법의 목적은 이해 관계자에게 문제를 제기할 수 있는 모든 기회를 제공하는 것이다. 제품 관리자가 보통 주체가 되며, 만약에 그 이해 관계자가 프로토타입을 직접 사용해 보고 싶다면 기쁜 마음으로 그렇게 해주면 된다. 당신은 그들에게 무언가를 팔려는 것이 아니고, 테스트하려는 것도 아니다. 그들에게 분명하게 단 하나도 숨기지 않는 것이다.

나는 제품 데모를 준비했어야 하는 상황에서 잠재 고객에게 워크스루를 실행하는, 미숙한 제품 관리자들을 많이 봤다. 그리고 초보가 저지르는 또 다른 흔한 실수는 사용자 테스트를 하는 동안 제품 데모를 하면서 사용자들에게 어떻게 생각하는지 물어보는 것이다.

당신이 수행하는 것이 사용자 테스트인지, 제품 데모인지, 워크스루인지 명확히 해야 한다. 그리고 이 세 가지 기법의 실행 방법에 대해서도 충분히 숙지해야 한다.

57

사례 소개:
케이트 아놀드, 넷플릭스

넷플릭스는 내가 최고로 좋아하는 제품이며, 회사다. 하지만 1999년으로 거슬러 올라가면 로스 가토스(Los Gatos)에 있었던 넷플릭스의 초기 시절에는 20명이 채 안 되는 직원이 망하기 직전의 상황에 놓여 있었다. 지금은 전설이 된 리드 헤이스팅스(Reed Hastings)를 포함한 경험 있는 창업자 몇 명이 있긴 했지만, 문제는 고객 수가 30만 명 수준에서 정체되어 있었다는 것이다.

넷플릭스는 기본적으로 블록버스터(Blockbuster, 미국의 비디오 대여 가맹점)가 제공하는 대여료 모델과 동일한 경험을 제공하였다. 단지 그것의 온라인 버전이었을 뿐이다. 다른 분야와 마찬가지로 넷플릭스 같은 서비스에 대한 얼리 어답터들이 있었고, 비디오 가게가 없는 곳에 사는 일부 사람들이 있긴 했다. 그렇지만 실제로는 일을 마치고 집에 오는 길에 지역 내 블록버스터 가게를 들르기만 하면 되므로 굳이 우편 서비스를 통해 DVD를 대여할 이유가 크게 없었다. 사람들은 넷플릭스를 통해 한번 대여를 하고 나서는 금세 그 서비스를 잊어버리곤 했다. 사람들이 변할 것 같지는 않아 보였다. 팀은 사람들을 넷플릭스로 전환하기에는 서비스가 충분히 나은 수준이 아니라는 것을 알고 있었다.

상황은 더욱 나빠졌다. DVD 판매는 정체되기 시작했고, 할리우드의 반발로 상황이 더 어두워졌다. 그리고 물류 실행과 DVD 품질 유지는 늘 어려움을 겪고 있었고, 이 모든 것들에 대한 비용을 감수하고 현금을 만들어 낼 수 있도록 하는 방법을 알아내야 했다.

케이트 아놀드는 이 작은 팀의 제품 관리자로서 팀이 뭔가 다른 시도를 해야 한다고 생각했다. 그들이 시도한 많은 테스트 중 하나는 구독 서비스 모델로 전환하는 것이었다. 사람들이 한 달 이용권을 구매하면 무제한으로 영화를 제공하는 것이었다. 과연 이것이 사람들의 미디어 소비 행동을 전환시키기에 충분히 더 나은 것으로 인식될까?

좋은 소식은 바로 그 대답이 '예(Yes)'였다는 사실이다. 정말로 사람들에게 매력적인 접근 방법이었다. 고정된 한 달 요금으로 모든 비디오를 소비할 수 있다는 것은 매우 좋은 조건으로 보였다.

나쁜 소식은 팀이 스스로 진짜 문제를 만들어 냈다는 것이다. 넷플릭스 고객들이 주로 신작들을 대여하기 원했다는 사실은 그리 놀라운 일이 아니다. 여전히 이러한 신작을 확보하는 것은 넷플릭스에 높은 비용을 발생시켰고, 그들이 이러한 신작을 다량으로 확보할수록 자금은 빠르게 사라지게 될 것이다.

그래서 제품팀이 직면한 도전은 넷플릭스의 고객들이 원하는 영화를 보면서도 회사가 파산하지 않는 확실한 방법을 찾는 일이었다.

그들은 어떻게든 비싼 타이틀과 저렴한 타이틀의 조합을 원하는 고객들을 확보해야 한다는 것을 알고 있었다. 필요는 혁신의 어머니라고 했다. 바로 이 시점에 넷플릭스의 큐(queue), 평가 시스템, 추천 엔진이 모두 시작되었다. 이러한 기술 중심의 혁신으로 새롭고 훨씬 더 가치 있는 비즈니스 모델이 **가능하게** 되었다.

그래서 팀은 본격적으로 프로젝트에 착수했다. 석 달 동안 팀은 사이트를 다시 디자인했다. 넷플릭스를 구독 서비스로써 든든하게 뒷받침하는 큐,

> 기술 중심의 혁신으로 새롭고 훨씬 더 가치 있는 비즈니스 모델이 가능하게 되었다.

평가 시스템, 추천 엔진을 선보였다. 그들은 또한 월간 구독 모델을 지원하기 위한 결제 시스템을 다시 구축했다(관련하여 재미있는 일화가 있다. 서비스가 첫 30일은 무료였으므로 그들은 처음에 이 결제 시스템 없이 출시했다. 그래서 필요한 시간을 더 확보할 수 있었다).

수많은 복잡한 문제와 상호 연결된 노력이 필요했으므로 일일 스탠드업 미팅에는 회사 대부분의 사람이 참석해야 했다.

해당 전략을 바탕으로 공동 창업자들과의 협업, 사용자들을 대상으로 해당 콘셉트를 검증하는 일, 분석 정보를 평가하는 일, 팀과 기능을 만들어 가는 일 사이에서 (그리고 새로운 비즈니스 모델에 대한 재무팀 협업, 사용자 획득을 위한 마케팅, 재고 관리 등) 케이티가 매일 마주했던 엄청난 업무들을 상상해 볼 수 있을 것이다. 팀은 구독 서비스를 시작했고, 덕분에 7년 동안이나 비즈니스를 확장하고 성장할 수 있었다. 이후 그들은 다시 한번 자신을 파괴하면서 스트리밍 모델로 공격적인 변화를 만들어 냈다.

케이트는 특별한 엔지니어와 비전과 용기를 북돋아 준 창업자들에게 먼저 공을 돌렸다. 하지만 나는 이 사업의 동력이 되었던 기술 중심의 솔루션을

이끌어 간 케이트가 없었다면 우리가 아는 지금의 넷플릭스는 없었을지도 모른다고 생각한다.

초기 넷플릭스 이야기에서 흥미로운 한 가지는 그들이 초기에 자금 문제로 어려움을 겪고 있을 때 블록버스터에게 5,000만 달러를 받고 매각하려고 했었다는 점이다. 하지만 블록버스터는 거절했다. 지금 블록버스터는 파산 상태이고, 넷플릭스의 가치는 **400억 달러**를 넘는다.

케이트는 현재 뉴욕에서 제품 리더로서 커리어를 이어 나가고 있다.

변화 기법

개요

지금까지 우리는 성공적인 제품을 발견하는 기법에 대해서 살펴봤다. 하지만 꼭 알아야 할 사실은 제품팀과 회사에 새로운 기법을 적용하고 다른 방식으로 일을 한다는 것은 말처럼 쉬운 일이 아니라는 점이다.

부분적으로 이러한 변화가 어려운 이유는 그들도 인간이기 때문이다. 하지만 이러한 변화가 어려운 주된 이유는 변화라는 것이 문화와 관련된 것이기 때문이다.

매우 명백한 사례가 있다. 용병과 같은 마인드로 제품 로드맵을 따르는 결과물 중심의 팀에서, 진정으로 권한이 있고 비즈니스 성과로 평가받는 책임 있는 제품팀으로 탈바꿈하는 것은 엄청난 문화적인 변화가 필요하다. 그리고 상당한 수준의 힘과 권한이 경영진에서 팀의 각 개인으로 내려와야 한다.

이러한 유형의 변화는 결코 쉽게 일어나지 않는다. 내 말을 믿어도 좋다.

다만 다행스럽게도 조직이 이러한 변화를 극복하게 도와주는 기법들이 있다.

제품 발견
스프린트 기법

많은 팀이, 특히 제품 관련 최신 기법이 낯선 팀들의 경우 제품 발견 기법을 보다 체계적인 형태로 이해하고 싶어 한다. 이번 장은 **제품 발견 스프린트 (discovery sprint)**의 개념을 설명할 것이다.

제품 발견 스프린트는 1주 단위(time box)로 제품 발견 업무를 진행하는 것으로서 제품팀이 당면한 중요한 문제나 위험을 처리하기 위해 설계되었다.

> 제품 발견 스프린트는 1주 단위 (time box)로 제품 발견 업무를 진행하는 것으로서 제품팀이 당면한 중요한 문제나 위험을 처리하기 위해 설계되었다.

제품 발견 스프린트는 단순히 조직이 변화하는 것 이상으로 확실하게 효과가 있는 방식이다. 단순히 제품 발견 계획 기법이나 프로토타입 기법과 비슷한 것으로 여겨지기도 한다. 하지만 이러한 모든 기법을 함께 전달하는 가장 큰 도움이 되겠다고 생각했고, 그래서 제품 발견 스프린트를 여기에 포함하기로 선택했다.

몇몇 사람들은 '제품 발견 스프린트' 대신 **디자인 스프린트(design sprint)**라는 용어를 사용한다. 하지만 스프린트의 목적이(잘 달성된다면) 디자인의 범위를 훨씬 넘어서므로 나는 보다 일반적인 용어를 선호한다.

게다가 당신의 회사가 MVP 개념을 사용하는 데 어려움을 겪고 있다면 이 기법을 사용하는 것이 MVP의 가치를 얻는 좋은 시작점이 될 수 있다.

내가 수년 전에 구글 벤처스(GV, Google Ventures) 팀을 처음 만났을 때 그들은 이제 막 사업을 시작한 시점이었다. 그들은 구글의 투자 분야에서 한 부분을 맡았고, 금전적인 이익보다는 스타트업에 보다 가치 있는 일을 했다. GV는 작은 팀을 만들어서 그들이 투자한 회사들에 직접 들어가 제품이 잘 시작할 수 있도록 도움을 주었다. 그들의 모델은 보통 스타트업과 일주일의 시간을 보내는 것이다. 소매를 걷어붙이고 제품 발견 업무를 어떻게 하는 것인지 그들과 함께 직접 실행한다.

나는 또한 **제품 발견 코치**(discovery coach)라고 알려진 검증된 제품 전문가를 몇몇 알고 있다. 그들도 근본적으로는 동일한 일들을 팀과 함께 실행하며 도움을 준다.

어떤 경우이건 집중적으로 제품 발견 업무를 하는 일주일 동안 당신과 당신의 팀은 중요한 사업 문제를 해결하고자 하는 목표와 함께 수십 가지의 제품 아이디어와 접근 방법을 탐색할 것이다. 당신은 항상 잠재적인 솔루션을 실제 사용자와 고객을 통해 검증하는 것으로 한 주를 마무리하게 된다. 그리고 내 경험상, 그 결과는 지속적으로 커다란 학습과 통찰로 마무리된다. 그것은 당신의 제품 또는 회사의 방향을 바꿀 수 있을 정도의 학습이다.

이러한 일반적인 프레임워크 속에서 제품 발견 코치들은 팀이 전진할 수 있도록 돕고 5일 만에 큰 배움을 얻을 수 있도록 다양한 종류의 방법들을 지원한다.

GV팀은 100개 이상의 제품팀과 함께 협업하면서 어떤 방식이 효과적이었고 어떤 방식이 잘 작동하지 않았는지를 학습했다. 그러면서 그들의 방법들을 계속 보완해 나갔다. GV팀은 그들이 학습한 내용을 책을 통해 공유하기로 했다. 그 책의 제목은 《스프린트: 세상에서 가장 혁신적인 기업 구글의 기획 실행 프로세스(Sprint: How to Solve Big Problems and Test New Ideas in Just Five Days)》(제이크 냅, 존 제라츠키, 브레이든 코위츠 지음, 박우정 옮김, 김영사, 2016)다.

저자들은 5일로 구성된 한 주를 설계했다. 문제 공간을 매핑하는 것으로 문제를 구성하고, 해결해야 할 문제와 목표 고객을 선택하고, 솔루션을 찾는 몇 가지 다른 접근 방법들을 진행하는 것으로 시작한다. 그리고 난 후 팀은 잠재적인 솔루션들을 더 좁혀 나가고 구체화해 나가면서 높은 충실도의 사용자 프로토타입을 제작한다. 그리고 마침내 실제 목표 사용자에게 그 프로토타입을 제공하고, 그들의 반응을 관찰한다.

그렇다. 이 모든 것들을 일주일 내에 반드시 해낼 수 있다.

《스프린트》는 이러한 각 단계를 해내기 위해 저자가 선호하는 기법들을 자세히 설명한다. 그리고 당신이 그 책을 모두 읽었다면 모든 기법을 알게 될 것이다. 내가 GV 책을 정말로 좋아하는 이유는 팀이 일을 시작할 때 그들은 검증된 단계적인 비법을 간절히 원하기 때문이다. 이 책은 정확히 이러한 열망에 대해 300페이지 정도를 할애하여 자세히 설명한다. 당신이 알 만한 훌륭한 제품과 팀의 수십 가지 사례들도 함께 설명한다.

내가 제품 발견 스프린트를 추천하는 몇 가지 상황이 있다. 먼저 팀이 규모가 크면서 매우 중요하고 어려운 문제에 맞서야 하는 경우다. 제품 발견 스프린트가 도움이 되는 또 다른 상황은 팀이 제품 발견을 하는 방법을 배우고 있는 경우다. 그리고 또 다른 상황은 뭔가 일이 더디게 진행되고 있고, 팀이 얼마나 빠르게 움직일 수 있고 또한 움직여야 하는지 다시금 확인해 보고 싶은 경우다.

《스프린트》는 내가 강력하게 권장하는, 제품 관리자가 무조건 읽어야 할 또하나의 책이다.

제품 발견 코치

팀이 애자일 방법론을 적용하면(보통은 스크럼으로 시작한다) 기업들은 애자일 코치와 계약을 하거나 채용을 하기로 한다. 애자일 코치들은 넓은 범위의 팀이(엔지니어, QA, 제품 관리자, 제품 디자이너) 애자일을 실천할 수 있는 방법론과 마인드셋(mindset)을 학습하도록 도움을 준다.

단순하게 들리겠지만, 실제 많은 문제가 발생한다. 왜냐하면 애자일 코치 대부분은 기술 제품 중심의 회사에서 경험이 없고, 그들의 경험은 주로 제품 실행에 국한되어 있다. 그래서 그들을 제품 실행 애자일 코치라고 하는 것이 보다 정확하다고 할 수 있다. 그들은 기술 구현이나 출시와 관련된 것은 잘 알지만, 제품 발견에 관한 일은 이해가 부족하다.

많은 제품 기업들이 이런 문제를 겪었고, 기술 제품 기업 및 관련된 핵심 역할들(특히 제품 관리자 및 제품 디자이너)을 깊이 경험한 코치들이 필요하게 되었다. 이러한 사람들을 흔히 **제품 발견 코치**(discovery coach)라고 부른다.

제품 발견 코치는 보통 제품 관리자나 제품 디자이너로서 경험이 있으며(또는

(계속)

이러한 영역의 리더), 앞서가는 제품 회사들에서 일했거나 혹은 협업을 해왔다. 그래서 그들은 제품 관리자 및 제품 디자이너와 직접 협업이 가능하다. 진부한 애자일 이야기를 그저 열거하는 것이 아니라 실제 효과적으로 일을 하는 방법을 팀에 보여 준다.

모든 제품 발견 코치는 본인이 선호하는 참여 방식이 있다. 일반적으로는 하나 혹은 소수의 제품팀과 일주일 정도 참여한다. 이 기간에 그들은 하나 혹은 그 이상의 제품 발견 사이클을 돕는다. 아이디어 구조화, 프로토타이핑 제작, 고객의 반응을 측정하는 프로토타입 테스트 실행, 엔지니어와 함께 실현 가능성의 평가, 비즈니스 이해 관계자와 이 솔루션이 사업적으로 유효한지 평가하는 등의 일을 해낸다.

> 제품 발견 코치는 보통 제품 관리자나 제품 디자이너로서 경험이 있으며(또는 이러한 영역의 리더), 앞서가는 제품 회사들에서 일했거나 혹은 협업을 해왔다.

최근 제품 기업에서 제품 관리자나 제품 디자이너로서 직접적인 경험이 없는 훌륭한 제품 발견 코치는 상상하기 어렵다. 아마 이러한 이유로 현재 제품 발견 코치들이 부족한 상황이다. 한 가지 더 중요한 점은, 제품 발견 코치는 엔지니어가 어떻게 참여해야 하는지 잘 이해하고 있다는 점이다. 그들의 시간을 섬세히 관찰하며, 혁신을 하는 데 그들의 필수적인 역할을 잘 이해하고 있다.

제품 발견 코치는 린 스타트업 코치와 크게 다르지 않다. 가장 큰 차이라고 하면 린 스타트업 코치는 팀의 제품 발견뿐만 아니라 비즈니스 모델, 판매, 마케팅 전략의 발굴을 돕는 데도 집중한다. 일단 새로운 사업에 동력이 생기면 제품 발견은 보통 완전히 새로운 비즈니스를 창출하는 것보다는 탄탄하게 기존 제품을 지속적으로 개선해 나가는 일이다. 이러한 차이 때문에 많은 린 스타트업 코치들은 필요한 제품 경험이 없다. 내 관점에서는 제품 발견이 새로운 스타트업의 가장 중요한 경쟁력이므로 효과적인 린 스타트업 코치들도 제품에 대한 충분한 경험이 있어야 한다고 생각한다.

— CHAPTER —
59

파일럿팀 기법

이 책의 초반부에 우리는 기술 수용 곡선에 대해서 살펴봤다. 그리고 사람들이 변화를 수용하는 데 어떤 차이가 있는지 이 이론을 통해 알아보았다. 이 이론은 조직의 변화에도 적용할 수 있는 것으로 드러났다. 특히 조직의 일하는 방식에 대해 우리가 어떻게 변화를 만드는지에 대해서 적용해 볼 수 있다.

조직의 어떤 사람들은 변화를 좋아하고, 다른 누군가가 먼저 성공적으로 사용하는 것을 지켜보기 원하는 사람도 있다. 또한, 변화를 소화하는 데 더 긴 시간이 필요한 사람들도 있고, 일부는 변화를 싫어하며 강요를 받는 경우에만 변화하고자 한다.

> 조직의 어떤 사람들은 변화를 좋아하고, 다른 누군가가 먼저 성공적으로 사용하는 것을 지켜보기 원하는 사람도 있다. 또한, 변화를 소화하는 데 더 긴 시간이 필요한 사람들도 있고, 일부는 변화를 싫어하며 강요를 받는 경우에만 변화하고자 한다.

만약에 당신이 너무 들떠 있고, 한 번에 조직의 모든 사람에게 중대한 변화를 밀어붙인다면 후기 수용자들(변화를 거부하는 사람들)은 아마 당신의 노력에 저항하거나 심지어 방해할 것이다.

이러한 현실에 직접 부딪히기보다는 포용할 방법을 찾아야 한다. 새로운 업무 방식으로의 전환을 촉진하는 가장 간단한 기법의 하나는 **파일럿팀(pilot team)**을 활용하는 것이다. 파일럿팀은 보다 넓은 범위로 실행되기 이전에 일단 조직의 제한된 부분에서 변화의 시작이 허용된다. 새로운 기법을 시도하는 일에 자원해서 참여하는 제품팀을 찾아보는 것이다. 한동안(보통 3개월 또는 6개월 정도) 이 새로운 방식으로 일을 하도록 하고, 어떻게 변화하는지를 지켜본다.

이 기법의 구체적인 성공 지표는 목표에 따라 다르겠지만, 근본적으로는 비즈니스 성과를 창출하는 팀으로서 유효성을 비교한다. 파일럿팀이 그들의 목표 달성을 얼마나 잘하는지에 대해서 다른 팀과 비교하거나 과거와 비교하는 것이다.

실험의 특성을 고려해 볼 때 정성적인 비교를 하게 되지만, 그렇다고 설득력이 낮은 것은 아니다.

만일 파일럿팀이 효과가 있다면 아마 몇몇 다른 팀들이 새로운 방식을 적용하기 원하는 모습을 찾아볼 수 있게 될 것이다. 파일럿팀이 신통치 않다면 이 기법이 조직에 맞지 않음을 결정하거나 접근 방법을 조정하는 것을 선택할 것이다.

파일럿팀이 좋은 성과를 낼 수 있는 확률을 최대로 높이려면 참여하는 사람들, 장소, 그리고 그들의 자율성에 대해 세심하게 고려해야 한다. 이상적으로는 새로운 방식에 열려 있는 사람들이 참여하고, 팀의 핵심 멤버들은 같은 장소에서 근무하며, 팀은 여전히 예전 방식으로 일을 하는 다른 팀에 의존하지 않고 일하는 방식을 대부분 스스로 통제해야 한다.

— CHAPTER —

60

로드맵 끊기

많은 제품팀은 제품 로드맵의 굴레를 벗어나고 싶어 하지만, 그들이 속한 구시대적인 조직은 여전히 분기별 제품 로드맵에 푹 빠져 있다. 결과적으로 그들 조직은 회사를 진보시키는 변화의 방법을 알아보지 못한다.

이러한 경우에 내가 권하는 방법이 있다. 기존의 6개월 또는 12개월의 로드맵 프로세스를 따라 지속적으로 계획을 세워라. 하지만 당장 시작할 일이 있다. 당신이 제품 로드맵의 아이템을 언급하거나 발표 및 미팅에서 논의할 때마다 그 기능이 목표로 하는 실제 **비즈니스 성과**를 꼭 상기시켜라.

만약에 당신이 페이팔을 결제 수단으로 추가하는 기능에 대한 과제를 하고 있고, 그 목표가 전환율을 높이는 것이라면 현재의 전환율과 달성을 기대하는 전환율을 항상 함께 보여 주어라. 가장 중요한 것은 그 기능이 실제 출시된 후에 전환율에 미친 영향에 관심을 기울이도록 하는 것이다.

긍정적인 영향이 있었다면 축하하라. 기대한 만큼의 영향이 없었다면 우리가 그 기능을 출시는 했지만, 결과가 성공적이지 않았다고 모든 사람에게 전달하라. 무엇을 배우게 되었는지 구체적으로 짚어 주고, 여전히 원하는 결과를 얻을 수 있는 다른 아이디어들이 있음을 설명하라.

시간이 흐를수록(최대 1년이 걸릴 수도 있다) 특정 날짜에 출시하는 구체적인 기능에서 비즈니스 성과로 조직의 초점이 변하는 것을 목표로 한다.

> 특정 날짜에 출시하는 구체적인 기능에서 비즈니스 성과로 조직의 초점이 변하는 것을 목표로 한다.

이러한 변화를 위해서는 이해 관계자들이 특별히 로드맵에 매력을 느끼는 두 가지 큰 이유를 이해하는 것이 중요하다.

1. 그들은 당신이 하는 업무에 대한 가시성을 원하고, 당신이 가장 중요한 업무를 진행하는지 확인하고 싶어 한다.
2. 그들은 사업에 대한 계획을 세우고 싶다. 그러기 위해 중요한 이벤트가 언제 발생하는지 알고 싶어 한다.

로드맵을 대체하는 방안을 논의했던 부분에서 이러한 두 가지 우려 사항을 다루었다. 팀은 리더에 의해 결정된 우선순위화된 비즈니스 목표를 기반으로 업무를 한다. 그리고 팀은 핵심 성과(key result)를 투명하게 공유한다. 그리고 출시 일정이 필요한 중대한 일이 있는 경우 팀은 높은 신뢰 수준의 책임을 약속한다.

프로세스의 확장
(Process @ Scale)

개요

기업이 성장하면서 위험을 회피하게 되는 현상은 충분히 이해가 간다. 회사가 작을 때는 실제 잃을 것이 별로 없다. 하지만 규모가 커질수록 가진 것이 상당히 많아지고, 조직 전체에 걸쳐 많은 사람이 그러한 자산을 지켜 내기 위해 노력한다.

그들이 이룬 것을 지켜 내기 위해 회사가 선택하는 한 가지 방법은 오류와 위험을 줄인다는 명목으로 일의 진행을 공식화하고 표준화하는 프로세스를 도입하는 것이다. 이것은 출장 비용을 정산하는 방법부터 보고서 수정을 요청하는 방법, 제품을 발견하고 실행하는 방법에까지 적용할 수 있다. 비용 보고서와 같이 많은 영역에서 성가신 일이 된다. 그렇다고 이러한 업무들이 회사의 성공과 실패에 차이를 발생시키는 일은 아니다.

한편, 제품을 만드는 방식 전반에 영향을 주는 프로세스를 너무도 쉽게 도입한다. 이는 혁신을 서서히 멈추게 하는 원인이 되기도 한다. 혁신은

> 제품을 만드는 방식 전반에 영향을 주는 프로세스를 너무도 쉽게 도입한다. 이는 혁신을 서서히 멈추게 하는 원인이 되기도 한다.

누구도 의도를 가지고 하지 않는다. 나는 많은 회사에서 혁신이 그저 자주 발생한다는 것에 매우 놀라웠다.

프로세스에 대한 한 가지 예로 애자일 방법론은 일반적으로 지속적인 혁신이 큰 도움이 된다. 여전히 '애자일의 확장(agile at scale)'에 특화된 몇몇 프로세스 컨설팅 업체들이 있다. 그들은 큰 규모의 엔지니어팀으로 확장하는 목표에 대한 방법론과 체계를 소개하지만, 그것은 혁신의 희망을 오히려 파괴하는 일이다.

혁신이 꼭 이런 방식일 필요는 없다. 전 세계 최고의 제품 기업들은 성공적으로 그들의 제품과 기술 조직을 확장한 매우 큰 기업들이다. 이 책에서 소개한 기법과 방법들은 당신이 계속 성장하고 확장하기 위해 끊임없이 혁신할 수 있는 능력을 유지하는 것에 대한 내용이다.

많은 제품 관리자들에게 이해 관계자를 관리하는 것은 아마 가장 꺼리는 업무일 것이다. 나는 이 일이 항상 쉽다고 이야기하고 싶지는 않다. 다만 그 일이 대부분은 상당히 나아질 수 있다는 것을 말하고 싶다.

먼지 이해 관계자가 누구인지 생각해 보자. 그리고 나서 이러힌 이해 관계자들에 대해 제품 관리자가 해야 할 일이 무엇인지 알아보자. 그 후 성공을 위한 기법에 관해 이야기를 나눌 것이다.

이해 관계자 관리하기

많은 제품 중심의 회사에서는 누구라도 제품에 대해 뭔가 할 말이 있다고 느낀다. 그들은 실제로 제품에 대해 신경을 쓰고, 많은 아이디어를 가지고 있다. 직접 사용하면서 생각한 사항이거나 고객에게 들은 내용이다. 하지만 그들이 무슨 생각을 하든 간에 우리는 그들 대부분을 이해 관계자라고 간주하지는 않는다. 그들은 단지 큰 커뮤니티의 일원이다. 다른 많은 것들과 함께 제품에 대한 의견을 제공하는 하나의 원천일 뿐이다.

이해 관계자인지 판단할 수 있는 실용적인 테스트로써 그들이 거부할 힘이 있는지 혹은 당신의 제품 출시를 막을 수 있는지를 통해 확인할 수 있다.

다음의 사람들은 보통 이해 관계자로 볼 수 있다.

- 임원진(CEO, 마케팅 총괄, 영업 총괄, 기술 총괄)
- 제휴 회사(제품과 사업이 잘 연계되어 있게 하려고)
- 재무(제품이 회사의 재무적인 한도와 모델에 적합한지 알기 위해)
- 법무(당신의 제안이 방어 가능한지 확인하기 위해)
- 감사(당신의 제안이 관련 정책이나 규정을 잘 준수하는지 확인하기 위해)
- 사업 개발(당신의 제안이 현재 계약이나 관계를 위반하지 않는지 확인하기 위해)

다른 이해 관계자들이 더 있을 것이고, 당신이 더 잘 알고 있을 것이다.

스타트업은 회사 규모가 작으므로 이해 관계자가 소수다. 그리고 솔직히 잃을 것이 별로 없다. 하지만 큰 회사에서는 회사의 상당한 자산을 지키기 위해 꽤 많은 사람이 존재한다.

제품 관리자가 할 일

이해 관계자와 관련하여 제품 관리자는 다양한 이해 관계자들의 고민과 제약사항을 이해하고, 이러한 지식을 제품팀에 전달할 책임이 있다. 고객에게

> 제품 관리자는 다양한 이해 관계자들의 고민과 제약사항을 이해하고, 이러한 지식을 제품팀에 전달할 책임이 있다.

만 효과가 있는 제품을 만드는 것은 아무 소용이 없다. 제품 리뷰를 하는 어떤 미팅에서 만들어진 제품을 출시할 수 없다는 사실을 깨닫는 경우가 있다. 당신이 생각하는 것보다 더 자주 발생하며, 이런 일이 생길 때마다 회사는 제품팀에 대한 신뢰를 조금씩 잃어버리게 된다.

하지만 각 이해 관계자의 제약사항과 고민을 이해하는 것을 넘어, 당신이 가장 효과적인 솔루션을 찾아내는 자유를 원한다면 제품 관리자가 각 이해 관계자에게 확신을 주는 것이 중요하다. 당신이 이슈들을 충분히 이해하고 있으며, 고객에게만 효과가 있는 것이 아닌 이해 관계자들에게도 유효한 솔루션을 찾아내기 위해 최선을 다할 것을 약속해야 한다. 그리고 이것은 진심이어야 한다. 내가 이를 강조하는 이유가 있다. 만일 이해 관계자가 당신이 그들의 고민을 해결해 줄 것이라는 신뢰가 없다면 그들은 우려를 확대하거나 당신을 통제하려고 할 것이다.

성공을 위한 전략

이해 관계자를 관리하는 데 성공한다는 것은 이해 관계자가 당신과 당신의 헌신을 존중한다는 것을 말한다. 그들은 당신이 그들의 고민을 이해해 주고, 반드시 유효한 솔루션을 제공할 것으로 믿고 있다. 그리고 중요한 의사 결정이나 변화에 대한 새로운 정보를 지속적으로 알려 줄 것이라고 믿는다. 또한, 무엇보다도 당신이 가능한 한 최선의 솔루션을 찾아낼 수 있도록 적극적으로 배려한다. 심지어 그들이 처음에 상상했던 것과 상당한 차이가 있는 솔루션이 도출되는 경우에도 마찬가지다.

이해 관계자와 이러한 종류의 관계를 맺는 것은 그렇게 어려운 일은 아니지만, 무엇보다도 우선 당신이 유능한 제품 관리자여야만 한다. 고객, 분석 정보, 기술, 산업 그리고 특히 사업에 대한 깊이 있는 통찰을 가지고 있어야 한다는 뜻이다.

이와 같은 이해가 없이는, 그들은 당신을 신뢰하지 않을 것이다(그리고 냉정하게 그들이 그래서도 안 된다). 조직에서 이러한 이해를 확인하는 주요한 방법으로는 우리가 학습한 것을 매우 공개적으로 공유하도록 하는 것이 있다.

이러한 신뢰를 바탕으로 다음에 필요한 핵심적인 기법은 중요 이해 관계자와 일대일 대화의 시간을 보내는 것이다. 그들과 앉아서 그들의 이야기를 들어라. 그들의 제약사항을 더 잘 이해할수록 더 나은 솔루션을 찾을 수 있음을 설명하라. 그리고 많은 질문을 하라. 열려 있고 투명한 태도를 유지하라.

제품 관리자가 이해 관계자에게 저지르는 흔한 실수 중 하나는 그들이 이미 제품을 만든 후에 솔루션을 보여 주는 것이다. 그리고 가끔은 제품 관리자가 이해 관계자의 제약사항에 대해 충분히 이해하지 못하기 때문에 이슈들이 발생한다. 이해 관계자들이 불만을 가질 뿐만 아니라 제품팀 또한 다시 일해야 하는 모든 것에 대해 불만이 쌓일 것이다. 그래서 제품 백로그에 아이디어를 포함하기 **전에** 제품 발견 단계에서 핵심 이해 관계자들에게 솔루션을 먼저 보여 주기 위해 최선을 다하라.

이해 관계자 관리는 제품 발견의 핵심 중 하나다. 제품 발견에서는 솔루션이 가치 있고, 사용성이 충분하고(고객과 함께), 실현 가능(엔지니어와 함께)한지 확인할 뿐만 아니라 이해 관계자들이 제안한 솔루션을 지원할 것인지도 분명히 확인해야 한다.

내가 자주 발견하는 또 하나의 큰 실수는 제품 관리자의 의견과 이해 관계자의 의견이 대립하는 형태로 상황을 만드는 것이다. 이러면 이해 관계자가 보통 이긴다. 왜냐하면 많은 경우 그들이 더 높은 경력자이기 때문이다. 하지만 우리가 이미 여러 번 살펴본 것처럼 게임의 상황을 바꾸는 핵심은 빠르게 테스트를 수행하고 근거를 수집하는 것이다. 의견이 아닌 데이터에 대한 토론으로 바꾸어라. 당신이 학습하고 있는 것을 매우 투명하게 공유하라. 둘 모두의 의견이 틀렸을 수도 있다. 다시 한번 강조하지만, 제품 발견 업무는 이러한 테스트들을 위해 특별히 설계된 것이다.

이해 관계자를 관리하는 것은 협력적이고 상호 존중하는 개인적인 관계를 만드는 것이다. 대부분의 경우 일주일에 두세 시간 정도를 할애한다. 각 이해 관계자와 30분 정도 만나면서 그들에게 새로운 정보를 알리고 아이디어에 대한 의견을 수집한다. 내가 선호하는 방법은 가장 긴밀한 이해 관계자와 매주 점심이나 커피 마시는 시간을 가지는 것이다.

많은 제품 관리자들이 내게 그들이 다른 이해 관계자들과 사업 유효성 검증을 진행하는 방식을 말해 주었다. 그들은 먼저 모든 이해 관계자를 초대하는 대규모의 그룹 미팅을 계획한다. 그리고 제품 관리자는 보통 파워포인트 발표와 함께 그들이 무엇을 만들기 원하는지를 설명한다.

위와 같은 방식은 두 가지 매우 심각한(경력에 치명적인 사건이 될 수 있는) 문제가 있다.

첫째, 발표는 사업 유효성을 검증하는 데 최악의 선택으로 알려져 있다. 그 이유는 발표라는 형태가 내용이 지나치게 모호하기 때문이다. 법무 담당자는 실제 화면, 페이지, 문장을 보기 원한다. 마케팅 리더는 실제 제품의 디자인을 보고 싶어 한다. 보안 책임자는 정확하게 제품이 무엇을 하려는 것인지 확인하기를 원한다. 발표는 이러한 상황에서 최악이다.

반대로, 높은 충실도의 사용자 프로토타입은 사업 유효성 검증에 **이상적**이다. 나는 큰 기업의 제품 관리자들에게 간곡히 요청하곤 한다. 높은 충실도의 프로토타입 없이는 그 어떤 것도 승인되었다고 믿지 마라. 나는 임원들이 발표를 보고 무언가를 승인하는 경우를 많이 봤다. 하지만 그들이 실제 제품을 확인했을 때 완전히 충격을 받고, 좌절하고, 종종 대놓고 화를 낸다.

두 번째 문제는 그룹이 뛰어난 제품을 만드는 데 필요한 토론의 형태가 아니라는 것이다. 그것은 탁상공론이 되어 그저 평범한 결과를 만들어 낼 것이다. 대신 각 이해 관계자를 개인적으로 만나서 그들에게 높은 충실도의 프로토타입을 보여 주고, 자유롭게 우려 사항을 제기할 기회를 제공하라.

당신의 일이 늘어나는 것처럼 들릴 수도 있겠다. 하지만 나를 믿기 바란다. 장기적으로는 업무량, 시간, 고민거리가 훨씬 더 줄어들게 될 것이다.

마지막으로, 한 가지 언급할 것이 있다. 많은 기업에서 일부 이해 관계자들은 심지어 제품이 무슨 역할이 하는지를 이해하지 못하고, 일부는 그 역할에 대해 두려움을 느낄 수도 있다. 이러한 상황에 민감하게 대응하라. 시간을 할애하여 제품의 역할, 기술 기반의 제품 회사가 어떻게 운영되는지, 왜 그렇게 해야 하는지에 관해서 설명하라.

혁신을 잃게 되는 상황

성장 관리의 어려움에 대한 글은 많이 있다. 특히 조직이 커지면서 구성원의 자질을 유지하는 데 큰 노력을 기울여야 한다는 것에 대한 언급이 많다.

대부분 조직이 성장하면서 빠르고 지속적으로 혁신을 창출하는 역량이 감소한다는 것에는 의심의 여지가 없다. 그리고 많은 사람은 이러한 현상의 원인이 확장에 따른 구성원의 자질, 프로세스, 커뮤니케이션 이슈라고 생각한다. 일부 사람들은 이러한 변화는 피할 수 없다고 생각한다.

> 대부분 조직이 성장하면서 빠르고 지속적으로 혁신을 창출하는 역량이 감소한다는 것에는 의심의 여지가 없다. 그리고 많은 사람은 이러한 현상의 원인이 확장에 따른 구성원의 자질, 프로세스, 커뮤니케이션 이슈라고 생각한다.

나는 많은 기업에서 안티 패턴(anti-pattern, 자주 사용되지만 지양해야 할 행동)을 관찰한다. 그들은 매우 잘하고 있고, 공격적으로 성장하고 있지만, 때로는(시간이 흐르면서 의도치 않게) 그들의 훌륭한 행동을 나쁜 행동으로 대체한다.

나는 이러한 안티 패턴에 관해 설명한 글을 본 적이 없다. 그리고 이 글은 꽤 많은 사람을 불편하게 만들 것으로 생각한다. 하지만 이는 심각한 이슈다. 당신이 인지하는 순간 막기 어려우므로 속 시원히 드러낼 필요가 있다고 생각한다.

시나리오는 이렇다. 당신은 아마도 후기 단계의 스타트업이나 성장 단계의 회사일 것이다. 당신은 최소한 첫 제품에 대해 제품/시장 궁합을 달성했을 것이다. 이러한 성취를 달성하는 과정에서 당신은 아마 중요한 사안들을 제대로 해냈을 것이다. 하지만 그러고 나서 상당한 규모의 투자를 받게 되고, 이사회 멤버가 강력하게 추천하면 '어른의 감독'을 받거나 잘 알려진 회사에서 경험 있는

(계속)

사람을 영입할 필요가 있다고 이사회 멤버가 강력하게 제안한다.

여기서 문제가 발생한다. 당신이 채용한 새로운 사람들은 흔히 규모가 있고 이름이 알려진 기업 출신이다. 하지만 그러한 기업들은 성장이 멈췄고 혁신을 만들어 내는 역량을 잃어버린 지 오래되었으며, 오랜 세월을 브랜드에 의지하여 버텨 냈다. 이러한 이유로 이러한 회사들은 한때 누렸던 성장세를 잃어버렸고, 사람들이 떠난다.

당신의 모든 직원과 리더들을 구글, 페이스북, 아마존, 넷플릭스에서 채용할 셈인가? 불가능한 일은 아니지만, 이러한 사람들은 구하기 매우 어려울뿐더러 뛰어난 인재를 찾는 많은 다른 회사들도 함께 노리고 있다.

당신의 회사가 젊고 성장 단계에 있다고 하자. 그리고 당신은 경험 많은 리더를 채용하기로 했다. 제품 총괄이나 기술 총괄 또는 마케팅 총괄일 것이며, 오라클(Oracle)과 같이 이름 있는 회사 출신일 것이다. 그러면 이사회에서는 아마 잘했다고 생각할 것이다.

처음부터 리더에 대한 기대사항을 명확히 하지 않으면 문제가 발생한다. 새로운 리더들은 그들이 채용되는 이유가 프로세스에 대한 경험과 제품을 정의하고 실행하는 방법에 대한 지식 때문이라고 해석해 버린다. 그래서 그들은 일하는 방법에 대한 그들의 시각을 그대로 들고 온다. 더 심각한 문제는 그들이 보통 이전에 일했던 업무 방식을 따르는 사람들을 채용하는 것이다.

나는 오라클을 하나의 예시로 든 것뿐이다. 당연히 그 회사가 유일한 예시는 아니다. 오라클은 회사를 적극적으로 인수하고, 보통은 매우 훌륭한 회사이므로 수많은 인재가 오라클에 채용된다. 하지만 그렇게 채용된 뛰어난 제품 관리자, 디자이너, 엔지니어들은 오라클의 문화나 제품을 만드는 방식을 좀처럼 받아들이지 않는다.

나는 이러한 안티 패턴이 엔지니어부터 CEO까지 회사의 모든 레벨에서 발생하는 것을 보았다. 하루아침에 일어나는 일이 아니며, 수년간에 걸쳐 발생한

(계속)

다. 하지만 나는 안티 패턴인지 확신을 가지고 판단할 만큼 충분한 사례들을 보았다. 많은 사람은 직관적으로 이 문제를 감지하지만, 그들은 대개 '대기업 출신 사람'의 탓으로 돌리고 만다. 하지만 이 문제는 큰 회사 출신의 문제라기보다는 제품을 만드는 데 뛰어나지 않은 회사 출신이기 때문이다.

나는 안티 패턴의 문제가 퍼지지 않도록 방어하는 두 가지 방법을 알고 있다.

첫 번째는 매우 강력하고 목적의식이 강한 제품 문화를 만들고 확실히 자리 잡도록 하는 것이다. 그래서 새로운 사람들이 전혀 다른 유형의 회사에 합류했음을 깨닫게 해야 한다. 일하는 방식에 대해 자부심이 있고 최고의 실행 방법을 추구한다는 것을 느껴야 한다. 당신이 넷플릭스, 에어비앤비, 페이스북에 입사한다면 일주일 이내 느낄 수 있는 것들이다. 그리고 그렇게 느끼는 것들이 회사가 의도하는 바다.

두 번째 방법은 안티 패턴에 대한 우려를 면접 과정이나 입사 과정에서 명확하게 밝히는 것이다. 내가 고문으로서 하는 일 중에는 고위 직책에 대한 인터뷰를 도와주는 업무도 있다. 이때 혁신이 부족한 회사 출신을 만나게 되면 나는 그 후보자에게 솔직하게 이야기한다. 전에 근무했던 회사가 수년 동안 혁신적인 신제품을 왜 만들어 내지 못했는지에 대한 이유에 관해서 이야기를 나누고, 이 회사는 그들의 태도와 재능에 깊은 관심이 있음을 강조한다. 그리고 무엇보다도 이전 회사에서 나쁜 실행 방법들을 가지고 오지 않기를 바란다고 말한다.

내 경험상 당신이 그 문제에 대해 터놓고 솔직하게 이야기를 할 때 사람들은 좋은 느낌이 든다. 사실 사람들은 이러한 문제가 그들이 전 회사를 떠나고 싶은 중요한 이유라고 이야기한다. 마치 당신과 그들이 모두 매우 잘 인지하고 있는 것으로 간주하는 것이다.

62

제품 학습 공유하기

스타트업에서는 학습한 것을 공유하는 게 자연스럽다. 제품팀과 회사가 거의 같다고 봐도 무방하기 때문이다. 하지만 회사가 확장되면 학습의 공유는 상당히 어려워진다. 그런데도 그 중요성은 더 높아지게 된다.

학습의 문제에 도움이 되는 한 가지 기법이 있다. 제품 총괄이 매주 혹은 격주로 회사 전체 미팅(혹은 유사한 미팅)에서 15분에서 30분 정도 다양한 제품팀들이 제품 발견을 통해 학습한 것들을 공유하는 것이다.

사소한 업무들이 아닌 의미 있는 학습 결과들을 공유하는 시간임을 유의하라. 효과가 있었던 아이디어, 효과가 없었던 것, 팀이 다음 주에 시도할 일 등을 설명한다.

이러한 업데이트 내용 공유를 위해서는 빠르게 움직이면서 보다 상위 레벨의 학습이 필요하다. 그래서 나는 제품 총괄이 이 일을 맡는 것을 선호한다. 이 자리는 모든 제품 관리자들이 사람들 앞에 일렬로 서서 한두 시간 동안 사람들이 확인하기 원하는 것보다 더 구체적인 내용을 이야기하는 것이 아니다. 그리고 스프린트 리뷰를 반복하는 것도 아니다.

그 대신 학습 결과를 공유하는 것은 전술적인 그리고 문화적인 몇 가지 목적이 있다.

- 큰 학습 결과는 넓은 범위로 공유하는 것이 중요하다. 특히 기대한 대로 결과가 나오지 않으면 더욱 그래야 한다. 부수적인 효과로 가끔 누군가가 그 결과에 대해 설명해 주는 통찰을 제시할 수도 있다.
- 이 미팅은 다양한 제품팀에 다른 팀들이 학습한 것들을 지속적으로 알려 주고, 의미 있는 학습은 리더에게 전달된다는 것을 확인해 주는 실용적이고 쉬운 방법이다.
- 이 기법은 제품팀이 실제 고객이 없거나 사업적인 영향이 적은 사소한 실험이 아닌 큰 학습 결과에 집중하도록 이끌어 준다.
- 문화적으로, 제품 발견과 혁신은 이러한 빠른 실험과 결과에 대한 학습을 지속적으로 수행하는 것임을 조직이 이해하는 것이 매우 중요하다.
- 또한, 제품 조직은 투명하며, 학습 결과와 일하는 방식에 대해 관대한 것이 문화적으로 중요하다. 제품 조직이 비즈니스를 거들기 위해 존재하는 것이 아니고, 사업에 유효한 방향으로 고객을 위한 문제를 해결하는 조직임을 회사 전반에 이해시키는 데 도움을 준다.

63

사례 소개:
카미유 허스트, 애플

나는 또 한 명의 매우 뛰어난 제품 관리자인 카미유 허스트(Camille Hearst)를 소개하고자 한다.

카미유는 애플 아이튠즈(iTunes)팀의 제품 관리자였다. 당신이 예상해 볼 수 있듯이 그녀는 제품 관리자로서의 경력을 형성하는 동안 애플에서 파괴적이고 혁신적인 제품을 만들면서 엄청난 경험과 학습을 쌓았다. 이 이야기가 특별한 것은 그녀가 오리지널 디지털 저작권 관리(DRM, Digital Rights Management) 기반의 음악에서 DRM-Free로 전환하는 특별한 과정을 경험했기 때문이다. 이 중요한 변화를 통해 아이튠즈는 진정으로 큰 시장을 형성할 수 있었다.

얼리 어답터를 넘어 대량 판매 시장으로 성장하는 일은 제품이나 마케팅 혹은 둘의 조합을 통한 다양한 노력이 필요하다. 제품과 마케팅의 조합과 관련된 훌륭한 사례는, 아이튠즈팀이 '아메리칸 아이돌(American Idol, 미국의 오디션 프로그램)' TV 프로그램과 관계를 만든 이야기다.

이는 아이튠즈팀에게 가장 극적이고 두드러진(여전히 어려운) 도전 중 하나였다.

2008년 아메리칸 아이돌은 문화적인 상징이었다. 2,500만 명 이상의 사람들이 재방송을 포함하여 일주일에 두 번씩은 시청했다. 사실상 비교 대상이 없었다.

애플은 이 프로그램이 아이튠즈와 디지털 음악의 위력을 원하는 목표 시장에 노출할 기회로 보았다. 단순히 프로그램에 출연한 참가자들의 음원을 판매하는 것이 아니라 아이튠즈를 시청자들이 살아가는 데 필수적인 것으로 만들 수 있다고 생각했다.

잠재성은 엄청나게 보였지만, 극복해야 할 난관들도 만만치 않았다.

아이튠즈의 총괄 책임자였던 에디 큐(Eddy Cue)와 다른 구성원들이 아메리칸 아이돌과의 제휴를 만들어 냈고, 카미유는 제품 관리자로서 제품에 필요한 수많은 통합 작업을 파악해 나갔다.

한 가지 흥미로운 사례가 있다. 아메리칸 아이돌 프로그램은 투표가 핵심이었고, 애플은 참가자들의 음원 판매량이 매우 높은 확률로 투표 결과를 암시한다는 사실을 곧바로 깨달았다. 그래서 아이튠즈가 보통은 유행하는 음악이나 인기 있는 곡들을 강조하도록 디자인되었지만, 이번 경우는 투표 결과에 영향을 주지 않도록 세심한 주의를 해야만 했다.

이 현상은 특히 프로그램 제작자들에게 매우 중대한 사안이었다. 참가자들이 다음 주까지 살아남을지 예측하는 긴장감이 줄어들거나 심지어 없어질 수도 있기 때문이었다.

제품 통합 작업은 팀이 매우 명확한 페르소나를 목표로 하고, 그들의 참여를 끌어올리도록 하는 일이었다. 핵심적인 문제 중 하나는 아직 앱을 설치하지 않은 사람들이 아이튠즈를 쉽게 이용할 수 있도록 만드는 것이었다.

이러한 수많은 과제를 정면으로 맞서 해결해 나가면서 카미유와 그녀의 팀은 아메리칸 아이돌 경험을 완성해 나가는 기술적인 솔루션을 찾아냈다. 그것은 아이튠즈를 팬들의 삶에 중요한 요소로 파고들게 했다. 이는 스트리밍 방식으로 전환되기 이전인 2014년에 **20억 달러** 수준의 사업을 만드는 데 기여했다.

나는 이것이 훌륭한 제품 관리자가 매우 어려운 문제에 대해 어떻게 창의적인 솔루션을 찾아내는지 보여 주는 좋은 사례라고 생각한다.

> 훌륭한 제품 관리자가 매우 어려운 문제에 대해 어떻게 창의적인 솔루션을 찾아내는지 보여 주는 좋은 사례라고 생각한다.

카미유는 이후 유튜브팀에 합류했고, 그러고 나서 런던에 소재한 헤일로(Hailo)에서 제품을 이끌었다. 지금은 뉴욕시에 있는 스타트업의 CEO로 일하고 있다.

PART

V

문화

지금까지 우리는 많은 정보를 함께 살펴보았다. 이 시점에서 한 걸음 물러나 지난 내용의 다양성과 범위를 다시 생각해 보는 것이 도움이 될 것으로 생각한다. 우리는 제품 관리자의 역할을 어떻게 정의하는지, 제품 관리자들이 제품팀과 어떻게 협업을 하는지, 그리고 고객에게 전달할 만한 가치가 있는 제품을 빠르게 찾아내는 데 활용되는 기법들에 대해 살펴보았다.

지금까지 살펴본 모든 주제의 세세한 내용에 푹 빠져들 수도 있겠다. 하지만 진짜 중요한 것은 성공을 위해 올바른 **제품 문화**를 형성하는 것이다.

이어지는 장들을 통해 가장 중요한 성공 요인에 당신이 몰입하도록 할 것이다. 특히 뛰어난 제품팀이 어떻게 행동하는지, 그리고 훌륭한 제품 회사가 제품팀이 성장할 수 있는 환경을 어떻게 제공하는지에 대해 알아볼 것이다.

좋은 제품팀/
나쁜 제품팀

나는 전 세계 최고의 기술 제품 기업들과 일을 할 수 있는 엄청난 축복을 누려 왔다. 당신이 매일 사용하고 사랑하는 제품들을 만든, 그야말로 세상을 바꾸고 있는 기업들이다.

또한, 잘 못하는 회사들을 돕기 위해서도 노력해 왔다. 스타트업들은 자금이 바닥나기 전에 성장 엔진을 만들기 위해 치열하게 달려나간다. 큰 기업들은 나름대로 그들의 초기 혁신을 재현하기 위해 고군분투한다. 팀들은 그들의 사업에 계속 가치를 만들어 내는 데 실패한다. 리더들은 아이디어를 성과로 만들어 내는 데 걸리는 시간을 보면서 좌절한다. 엔지니어들은 그들의 제품 관리자에 대해 불만이 가득하다.

내가 깨달은 것은 기술 제품을 만드는 데 최고의 제품 회사와 다른 회사들 사이에 심오한 차이가 있다는 사실이다. 단편적인 차이를 이야기하는 것이 아니다. 리더들이 팀의 권한 수준에 대해 어떻게 행동하는지부터 조직이 투자 유치, 인력 구성, 제품 개발에 대해 어떻게 생각하는지, 제품 관리, 디자인, 기술 조직이 고객을 위한 효과적인 솔루션을 발견하기 위해 어떻게 협업하는지에 대한 내용이다.

먼저 벤 호로위츠(Ben Horowitz, 미국의 유명한 벤처 투자자)의 유명한 글인 '좋은 제품 관리자/나쁜 제품 관리자(Good Product Manager/Bad Product Manager)'가 제공해 준 아이디어에 감사 인사를 전한다. 이번 장에서는 뛰어난 제품팀에 참여했거나 가까이 관찰할 기회가 아직 없었던 사람들을 위해, 뛰어난 제품 팀과 그렇지 않은 제품팀 간의 중요한 차이점을 간략히 전달해 보고자 한다.

- 좋은 팀은 강렬한 제품 비전이 있고, 그들은 마치 선교사와 같은 열정을 추구한다. 반면 나쁜 팀은 용병들이다.

> 좋은 팀은 강렬한 제품 비전이 있고, 그들은 마치 선교사와 같은 열정을 추구한다. 반면 나쁜 팀은 용병들이다.

- 좋은 팀은 그들의 비전과 목표, 고객 불편의 관찰, 제품을 사용하면서 고객들이 만들어 낸 분석 데이터, 문제를 해결하기 위해 새로운 기술을 끊임없이 탐색하는 과정을 통해 영감과 제품 아이디어를 얻는다. 나쁜 팀은 영업과 고객으로부터 요구사항을 수집한다.

- 좋은 팀은 그들의 핵심 이해 관계자들을 이해하고 있으며, 그들이 겪고 있는 제약사항을 잘 알고 있다. 이를 통해 사용자와 고객에게만 효과적인 솔루션이 아닌 비즈니스 제약 조건 속에서도 유효한 솔루션을 찾아내는 데 최선을 다한다. 나쁜 팀은 이해 관계자로부터 요구사항을 수집한다.

- 좋은 팀은 어떤 아이디어가 진정으로 만들 만한 가치가 있는지를 결정하기 위해 빠르게 제품 아이디어들을 시도해 볼 수 있는 많은 기법에 능숙하다. 나쁜 팀은 우선순위 로드맵을 만들기 위해 미팅을 진행한다.

- 좋은 팀은 회사 전반에 걸쳐 현명하고 사려 깊은 리더들과 브레인스토밍 토론을 즐긴다. 나쁜 팀은 외부의 누군가가 팀에 제안할 때 방어적

인 자세를 취한다.

- 좋은 팀은 제품 관리자, 제품 디자이너, 엔지니어가 함께 모여 앉아서 기능성, 사용자 경험, 가용 기술에 대해 서로 주고받으며 포용한다. 나쁜 팀은 각자의 소속 자리에 앉아서, 문서를 통해 업무를 요청하고 미팅을 잡아달라고 다른 사람에게 요청한다.

- 좋은 팀은 혁신을 위한 새로운 아이디어를 끊임없이 시도하면서도 매출과 브랜드를 지키는 방법을 늘 고려한다. 나쁜 팀은 아직 테스트를 실행하기 위한 권한을 기다리고 있다.

- 좋은 팀은 이기는 제품을 만드는 데 필요한 능력을 팀 스스로 갖추기를 고집한다. 예를 들어, 뛰어난 제품 디자이너를 보유하는 것이다. 나쁜 팀은 제품 디자이너가 무슨 일을 하는 사람인지조차 모른다.

- 좋은 팀은 그들의 엔지니어가 매일 제품 발견을 위한 프로토타입을 만들어 볼 수 있는 시간이 있는지 확인한다. 그래서 더 나은 제품을 만드는 방법에 대한 그들의 생각을 실행해 볼 수 있다. 나쁜 팀은 스프린트 미팅에서 엔지니어에게 프로토타입을 보여 주고 추정을 하려고 한다.

- 좋은 팀은 최종 사용자 및 고객과 매주 직접 만난다. 그리고 최신 아이디어에 대한 고객들의 반응을 확인한다. 나쁜 팀은 그들 자신이 고객이라고 생각한다.

- 좋은 팀은 그들이 기대했던 아이디어들이 결국 고객에게 효과가 없을 수도 있다는 것과 심지어 검증된 아이디어조차도 희망하는 성과가 나오는 수준이 되려면 여러 번의 이터레이션이 필요하다는 것을 잘 알고 있다. 나쁜 팀은 그저 로드맵에 있는 것들을 만들면서 품질을 만족하고 일정을 준수하는 것에 만족한다.

- 좋은 팀은 속도의 중요성과 빠른 이터레이션이 혁신의 핵심임을 이해

하고 있다. 그리고 이러한 속도는 일의 양이 아닌 올바른 기법을 사용하는 것에서부터 시작되는 것임을 안다. 나쁜 팀은 그들의 동료가 충분히 최선을 다하지 않는 것이 속도가 느린 원인이라고 불평한다.

- 좋은 팀은 요청된 업무를 진단하고 고객과 비즈니스에 유효한 솔루션을 가지고 있다고 확신했을 때 높은 신뢰 수준의 약속을 한다. 나쁜 팀은 영업 중심의 회사라고 불평한다.

- 좋은 팀은 분석 도구를 업무에 활용한다. 데이터를 근거로 그들의 제품이 어떻게 사용되는지를 즉시 이해하고 필요한 경우 수정을 진행한다. 나쁜 팀은 분석 정보와 리포트를 있으면 좋은 것 정도로 여긴다.

- 좋은 팀은 연속적인 소스 코드 통합과 출시를 실행한다. 그들은 지속적으로 작게 출시하는 흐름이 고객들을 위해 훨씬 더 안정적인 솔루션을 제공한다는 것을 알고 있다. 나쁜 팀은 고통스러운 통합 단계의 마지막에서야 수동으로 테스트하고 한꺼번에 출시한다.

- 좋은 팀은 그들의 참조 고객에 집착한다. 나쁜 팀은 경쟁자에 집착한다.

- 좋은 팀은 비즈니스 성과에 유의미한 영향을 만들어 냈을 때 서로 축하한다. 나쁜 팀은 마침내 뭔가를 출시했을 때 서로 축하한다.

만약 위 아이템 중 상당수가 당신의 정곡을 찔렀다면 팀의 수준을 끌어올리기 위해 고민을 했으면 한다. 좋은 팀과의 차이를 경험하기 위해 이 책에 있는 어떤 기법들을 활용할 수 있을지를 꼭 확인해 보기 바란다.

혁신을 잃는
10가지 이유

나는 **끊임없는 혁신**이란, 비즈니스에 반복적으로 가치를 만들어 내는 팀의 능력이라고 정의한다. 많은 조직은 혁신을 확장하는 그들의 능력을 잃어버리게 되고, 이는 리더와 제품팀의 구성원 모두에게 큰 좌절감을 느끼게 한다. 사람들이 큰 기업을 떠나 스타트업으로 이동하는 주요 원인이기도 하다.

하지만 혁신의 능력을 잃게 되는 것이 무조건 피할 수 없는 일은 아니다. 큰 규모에서도 업계에서 지속적으로 혁신을 하는 몇몇 회사들인 아마존, 구글, 페이스북, 넷플릭스를 그 사례로 볼 수 있다.

혁신을 확장하는 능력을 잃어버린 조직은 필연적으로 다음 10가지 목록 중 하나 또는 그 이상을 빠트리고 있다.

1. 고객 중심의 문화

아마존의 CEO인 제프 베조스의 말이다. "고객은 항상 놀라울 정도로 불만족스러워한다. 그들이 행복하다고 말하고, 사업이 번창할 때도 마찬가지다. 심지어 그들이 잘 모르고 있을 때도 항상 고객은 더 나은 것을 원하며, 당신이 고객을 기쁘게 해주고자 하는 의지가 그들을 위해 뭔가를 발명하게 할 것이다." 고객에 집중하지 않는 (그리고 직접 자주 그들과 접촉하지 않는) 기업들은 열정과 영감의 중요한 원천을 놓치게 된다.

2. 강렬한 제품 비전

많은 기업이 성장 단계에 도달했을 때 그들의 원래 제품 비전은 거의 현실이 되었고, 팀은 그 다음이 무엇일지 이해하는 데 힘겨워한다. 초기 창업자

> "고객은 항상 놀라울 정도로 불만족스러워한다. 그들이 행복하다고 말하고, 사업이 번창할 때도 마찬가지다. 심지어 그들이 잘 모르고 있을 때도 항상 고객은 더 나은 것을 원하며, 당신이 고객을 기쁘게 해주고자 하는 의지가 그들을 위해 뭔가를 발명하게 할 것이다."

들은 아마 이탈했을 것이고, 그들이 비전을 지켜왔을 것이므로 흔히 상황은 더 나빠진다. 이런 경우에는 누군가가(보통 CEO 또는 제품 총괄) 나서서 공백을 채워 줘야만 한다.

3. 제품 전략의 초점

제품이 실패하는 가장 확실한 길은 모든 사람을 한 번에 만족시키려고 노력하는 것이다. 여전히 큰 기업들은 이러한 현실을 자주 잊어버린다. 제품 전략은 제품팀이 집중할 수 있도록 목표 시장에 대한 논리적이고 의도적인 순서를 분명히 드러낼 필요가 있다.

4. 뛰어난 제품 관리자

탄탄하고 역량 있는 제품 관리자의 부재는 대개 제품 혁신이 부재한 주요 원인이다. 회사가 작을 때는 CEO 또는 창업자 중 한 명이 이 역할을 수행하지만, 규모가 커지면서 각 제품팀은 탄탄하고 역량 있는

제품 관리자에 의지하게 된다.

5. 안정된 제품팀

끊임없는 혁신의 전제 조건 중 하나는 팀이 가능성, 기술, 고객의 불편함에 대해 학습할 기회를 주는 것이다. 이러한 학습은 팀의 구성원이 계속 변화하는 경우에는 일어나지 않는다.

6. 엔지니어의 제품 발견

흔히 혁신의 열쇠는 팀의 엔지니어다. 이는 (a) 엔지니어를 마지막이 아닌 초기부터 참여시키는 것과 (b) 고객의 문제에 직접 노출하는 것을 의미한다.

7. 회사 차원의 용기

대다수 기업이 규모가 성장하면서 위험에 극도로 반대하게 된다는 것은 모두가 아는 사실이다. 그 전보다 훨씬 더 잃을 것이 많아진 상황 때문일 것이다. 하지만 최고의 기술 제품 기업들은 위험을 감수하지 않는 것이 오히려 가장 위험한 전략이라는 것을 알고 있다. 우리는 일하는 방법에 대해 현명해져야 한다. 지속적인 혁신을 위해서는 기존의 비즈니스를 파괴할 수도 있는 위험을 감수하려는 의지가 필수적이다.

8. 자율적인 제품팀

조직이 최고의 실행 방법을 활용하며 시작되었다고 하더라도 많은 경우 확장을 하면서 퇴보하게 된다. 만일 제품팀에 기능 목록이 적힌 로드맵을 전달하는 방법으로 되돌아갔다면 자율적인 제품팀이 주는 혜택을 더 이상 기대할 수 없다. 자율권이란 팀이 그들이 부여받은 비즈니스 문제를 그들이 파악한 최선의 방법으로 대처하고 해결할 수 있다는 의미임을 기억하라.

9. 제품 마인드

IT 마인드셋이 있는 조직에서는 제품팀이 비즈니스가 원하는 일을 지원하기 위해 존재한다. 반대로 제품 마인드셋이 갖춰진 조직에서는 제품팀이 사업의 요구에 맞는 방식으로 회사의 고객을 돕기 위해 존재한다. 이러한 마인드셋의 차이에 따른 결과는 다양하고 엄청나다.

10. 혁신의 속도

규모가 성장한 기업은 제품팀이 이른바 현상 유지 활동에만 전념할 가능성이 크다. 오류를 수정하고, 비즈니스의 각 영역에 필요한 기능을 만들고, 기술 부채에 대응하는 등의 일이다. 만일 이것이 당신의 상황이라면 당연히 혁신이 부재할 수밖에 없다. 일부는 당연하기도 하고 건강한 현상이지만, 팀이 더 어렵고 큰 문제를 다룰 수 있는 여지를 가지도록 해야 한다.

위 목록이 기본적으로는 끊임없는 혁신의 문화를 설명한다는 것을 당신이 알아보길 바란다. 이는 프로세스나 다른 어떤 것이 아닌, 바로 문화에 대한 것이다.

CHAPTER

66

속도를 잃는
10가지 이유

조직이 커지면서 모든 것이 느려지는 것은 흔히 발생하는 일이다. 물론 원해서 발생하는 일은 아니며, 실제로 최고의 조직들은 속도를 높일 수 있다. 당신의 조직이 느려지는 현상을 관찰했다면 먼저 찾게 되는 이유가 다음에 있다.

1. 기술 부채

종종 아키텍처는 제품의 빠른 혁신에 걸림돌이 된다. 이는 하루아침에 해결될 문제가 아니며, 지속적이고 공동의 노력을 통해 해소되어야 한다.

2. 뛰어난 제품 관리자의 부재

강력하고 역량 있는 제품 관리자의 부재는 보통 느린 제품의 주요한 원인이다. 허술한 제품 관리자의 영향은 다양한 방식으로 나타

> 강력하고 역량 있는 제품 관리자의 부재는 보통 느린 제품의 주요 원인이다.

나며, 미션팀보다 용병팀에서 더 뚜렷하게 드러난다. 제품 관리자가 팀에 영감을 불어넣거나 전파 역할을 하지 못했다면 팀은 그들의 제품 관리자에 대한 신뢰를 잃을 것이다.

3. 제품 실행 관리자의 부재

제품 실행 관리자(delivery manager)의 가장 중요한 역할은 방해 요소를 제거하고, 기술 조직이 성장하면서 방해 요소가 함께 늘어나지 않도록 하는 것이다. 대부분의 방해 요소는 누군가가 적극적으로 대처하지 않으면 쉽게 사라지지 않는다.

4. 느슨한 출시 주기

속도가 느린 많은 팀은 지나치게 드물게 출시를 한다. 보통 2주에 한 번 이상의 빈도로 출시를 해야 한다(매우 뛰어난 팀은 하루에도 몇 번씩 출시한다). 출시 빈도를 높인다는 의미는 테스트 자동화와 배포 자동화를 진지하게 고민해서 팀이 빠르게 움직이고 자신감을 가지고 출시할 수 있다는 뜻이다.

5. 제품 비전과 전략의 부재

팀이 큰 그림에 대한 비전이 있고, 그들이 지금 하는 일이 전체에 어떻게 기여하는지 이해하는 것은 필수적이다.

6. 같은 장소에서 오래 가는 제품팀의 부재

팀의 구성원이 여러 장소에 분산되어 있으면(또는 더 심각하게 엔지니어들이 외주 업체 소속이면) 혁신이 급격하게 감소하고 조직이 속도의 문제로 심각한 고통에 시달리게 된다. 심지어 간단한 의사소통마저도 어렵게 되어 버린다. 더 안타까운 경우는 많은 외주 회사가 업무 조율과 소통을 위한 별도의 인력을 추가하는 것이다. 이러한 변화는 보통 상황을 더 악화시킨다.

7. 제품 발견 단계에서 충분히 이른 시점에 엔지니어를 참여시키지 않는다.

엔지니어는 제품 발견 단계에서 아이디어 구상을 시작할 때부터 참여할 필요가 있다. 만일 제품 관리자와 디자이너가 수정할 수 있도록 프로세스에서 충분히 이른 시점에 엔지니어들을 참여시킨다면, 그들은 종종 상당히 빠른 실행 방법들을 대안으로 제시한다. 그렇게 하지 않으면, 엔지니어들의 중요한 통찰이 프로세스에 너무 늦게 반영된다.

8. 제품 발견에서 제품 디자인의 역할을 활용하지 않고, 엔지니어가 제품을 구현할 때 같이 업무를 진행하도록 한다.

제품 발견 단계에 제품 디자인이 참여하지 않으면, 속도가 느려지고 형편없는 디자인을 초래한다.

9. 우선순위의 변경

급격하게 우선순위를 변경하는 것은 심각한 구성원의 이탈을 초래하고, 전체 업무 처리량과 동기부여를 많이 감소시킨다는 것을 알아야 한다.

10. 합의의 문화

많은 조직은 합의를 위해 노력한다. 비록 이러한 노력이 좋은 의도에서 출발했다고 하더라도 현실에서는 의사결정을 매우 어렵게 하고, 모든 것이 느려지게 되는 것을 의미한다.

물론 느린 제품 조직의 수많은 원인이 있겠지만, 내 경험상 앞의 10가지가 가장 흔한 범인들이다.

강력한 제품 문화 구축하기

우리가 성공적인 제품을 발견하기 위한 제품팀의 모습과 실행 기법들에 대해 이야기하면서, 이 책에서 진정으로 말하고자 하는 것이 바로 제품 **문화**라는 것을 당

> 이 책에서 정말로 이야기하고자 하는 것은 제품 문화라는 것을 당신이 느꼈을 것으로 생각한다. 나는 뛰어난 제품 회사가 어떻게 생각하고, 조직화하고, 운영하는지를 설명했다.

신이 느꼈을 것으로 생각한다. 나는 뛰어난 제품 회사가 어떻게 생각하고, 조직화하고, 운영하는지를 설명했다.

나는 제품 문화를 두 가지 관점으로 바라본다. 첫 번째 관점은 회사가 고객을 위해 가치 있는 솔루션을 만들어 내기 위해 끊임없는 혁신을 할 수 있느냐는 것이다. 이것이 바로 제품 발견이다.

두 번째 관점은 실행이다. 아무리 훌륭한 아이디어라도 만들 수 없고 고객에게 전달할 수 없는 버전이라면 아무 소용이 없다. 이것이 바로 제품 실행이다.

마지막 장에서 나의 목표는 강력한 **혁신** 문화의 특성들과 강력한 **실행** 문화

의 특성들을 설명하는 것이다.

강력한 혁신 문화가 있다는 것은 대체 어떤 의미인가?

- 실험의 문화—팀은 그들이 테스트를 실행할 수 있다고 생각한다. 일부는 성공하겠지만, 많이 실패할 것이다. 실패가 허용되고 이해할 수 있다.
- 열린 자세의 문화—팀은 좋은 아이디어는 어디에서든 올 수 있으며, 처음부터 항상 확실한 아이디어는 없다고 생각한다.
- 자율성의 문화—모든 개인과 팀은 아이디어를 시도할 수 있는 권한이 있다고 느낀다.
- 기술의 문화—팀은 진정한 혁신이 새로운 기술, 데이터 분석, 고객으로부터의 영감에서 발생할 수 있다는 것을 인식하고 있다.
- 비즈니스와 고객에 능숙한 팀의 문화—개발자를 포함한 팀은 비즈니스의 요구와 제약사항에 대해 깊이 이해하고, 사용자와 고객(그리고 접근성)에 대해 잘 알고 있어야 한다.
- 능력과 다양성의 문화—팀은 서로 다른 능력과 배경이 혁신적인 솔루션을 창출한다고 인식한다(특히 기술, 디자인, 제품 관리자의 경우).
- 제품 발견 기법의 문화—아이디어가 빠르고 안전하게(브랜드, 매출, 고객, 동료를 지키는) 시도될 수 있도록 하는 메커니즘이다.

강력한 실행 문화가 있다는 것은 대체 어떤 의미인가?

- 위기의 문화—사람들은 그들이 전시 상태에 있는 것처럼 느끼며, 빠르게 움직이는 방법을 찾지 못하면 나쁜 일이 발생할 수 있다고 생각한다.

- 높은 신뢰 수준의 약속 문화 — 팀은 약속의 필요성(그리고 약속의 힘)을 이해한다. 그리고 높은 신뢰 수준의 약속을 고집한다.
- 권한 위임의 문화 — 팀은 그들의 약속한 바를 해낼 수 있는데 필요한 도구, 자원, 허가 등 모든 것을 갖추고 있다고 느낀다.
- 책임의 문화 — 팀은 그들의 약속을 지키기 위한 깊은 책임감을 느낀다. 책임감은 또한 결과를 나타낸다. 극단적이고 반복되는 상황을 제외하고는 반드시 해고당하는 것을 말하는 것은 아니다. 그보다는 동료들 사이의 평판에 대한 결과를 말한다.
- 협력의 문화 — 팀의 자율성과 권한이 중요하지만, 팀은 가장 크고 중요한 목표를 달성하기 위해 더 상위 차원에서 협업이 필요하다는 것을 이해하고 있다.
- 성과의 문화 — 결과물에 집중하고 있는가? 아니면 성과에 집중하고 있는가?
- 인정의 문화 — 팀은 종종 보상을 받는 것과 허용이 되는 것들을 보고 힌트를 얻는다. 이 팀이 포상을 받은 훌륭한 신규 아이디어를 만들어 낸 팀인가? 또는 혹독한 조건 속에서 약속을 지켜 내고 실행한 팀인가? 약속을 지키지 못한 것에 대해 쉽게 변명하는 것으로 보일 때는 어떤 메시지를 전달하는가?

그래서 이러한 특성들이 혁신 문화와 실행 문화를 정의하는 데 도움이 되었다면 다음과 같이 매우 까다로운 질문이 떠오르게 된다.

- 혁신 문화는 태생적으로 실행 문화와 잘 어울리지 않는가?
- 강력한 실행 문화는 스트레스가 강한(더 나쁜) 업무 환경을 만들어 내는가?

- 각 문화의 유형에 대해 리더를 포함하여 어떤 유형의 사람들이 매력을 느끼게 되고, 필요한가?

나는 끊임없는 혁신과 실행에 모두 뛰어난 기업들이 존재한다고 자신 있게 말할 수 있다. 아마존은 그중 최고의 사례다. 그렇지만 또한 아마존의 업무 환경은 심약한 사람들에게 맞지 않는 것으로 잘 알려져 있다. 엄청난 실행 문화를 가진 대부분 기업은 업무 수행하기 꽤 힘든 곳이라는 것을 알게 되었다.

내가 많은 회사와 일해 본 경험에 의하면 오직 소수의 기업만이 혁신과 실행 모두에 뛰어나다. 대부분은 실행에 강하지만 혁신이 취약하고, 다른 회사들은 혁신에는 강하지만 실행은 평범하다. 그리고 절망적일 만큼 많은 회사가 혁신과 실행 모두 잘하지 못한다(보통은 오래전에 제품의 매력을 잃어버린, 하지만 여전히 강력한 브랜드와 기댈 수 있는 고객 기반을 갖추고 있는 오래된 회사다).

어떤 경우이건 당신과 팀이 바라는 것은 이러한 혁신과 실행의 관점에 대해 스스로 진단하고, 그러고 나서 팀이나 회사로서 어떤 모습이 되고 싶은지 스스로 물어보거나 무엇이 필요한지 생각해 보는 것이다.

찾아보기

.